JN302954

島田宗三

田中正造翁余録

上

三一書房

田中正造翁余録　上

編者序

林　竹二

自序の署名に、島田さんは、谷中の遺民を名乗っている。これは谷中が亡びたからではない。島田さんの中で、谷中はいまも生きている。これが島田さんに遺民を名乗らせるのである。もし、谷中が「亡びた」なら、国家が自己を亡ぼす行為の中で、それは亡びたのである。

田中正造の谷中の戦いによって、谷中は不滅になったと私は考えている。その谷中の戦いにおける田中正造の生活と思想の、田中正造に従って戦い、またその戦いを受けついだ島田さんの、身ぢかに見たままの、忠実な報告が本書である。

島田さんは谷中村に生れた。

はじめて田中正造を見たのは、十三歳のときで、島田さんが父を失った直後であった。島田さんが十五歳のとき、田中正造は谷中に入った。

田中正造は島田さんに、「境遇は非常なものだ。君が谷中に生れたのは、不幸のようで、そうではない」とくりかえしてさとしているが、島田さんが身につけることのできたすべては、まさしくこの極限の苛酷な境遇と田中正造から、学びとったものであった。

私は、谷中村と田中正造が島田さんのなかに今なお生きつづけていると言ったが、さらにいわしてもらえば、島田さんはむしろ谷中村と田中正造のうちに生き、またそのために生き存《なが》らえているといってよい。


島田さん兄弟は、シモンとその兄弟アンデレが、網を捨てて、イエスに従ったように、すべてを捨てて田中正造についていった。田中正造に従うという事実があって、島田さんのついて学ぶことが成立したのであった。ここで従うという行為は、谷中にふみとどまって、戦うことの選択にほかならなかった。しかも島田さんの場合、『余録』の中に自ら書きとめているような危機が島田さん兄弟のうえにあって、島田さんは一旦失った谷中村が、もう一度よみがえる経験をもっている。

島田さんの従学は、田中正造の走り使いからはじまった。間もなく、陳情書や檄文や裁判所の書類の清書から、それをとりまとめる助手をつとめるようになり、のちには田中正造に代って、必要な文章の起稿をも託されるようになる。これらすべてが、谷中水村でのきびしい、不断に飢餓と向き合っての生活のなかで、田中正造を助けての谷中の戦いそのものであった。この戦いのなかで島田さんは自分をつくりあげて、田中正造の期待にこたえた。

晩年の田中正造には、島田さんはなくてならぬ人間になっていた。たとえば、田中正造の愛顧をうけた、美術学校出の、翁の同郷のジャーナリスト柴田三郎は、『義人田中正造翁』の中で島田さんをこう描いている。

谷中村の人。

十年来翁の手足の如くなって、よく翁を助けた青年。翁の発病以来、逝去されるまで、日夜翁の看護につくした人。

島田さんが田中正造にとって何であったかは、大正二年二月五日附の、谷中村民に宛てた田中正造の手紙にもっとももよくうかがわれる。自己を持することのもっともきびしい島田さんは、『余録』にそれを収めるにあたって名を伏せている。この種の手紙を自ら公開することは、島田さんが固く拒みつづけてきたところであるが、私がこの伏字をおこす非礼を敢てするのは、これを島田さんでなく、田中正造にかかわる事実であると信ずるからである。

諸君が見ても知れるべし。予は近頃□□□□氏の諸方面に渉りてよく尽されつゝ御助勢の多大なるにはげまされて及ばずながら、老の身のはかばかしくもなけれど、心はいさみ尽しつゝあります。……それであるから、□□□□氏と共に運動するときは、魚が水を泳ぐ如くです。もし一日□□氏にわかるれば、魚は忽ち水にはなれて困ります……

この□□□□氏が島田宗三氏であることは明白で、あるいはこれは田中正造の島田さんへの信頼とともに、田中正造の衰えをも物語るものであったかもしれない。島田さんに後事を託するきもちが次第に動かないものになったのは明治四十三、四年頃のことであったろう。それは、『義人全集』にものっている島田さんに宛てた田中正造の手紙(同書、書簡集一三七～一六〇頁)からもうかがわれる。特に、その(四)(この完全なものが『余録』に出ている)は、田中正造がその後事を託すべき人への切願をこめて、自己の経験を語ったものであった。

島田さんにとって、田中正造は、まず慈父であり、ついで、生活と戦いの中で、身をもって厳しく人間と人生とを教えて倦まない厳師であった。さらに島田さんは、田中正造の後事を託した人であり、島田さんはよくその遺託に答えた。島田さんが谷中の戦いを如何に受けついだかについては、この『余録』は殆ど語ることがない。さらに、島田さんのきもちのなかには、田中正造の遺託に十分に答ええなかったことへの痛恨がある。(奉告祭文、参照)

しかし、島田さんは明治三十九年以来、些かの迷いもなく、田中正造のあとについて歩み、失望を知らなかった。谷中の戦いを相続しては、大正五年の第二次強制執行の試練にも堪えて、残留十八戸百余名の結束は最後まで乱れなかった。それは田中正造の遺徳の賜物であるが、島田さんに後事を託した田中正造の期待の裏切られなかった実証でもあった。

谷中廃村を離れた島田さんは、田中正造の伝記資料の集収と保全に、人生の残余の全部を投入した。その集収と保存は、谷中の戦いの延長であった。この資料の集成があってはじめて、木下尚江の傑作『田中正造の生涯』が生れることができた。それにも拘らず、田中正造の伝記はまだ書かれていない。当分の間、それは書かれないだろう。いつの日か、その伝記が書かれるとすれば、島田さんが集め、身にかえて守ってきた資料の集成に、それは全面的に依存するものでなければならない。そのうえ、このたび島田さんの『余録』が、長い遷延の末に公刊されたことによって、田中正造の伝記にいどむすべての研究者は、今まで全く知りえなかった、夥しい貴重な資料に加えて、もっとも信頼できる道しるべを、提供されたのである。

昭和四十七年二月十五日

緒言

謹しんでこの拙著を、田中正造翁および旧谷中村残留民、ならびにこれらの人々とその事件を支援された恩人各位の英霊に捧げます。

著者

田中正造翁が渡良瀬河畔に逝かれて既に五十余年、今やその生涯は新聞雑誌をはじめ大小の伝記、文集、小説、戯曲、演劇など、さまざまの形を以て伝えられているが、晩年の苦境とその行動については、一部の日記と書簡によるのほか、未だ広く知られていない憾みがある。

本書は、先に本県郷土史研究家雨宮義人氏（栃木県高等学校教諭で県文化財調査委員兼同保護委員）の要望により、翁の「予の書を見るべからず、予の議論を聴くの要なし」との戒めに背き、「唯だ予の行いを見るとも聞くともするをよしとす」との教えに従い、わが無知無学を顧みず、私の少年時代から遭遇した谷中村事件と田中正造翁、および翁またはその関係者から直接見聞した事実、特に翁の晩年の複雑な環境とその行動等をそのままに記録し、「田中正造翁余録」の題名を以て、その前半は「国際ニュース栃木県版」、後半は「栃木県郷土文化研究」に寄せた雑文とその後に起草した断片であるが、この度これを上梓するにあたり、初めての読者のために、谷中村事件の母体ともいうべき足尾銅山鉱毒事件の経過を冒頭に添えた次第である。

筆者は、翁のありのままの姿を、できるだけ明らかにしたい考えで、翁の遺文——その書かれた動機——を収録し、あるいは筆者との関係を叙述したために、読者はその冗長煩雑に耐えないことと恐察する。しかし、この一小著が翁の晩年の精魂と事件の真相を探究すべき資料となり得れば、私の最も光栄とするところである。

最後に、私のようなものを励まして、この余録を書かせ、しかも貴重な紙面を割いて長期間にわたり発表の場を提供された雨宮氏の御厚意を感謝すると共に、本著出版のため自ら進んで主導的重任を担当された東北大学教授林竹二氏、および本稿全体の整理と記述の正確なることを期するために手を貸され、更に林氏と共に本著編纂の労を執られた日向康氏の隠れた御努力を深謝し、なお採算を考慮しては到底引き受けられない本著の刊行を負われる書肆に、衷心よりの敬意を表する次第である。

昭和三十九年の晩秋

谷中村の遺民　島田宗三

昭和三十九年、本書は、編者林竹二によって、ある出版社との交渉までを持ち、近々の出版を前提として著者は右の緒言を用意した。しかし、諸般の事情で思いがけなく公刊の延引した本書が、このたび刊行されるにあたって、高齢の著者から、右の緒言を適宜訂正して使用するようにとの依頼を受けたが、本書出版を著者が決意した時期を記録するためにも、旧緒言原文を掲げて、手を加えないこととした。

（日向　康）

田中正造翁余録　上巻目次

――下巻目次――

序章　足尾銅山鉱毒事件の概要

田中正造翁
苦闘の晩年

田中正造《たなかしょうぞう》翁は、天保十二年(一八四一年)十一月三日、栃木県安蘇《あそ》郡小中村(現在、佐野市小中町)、父庄造(または富造)母サキの長男として生まれた。幼名を兼三郎《けんざぶろう》と呼び、十七歳で名主となり、長じて領主六角家弊政改革のため強訴すること五年、ついに素志を貫徹したが投獄追放され、江刺《えさし》県(現在、岩手県の一部)の属官となったが罷めて帰郷後、「天はわが屋根、地はわが牀《とこ》なり」と決意を以て政治に志し、自由民権・国会開設運動の陣頭に立つ。明治十三年、選ばれて栃木県会議員となるや栃木県令三島通庸《みしまみちつね》の圧政に抗し、徹底的にこれと戦って投獄の憂き目を見たが、ついにこれを転属せしめることに成功した。

次いで、帝国議会の開設されるや代議士となり、第二議会以後、議会の内外に於て、足尾銅山鉱毒除害のために奮闘すること十年、而かも政府がその根本的解決を与えなかったため、翁は政党を脱し議員を辞し、ついに明治三十四年十二月十日、明治天皇に直訴。

その後、民衆の啓蒙と関東の治水運動に従ったが、大正二年(一九一四年)九月四日、栃木県足利郡吾妻村下羽田(現在、佐野市下羽根田町)の鉱毒被害民庭田清四郎《せいしろう》氏宅に倒れたまま、七十三歳の生涯を閉じた。

本書は、翁がその生涯中、最も悪戦苦闘した栃木県下都賀《しもつが》郡谷中《やなか》村買収事件、および谷中村を中心にその周囲十余カ町村にわたる渡良瀬《わたらせ》川遊水池設置反対ならびに関東の治水運動と、翁の臨終の記録である。これらすべての発端となったのは、足尾銅山鉱毒事件であるから、以下、まず鉱毒事件の概要を述べる。

足尾銅山鉱毒事件の発端

明治十年三月、栃木県の西北に位置する足尾銅山が古河市兵衛《ふるかわいちべえ》の経営に帰するや、明治政府の庇護のもと、非凡の才能を傾注して採鉱の振興に努めたため、事業は年毎に発展したが、その半面、採鉱に伴って発生する鉱毒が渡良瀬川に流出して、河川の魚族は斃死し、一帯の田畑の農作物も枯死するに至った。

渡良瀬川の鉱毒が世上の問題となるに先立ち、早くも明治十三年、時の藤川栃木県令は渡良瀬川の魚を食料として売買することを禁じ、同十八年、栃木県令の勧業諮問会に於て、安蘇・足利両郡選出の同会員数氏によって、鉱毒の問題が論ぜられている。

次いで沿岸の農民も水質の検査、土壌の分析をその筋に依頼して対策に乗り出し、しかも明治二十三年八月の大洪水によって鉱毒は沿岸農民の間にいよいよ深刻な問題となり、栃木県足利郡吾妻村は、同年十二月十八日、臨時村会を開いて「足尾銅山鉱業停止」の上申書を栃木県知事に提出した。更に栃木県会もまた同月、通常県会の決議を以て初めて栃木県知事に鉱毒除害の建議を提出した。越えて二十四年十二月、栃木・群馬・埼玉・茨城・千葉の五県下被害民は、「速かに鉱毒除害の道を講ずるか、そうでなければ直ちに鉱業を停止せよ」との請願書を政府へ提出した。

田中翁はそれより先き、すなわち明治二十四年七月二十日、すでに鉱毒事件のため起つことを決していたが、第二帝国議会の開かれるや、十二月十八日、正規の手続きを経て「足尾銅山鉱毒加害の儀に付質問書」と題し、憲法法規と被害の実状を述べたのち、

一、数年政府の之を緩慢に付し去る理由如何。
一、既往の損害に対する救治の方法如何。
一、将来に於ける防遏《あつ》の手段如何。

との質問書を提出した。これに対して、時の農相陸奥宗光《むつむねみつ》は、第二議会解散後、「群馬、栃木両県下渡良瀬川沿岸に於ける耕地に被害あるは事実なれども、被害の原因に就ては未だ確実ならず」との答弁書を出した。

因みに、先年松戸市の治水家君塚貢氏から、「第二国会の治水建議案（全国重要河川関係、明治二十四年二月一日付、中島信行議長宛、提出者、湯本義憲外七名、賛成者一四四名）には、村山竜平・関直彦・高木正年・高田早苗・大津淳一郎・天野為之氏ら田中翁に深い関係を持つ諸名士の名が見えるのに、ひとり翁の署名がないのは如何なる次第か」と、訊ねられたことがある。筆者は、「その頃の翁は、正義感とか政党意識は強かったようですが、翁自身は佐野市外の小中という無水害の旱害村に生活して、日夜政治運動に没頭していたため、治水ということに関心が薄かったのではないかと想像される」と、即答した。しかし、そればかりではなく、翁がその年の十一月二十七日は父君を失っていたこと（これが署名に加わらなかった直接的の原因だったかもしれぬ）や、或いは渡良瀬川では鉱毒さえなければ偶々の洪水は肥料をもたらすので喜ばれた程であり、殊に当時は、利根川の治水案を強調すれば渡良瀬川の鉱毒が忘れられるおそれがあり、翁はあくまで鉱毒を主として考えていたため署名をしなかったものと思われるので、ここに附記しておく。

明治二十五年五月、内務大臣品川弥二郎の有名な選挙干渉下、再び代議士に当選した翁は、前回にまさる調査と農科大学の報告書を引用して「足尾銅山鉱毒加害の儀に付質問書」を提出したが、それに対し河野敏鎌《こうのとがま》農相は、「足尾銅山より流出する鉱毒の群馬、栃木両県に跨る渡良瀬川沿岸耕地被害の原因たることは試験の結果によりて之を認めたり、然れども足尾銅山の鉱業を停止すべきの程度にあらず」と答弁した。

鉱毒仲裁会による被害民への示談金

このように鉱毒事件が中央議会の問題となるや、時の栃木県知事折田平内氏は明治二十五年二月、栃木県会議員諸氏と謀って仲裁会を組織し、古河市兵衛から「徳義上」示談金いくばくかを被害農民に支払い、農民に対して「明治二十九年六月三十日マデハ粉鉱採聚器実効試験中ノ期限トシ、何等ノ苦情ヲ唱フルヲ得ザルハ勿論、ソノ他行政及ビ司法ノ処分ヲ乞フガゴトキ事ハ一切為サザルベシ」という一方的な契約を強行した。

ところが、当時の『下野《しもつけ》新聞』によると、「此仲裁会なるものは、賄賂の巣窟を以て目せられ、銅臭の紛々は寧ろ鉱毒の害よりも甚だしからんとするの情実を生じ、委員の間には感情の衝突」があって、まもなく分裂、鉱毒査定会の結成となった。この査定会は単独で運動、折田知事を仲裁の件に当らしめた。「足尾銅山主は被害地人民の殆ど十分の六に対し永久示談金として三十万円を支出」したが、「被害民の手に入りしは僅かに十万円に満たずして、その他の二十余万円の巨額の何処に向つて飛び去りしかを知らずと雖も、未だ損害償却の示談金を受けざるものあり、為めに損害を訴へ、鉱業の停止を訴ふるものは、群馬県に栃木県に続々として絶へ」なかったという。

栃木県会は、明治二十八年十一月二十九日、栃木県知事に対して、「渡良瀬川一帯流程十八里余の魚族は、鉱毒に余類を絶ち、沿岸膏腴《こうゆ》の田畑（編者注、地味のよく肥えた田畑）は瘠土に変じ、河底は排泄物に埋められ、水源枯渇して山林禿たり、一朝霖雨《りんう》の際には災厄測る可からざるものありとして建議すると同時に、内務大臣に対しても官有林伐採禁止、同伐採跡へ苗木植付けを命令されたし」との建議を提出した。しかし、このいわゆる示談契約によって被害民大半の口は封ぜられ、政府はよい隠れ場を得た。

明治二十九年の大洪水

明治二十七、八年は日清戦争の挙国態勢により、翁が鉱毒事件を論争しなかったのと、銅価の騰貴も相俟って鉱業はいよいよ発展し、それに比例して渡良瀬川の水源は荒れて、明治二十九年九月の大洪水となり、鉱毒の被害は拡大した。

この洪水は、当時数え年八歳だった私の記憶によると、長い雨続きのあと暴風雨があり川の水は急増、堤防が切れて村一円の大洪水となった。筆者の家では祖父と父だけが残って、家族は皆隣村海老瀬の高台にある知人の家に避難することになり、小舟に乗って漕ぎ出すと、見渡すかぎり石灰と泥を混ぜて溶かしたような白茶けた一面の泥海、そのあちこちに大きな鯉や鯰や鮒や雑魚や蛇などが白い腹をさらして無数に浮んでいた。おとなの人が、「これはみんな鉱毒のために死んだのだ」と教えてくれた。そして、水の退いたあとの居泥《きよでい》は、壁のように堅くなって草も木も生えなかった。同郷の先輩平間正一郎氏の話によると、あの時の洪水に浸った手足は、赤く腫れ上がったとのことである。

家族が避難したあとの出水の状況を、残った祖父と父から聞いたが、渡良瀬川に近い高沙《たかすな》八幡様の前の堤防が切れて、たちまちのうちに水嵩が増し、水塚（洪水の時避難するために設けてある高台）の上に一尺以上も乗った。こんな大洪水は、この前の丙午《ひのえうま》の年（弘化三年・一八四六年）以後初めてだとのことであった。

栃木県安蘇郡堺村（現在、佐野市越名《こえな》町）の被害民野口春蔵氏の調査によるこの時の洪水の被害状況は、次の通りである。

被害区域は、栃木・群馬・埼玉・茨城・千葉・東京の一府五県（当時、東京は府）に跨り、一市二十郡二区二百五十一ヵ町村、戸数（世帯）は十一万九千三百三十一戸、人口五十一万七千三百四十三人、土地十万四百五十三町二反二畝二十九歩に達した（翁の質問演説の数字と異なるは翁の調査未了のため）。

時の農相榎本武揚の邸内（東京・向島）にも、毒水が浸入したとのことであった。

被害民、大挙上京して鉱業の停止を請願

明治二十九年十一月二日、追いつめられた被害民は、渡良瀬川の北岸の群馬県邑楽《おうら》郡渡良瀬村（現在、館林市早川田町）所在の雲竜寺（この寺は、栃木・群馬・埼玉・茨城四県連合鉱業停止請願事務所になっていた）に於て、被害民大会を開いた。

翌三十年三月上旬および下旬の二回、大挙上京した被害民は、当局の抑圧に屈せず、関係各省を歴訪し、被害の実状を泣訴陳情して鉱業停止を要請した。

一方、与党の田中正造代議士は、すでに二月二十六日を以て「公益に有害の鉱業を停止せざる儀に付質問書」を議会に提出、続いて大質問演説を行ない、三月二十三日には榎本農相の被害地視察の結果、引責辞職となり、同日内閣に足尾銅山鉱毒調査会官制が発表された。

次いで同調査会員広幡侍従・樺山資紀《すけのり》内相その他民間諸名士の被害地視察があり、五月二十七日、鉱業主に対する鉱毒予防命令が発せられたのである。

しかし、その予防命令は、広大な山間の鉱山に対するものにしては、施工方法や工期について、短きは三十日間、長きも百二十日間という、無理とも粗末ともいうものであった。政府はこの鉱業所内に物議を起す程の無理な命令によって、工期を遵守できないことを理由に、ついには鉱業停止に持ち込むつもりであったと後日になって聞いたが、その時は鉱山側は、この命令を守った。田中翁をはじめ被害民一同は、この予防命令に対して殆ど期待しなかったが、翁の政友達はこの工事に大きい期待をかけ、その結果を待つよう説得して、意見の対立を見るに至った。

ところが、翁や被害民たちの憂慮していたように、渡良瀬川沿岸の各町村は、明治三十一年九月の大洪水で、またまた毒水に浸害され、谷中村の如きは、渡良瀬川に沿うた字知市淵《ちいちぶち》の堤防が切れて附近の田畑は一夜にして毒原と化した。筆者の年老いた祖父と病弱の父とが「北海道に移住するか、田中さんに救っていただけるか」と、行く末を語り合ったのもこの時であった。

九月の二十六日には、沿岸被害民の第四回目の大挙請願と決し、雲竜寺の事務所を出発した時は、その数一万或いは一万三千人といわれた。

その時、翁は東京芝口二丁目信濃屋に滞在しており、前後七回にわたる電報に接して内務省に赴き、請願人進行の道を妨げないようにと要望したが、被害民は道みち憲兵や警官隊に圧迫され、二十八日の未明、東京府足立郡淵江《ふちえ》村（現在、足立区保木間町）の氷川神社に辿り着いた時は、その数二千四、五百人に過ぎなかった。

翁、請願の村民を説得

当時の翁の手記によると、深夜、病体をおし、左部《さとり》彦次郎氏を伴って保木間に出向いた翁は、村長に頼んで炊き出しの昼食を被害民に供した後、その地の氷川神社の境内に於て請願人たちに対し、「今日の政府は即ち諸君の政府（編者注、首相大隈重信、内相板垣退助）なり。我々の政府なり。故に充分に之を信用して其及ばざる所を助けざるを得ず。依て我々は諸君に代つて政府に事実を説明し、諸君の願意貫徹を計るべし。故に諸君の中より総代十名以下を残して、一同は早く御帰国あらんこと、是れ正造が只管《ひたすら》相談に及ぶ所以也」

「――中央政府が、若し正造及同志の説明を用ゐざれば、正造等は議会に於て、質問し又社会に向つて

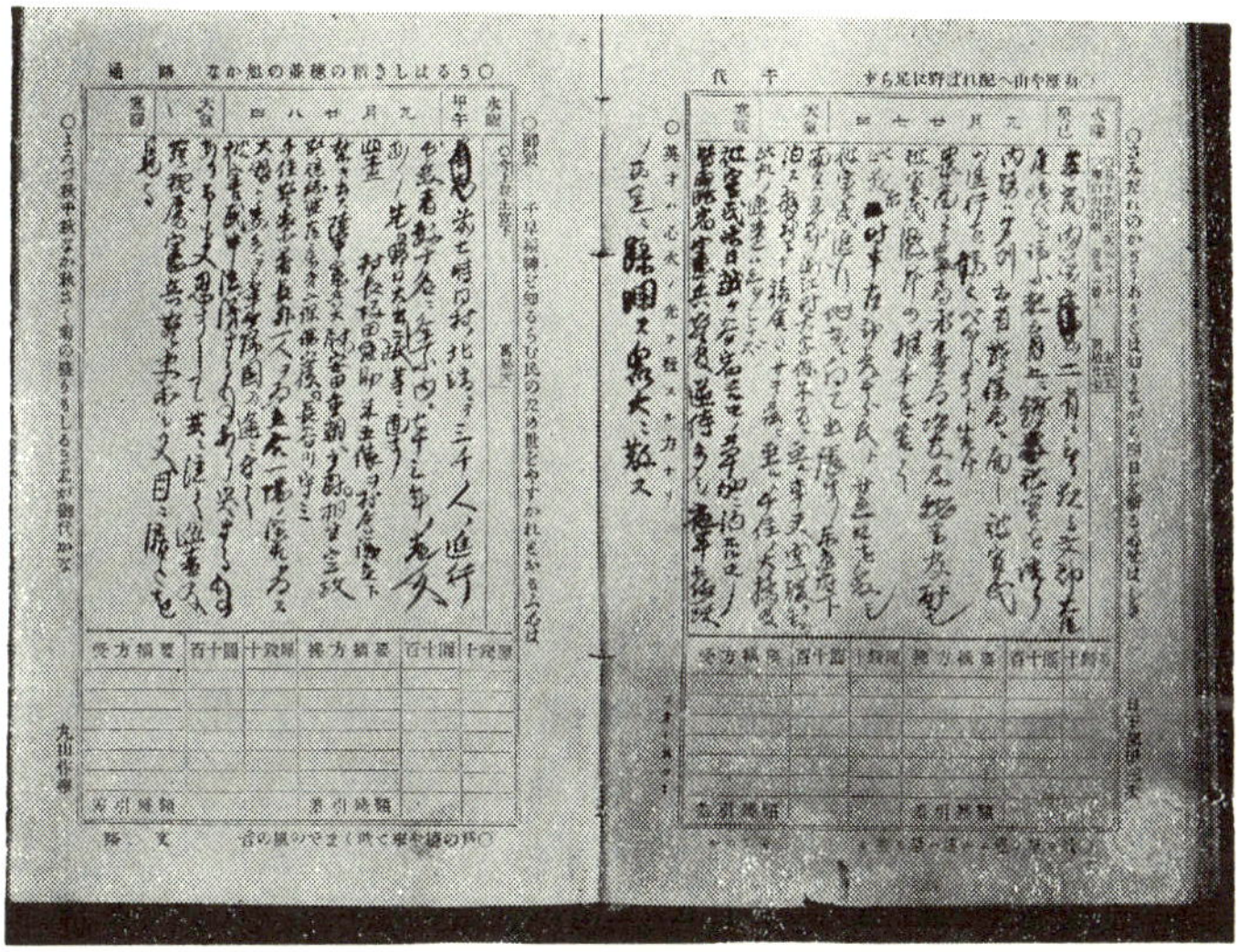

明治三十一年九月、翁の日記

当局者の不法を訴へん。其時諸君は此事の通知を得ば御出京随意なり。正造は決して再度お止め申すまじ。否な啻《ただ》にお止め申さざるのみならず、其時こそ正造は諸君と共に進退すべければ、夫れまで諸君今日決死の生命を保たれたし」と、誠意と情理を尽して説得した。被害民は勿論、立会いの憲兵も警官も共に翁の至誠に泣いた。野口春蔵氏から翁の勧説に対する反対が出、また憲兵の横暴無情に関する亀井明次・関口芳蔵氏等の訴えがあったが、結局、総代五十人を選んで、請願人は帰村の途についた。総代は上京して各省を歴訪した。その日の翁の日記に曰く、

九月二十九日。総代五十人中手分けして一は農商務、一は内務省に行けり。大臣絶対的謝絶す。農商大臣三十日面会を約せり。内務大臣は拒絶せり。

九月三十日。総代五十人、農商務に至る。大臣違約不逢。秘書拒絶。総代号泣すと。正造は、本党本部総務委員（編者注、この場合の本党とは、憲政党を指す。憲政本党結党は

明治三一年十一月三日）なるものに向て、大臣等の臆病見苦し、人民面会さすべしと云へり。左部氏、正造に云ふ「足下万一間違へば、被害民に首を取られる」と。答「間違へ《ママ》なし」と。又曰く「やりそこね（る）」「否、そこねぬ」と答ふ。
十月一日。秋風もまだ吹きやらで夜はながし　独りふすまの静かなりける。本日総代五十人、農商務省より官邸に廻り、大石大臣に面会。大石（編者注、正巳）氏は、職務を犠牲に供すと云へり。

この請願上京を、全国の各新聞は重く見て取上げ、なかんずく地元の『下野新聞』は、その後「鉱毒被害問題の真相」と題し、連続十七回にわたり社説風の記事を載せた。

亡国の儀に付質問

その年の十一月、第一次大隈内閣は瓦解して、第二次山県内閣と代り、新内閣は地租増収案の通過を図るため、議員の歳費八百円を一躍二千円に値上げする議案を提出した。

翁は憲政本党を代表して反対討論に立ったが僅かに九票の差で敗れ、議案は可決された。翁はひとり歳費の全額を辞して受け取らなかった。全国の各新聞は筆を揃えて翁を賞賛した。

一方、鉱毒事件は何らの発展をみないのみか、前議会で採決された被害民の請願に対しても新政府は何ら対処しなかった。西郷従道内務大臣は、翁が訪問すること十六回目で初めて会見したという始末である。翁は憤激して議政壇上から烈しい質問の矢を放ったが、事態は一向に進展しなかった。

明治三十三年二月十三日、被害民は「どうせ死ぬなら、もう一度請願して」と、最後の決心を以て早川田の雲竜寺に集合、大挙上京の途についた。この時、すでに出発前から警官隊との衝突があったが、群馬郡川俣の利根川渡船場にさしかかると、これを食い止めようとする警官から打たれたり、口に泥を押込まれるなど、多数の負傷者を出した上、警察署に連行され、兇徒嘯聚罪に問われ、前橋地方裁判所に送られた。
この日、田中代議士は議会で「鉱毒のため天産を亡滅すべき有形上の価格に付質問」、翌十四日「院議を無視し被害民を毒殺しその請願者を撲殺する儀に付質問」、「警官大勢兇器を以て無罪の被害民を打撲したる儀に付質問」を提出、その翌十五日の演壇上に於て、

「――その身体が改進党なるが為に政府に反対するとか、大隈党なるが為に政府に反対するとか云ふやうなケチな根性はありませぬ。でも左様な考を〔編者注、諸君が〕持っているかも知れませぬから(中略)今日此の各党の諸君にもお聞き置き願いまするが、私は今日限り憲政本党を脱しまする」

と述べた。更に、

「自分の選挙区の関係があるからやめるのだと云ふやうな馬鹿な説が、此議場の中に勢力が無くとも、一人でも二人でも左様なお方がある為に、此被害民の不幸を蒙り又国家の不幸を蒙ると云ふ不都合がござりますれば、私は又議員を罷める」

と、赤心を披瀝して、その日、憲政本党を脱した。

そして、その翌々十七日「亡国に至るを知らざれば、之れ即ち亡国の儀に付質問」と題し、

民を殺すは国家を殺すなり、
法を蔑《ないがしろ》にするは国家を蔑にするなり。
皆自ら国を毀《こぼ》つなり。
財用を濫《みだ》り民を殺し法を乱して而して亡びざる国なし。之を奈何《いかん》。
右質問に及候也。

との質問書を提出、続いて壇上に立ち、

…「今日の質問は、亡国に至つて居る、我日本が亡国に至つて居る、政府があると思ふと違ふのである。国家があると思ふと違ふのである。これが政府にわからなければ則ち亡国に至つた。これを知らずに居る人、己の愚を知れば則ち愚にあらず、己の愚なることを知らなければ是が真の愚である。民を殺すは国家を殺すなり、法を蔑にするは国家を蔑にするなり、人が自ら国を殺すのである。財用を紊《みだ》つて、民を殺して、法を乱して亡びないと云ふものは、私未だ曾て聞かないのでございます」

と説き起し、ついで本問題に入り、

「関東の真中へ一大沙漠地を造られて平気で居る病気の人間が、殺されないやうにして呉れいと言ふ請願人も、政府が打ち殺すと云ふ挙動に出たる以上は、最早自ら守るの外は無い。一本の兵器も持つて居ない人民に、サーベルを持つて斬つて掛り、逃げる者を追ふと云ふに至つては如何である。是を亡国でない、日本は天下泰平だと思つて居るのであるか」

と質《ただ》し、

「——三百人の警官がサーベルを揃へて鐺《こじり》を以て槍の如くにして吶喊《とつかん》した。また撲《な》ぐるときには声を掛けた、土百姓、土百姓とおのおの声を揃へて言ふたのである。巡査が人民を捕へて『土百姓』と云ふ掛声で撲《な》ぐつた。此の『土百姓』と云ふ掛声は何処から出るのであるか」

と責め、

「——世の中の馬鹿には教唆のやうに見えるであらうから、引つ張つて行くことがあるなら、此の私を一番に引つ張つて行くが宜い。兇徒嘯聚などと大層なことを云ふなら、何故田中正造に沙汰をしなかつた。人民を撲ち殺すほどの事をするならば、何故田中正造を拘引して調べないか。大ベラ棒と言はうか大間抜けと言はうか、若し此の議会の速記録と云ふものが皇帝陛下の御覧にならないものなら

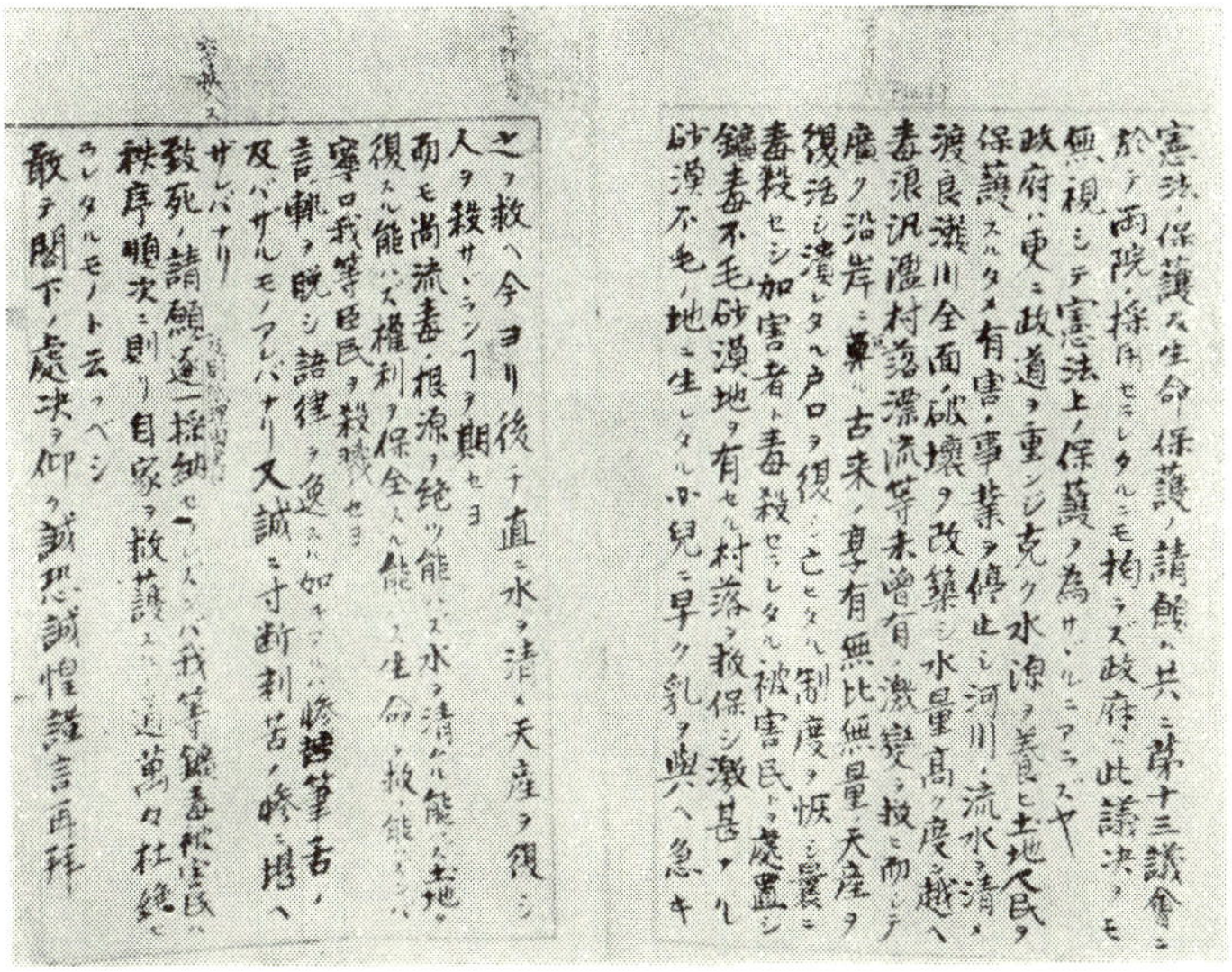

憲法ノ保護スル生命保護ノ請願ハ共ニ第十三議會ニ於テ両院ノ採用セラレタルニモ拘ラズ政府ハ此議決ヲモ無視シテ憲法上ノ保護ヲ為サヾルニアラズヤ
政府ハ更ニ政道ヲ重ンジ克ク水源ヲ養ヒ土地人民ヲ保護スルタメ有害ノ事業ヲ停止シ河川ノ流水ヲ清メ渡良瀬川全面ノ破壊ヲ改築シ水量高ク度ヲ越ヘ毒浪汎濫村落漂流等未曾有ノ激変ヲ救ヒ而シテ廣ク沿岸ニ古来ノ享有無比無量ノ天産ヲ復活シ潰レタル戸口ヲ復シ亡ビタル制度ヲ恢ニ實ニ毒殺セシ加害者ト毒殺セラレタル被害民トヲ處置シ鑛毒不毛砂漠地ヲ有セル村落ヲ救保シ激甚ナル砂漠不毛ノ地ニ生レタル小兒ニ早ク乳ヲ與ヘ急キ之ヲ救ヘ今ヨリ後ナ直ニ水ヲ清メ天産ヲ復シ人ヲ殺サヾランコトヲ期セヨ
而モ尚流毒ノ根源ヲ絶ツ能ハズ水ヲ清クスル能ハズ土地ヲ復スル能ハズ権利ヲ保全スル能ハズ生命ヲ救フ能ハズンバ寧ロ我等臣民ヲ殺戮セヨ
言論ヲ聴シ語律ヲ遵スル如キナルハ筆舌ノ及バザルモノアレバナリ又誠ニ寸断刺苦ノ略ヲ思ヘザレバナリ
致死ノ請願遂ニ採納セラレズンバ我等鑛毒被害民ハ秩序順次ニ則リ自家ヲ救護スルノ道萬々杜絶セラレタルモノト云フベシ
敢テ閣下ノ處決ヲ仰ク誠恐誠惶謹言再拝

明治三十三年二月の請願書の内容の一部

ば、思ふさまきたない言葉を以て罵倒し、存分ひどい罵りやうもあるのであるが、勘弁に勘弁を加へて置くのである。苟《いやしく》も立憲政体の大臣たるものが、卑劣と云ふ方から見やうが、欲張と云ふ方から見やうが、腰抜けと云ふ方から見やうが、何を以て此国を背負つてたてるか。今日国家の運命は、こんな楽々とした気楽な次第ではございませぬぞ」

とこきおろし、最後に、

「政府におきましては、是れだけ(国が)亡びて居るものを、亡びないと思って居るのであるか。如何にも田中正造の言ふ如く亡びたと思ふて居るのであるか」

と結んで降壇した。

それから五日目の二月二十一日、山県総理大臣は、「質問の旨趣其要領を得ず、依て答弁せず。右及答弁候也」という答弁書を出した。

六月十八日、毎日新聞社から足尾銅山および鉱毒被害地調査のため現地に派遣された木下尚江《なおえ》氏の連載記事「足尾鉱毒問題」が、単行本として出版された。

民間有志の蹶起

七月二十一日、民間有志の鉱毒調査会が結成された。

十二月七日、翁が前橋地方裁判所で、被害民に対する検事の論告中、大きなアクビをしたために、官吏侮辱として訴えられた。

十二月二十二日、前橋地方裁判所に於ける兇徒嘯聚被告事件について、官吏侮辱および治安警察法違反の判決があり、原告被告双方から控訴した。

翌三十四年三月十五日、代議士島田三郎氏の鉱毒に関する国会質問で、被害地二町十二ヵ村、人口一万八千四百七十三人中、出生二千百九十一人、死亡三千二百五十五人、差引き一千六十四人の死亡増加という過去五ヵ年の統計が示された。

同三月二十四日、田中代議士最後の質問。

同月二十六日から同二十八日の間に兇徒嘯聚被告人全員保釈。

五月二十九日、翁の官吏侮辱事件、前橋地方裁判所で無罪の判決あり、検事控訴。

十月六日から同十三日、兇徒嘯聚被告事件につき、東京控訴院判検事および鑑定人等、実地検証のため出張。

十月二十三日、前の議会で、すでにその決意を示した翁は、ついに議員を辞した。

十一月、鉱毒事件が次第に深刻化してきたため、東京の潮田《うしおだち》千勢子《せこ》女史・島田信子夫人らが中心となり、「鉱毒被害地救済婦人会」が結成され、ただちに街頭に進出、被害地の視察、演説会の開催、金品の募集および寄贈、老弱の救済等、盛んな活動を開始した。一方、被害地の老婆は鉱毒念仏を唱えて東都に門付《かどづ》けをして歩いた。その月末、三十日には神田川に於て古河市兵衛夫人の水死事件を見るなど、鉱毒事件は大きな社会問題に発展してゆき、翁の運命は切迫した。

明治天皇への直訴

明治三十四年十二月十日、議会開院式の日、翁は衆議院議長官舎の応接室を借り、前の晩徹夜で幸徳伝次郎（秋水）氏が書き上げた直訴状（翁の草案を骨子とした）に加筆し始めたが、まだ書き終らないうちに、陛下がお帰りになるとの知らせを受け、匆々に羽織を着たが、下駄を履くいとまもなく、上履のまま飛び出し、議長官舎わきの路傍でお車に近づいた。「どうもあわてるものですね」とは、翁の後日の述懐である。

当時の新聞に発表されたものは、幸徳氏の文章そのままであるが、翁の修正したものによると、冒頭に謹厳な儀礼をそなえたのち、その前段に於て、

伏テ惟《オモンミ》ルニ東京ノ北四十里ニシテ足尾銅山アリ、近年鉱業上ノ器械洋式ノ発達スルニ従ヒテ其流毒益〻多ク其採鉱製銅ノ際ニ生ズル所ノ毒水ト毒屑ト之レヲ《(ママ)》澗谷《カンコク》ヲ埋メ渓流ニ注ギ、渡良瀬河ニ奔下シテ沿岸其害ヲ被ラザルナシ。加フルニ比年山林ヲ濫伐シ、水源ヲ赤土ト為セルガ故ニ、河身激変シテ洪水又水量ノ高マルコト数尺、毒流四方ニ氾濫シ、毒渣ノ浸潤スルノ処茨城栃木群馬埼玉四郡及其下流ノ地数万町歩ニ達シ、魚族斃死シ田園荒廃シ、数十万人民ノ中産ヲ失ヒ《ママ》ルアリ営《ママ》養ヲ失ヒルアリ或ハ業ニ離レ飢テ食ナク病テ薬ナキアリ、老幼ハ溝壑《コウガク》ニ転シ壮者ハ去テ他国ニ流離セリ。如《カクノ》此《ゴトク》ニシテ二十年前ノ肥田沃土ハ今ヤ化シテ黄茅白葦満目惨憺ノ荒野ト為レルアリ。

と、被害の実情を述べ、更に政府の怠慢を訴えたのち、五項にわたる恢復の方法を記したのに続いて、

加毒ノ鉱業ヲ止メ毒水毒屑ノ流出ヲ根絶スル其六ナリ。如此ニシテ数十万生霊ノ死命ヲ救ヒ、居住

相続ノ基ヘ《ママ》ヲ回復シ、其人口ノ滅耗ヲ防遏シ、且ツ我日本帝国憲法及ビ法律ヲ正当ニ実行シテ各其権利ヲ保持セシメ、更ニ将来国家ノ基礎タル無量ノ勢力及ビ富財ノ損失ヲ断絶ス。

と懇請し、最後に、

臣年六十一、而シテ老病日ニ迫ル、念フニ余命幾《イクバ》クモナシ。唯万一ノ報効ヲ期シテ敢テ一身ヲ以テ利害ヲ計ラズ、故ニ斧鉞《フエツ》ノ誅ヲ冒シテ以テ聞ス、情切ニ事急ニシテ涕泣言フ所ヲ知ラズ。

と、衷情を披瀝した一千三百七十余文字の諧書。

これを奉呈しようとした翁が躓《つまづ》き、護衛の騎兵が落馬したためその槍先を免れ、警官に捕えられた。一夜泊められて取調べを受けた翁は「なんら不敬不純のかどなし」との理由で釈放された（当時の新聞）というが、それは政府自体の責任を回避するため、翁を「狂人」として不問にしたという世評であった。

越えて同月十八日、翁はカツ子夫人への手紙のなかで、「正造は今より後は、この世にあるわけの人にあらず。さる十日に死すべき筈のものに候。今日生命あるは間違に候」と申し送っている。

翁は、当時の憲法治下に於ても解決しようとすれば解決しうるものを、為政者がまったく顧みなかったため、決死の覚悟でこの挙に出たのであろう。

この直訴に対する世論は、さまざまであった。しかし、血あり涙あるものは、みな支持した。全国の各新聞・雑誌は大々的に報道し、痛論した。学者も政治家も、宗教家も教育者も、婦人も学生も奮起して現地を踏査し、都郭の民衆に訴えたため、被害地の実情は津々浦々に伝わり、仏教およびキリスト教の有志は相携えて病人の施療、窮民の救済に乗り出し、世論はこぞって鉱毒事件の上に集まったのである。

翌明治三十五年一月の末、私は茨城郡古河町の根本医院から父の医薬をもらって帰る途中、谷中村の三国《みくに》橋の近くで、鉱毒歌を合唱しながら進行してきた若い人びとの大群に出逢った。子供心にも、勇ましいような恐ろしいような気がして、今度どうなるのだろうと驚くばかりであったが、これがその前の晩、文部大臣の命令によって学生が鉱毒地視察を禁じられたため、個人の資格で集まった学生たちを、内村鑑三・安部磯雄・木下尚江諸氏が指揮されて来村した視察団であることを、後になって知った。

当時、東京帝国大学生だった河上肇氏が、翁の演説に感激して、その場で衣服を脱いで被害民のために寄託したことや、或いは明治専門学校の中西堅助氏が、四十度の高熱をおして街頭演説に奔走して殉死されたことは有名な話であるが、この鉱毒事件が、明治・大正の思想界に大きな影響を及ぼしたことは、あえて私がいうまでもない。

鉱毒で祖父と父を失う

その頃、東京の有志によって、群馬郡海老瀬村の松本英一氏方や松安寺等に施療所が設置された。

明治三十五年の二月の末頃と記憶する。長い間病床にあった父が、施療所の設置のことを聞き、「枕もとに筆と紙を持って来い」という。私が持参すると、父は、「松安寺の施療所へ陳情書を出したいから代筆しなさい」といって口授し始めたが、僅かに数行書くと、父は堪え難い様子で中絶してしまった（この紙片は、その後長く保管したが、いまは見当らない）。

父の口授の内容は、明治二十九年旧暦九月一日の大洪水の際、家族の避難したのち、食糧麦は水浸しとなり、汲みおきの水桶まで倒れてしまったので、留守居の父と祖父は、その鉱毒の泥水を汲んで煮炊や飲用水にしたため、まもなく胃腸病にかかり、その後いろいろと療養に努めたが恢復せず困難していているからお救い願いたいという趣旨の、文語体のものであった。

私はその時、父と祖父の長い病気が鉱毒のためであるということを初めて知らされ、子供ながら口惜しくてたまらなかった。

そこでやむなく、近所の鉱毒委員の宮内喜平氏に頼んで施療所に申し込んだところ、若い医師がすぐ往診してくれた。あとから兄が薬をもらいに行くと、宮内氏を通して、「胃が悪いのですが、もう手遅れで癒るかどうかわかりませんから、病人には内緒で大事にするように」と、ことづけられ、水薬と散薬を二日分ずつもらって帰ってきた。その時の淋しさは今も忘れられない。

それから数日後の三月五日、父は四十六歳で死んだ。前年五月、祖父が六十四歳でおなじ胃病で死んでから僅かに十ヵ月、思えば父も祖父も鉱毒のために死んだのである。

同じ明治三十五年の三月十五日、被害民の兇徒嘯聚事件は、東京控訴院で無罪の判決（検事は上告）となり、被害民の実情は、控訴の結果と学者の鑑定によって明白となった。

内閣鉱毒調査会の遊水池設置案

事態がこのように展開してくると、いかに無責任な政府も、いたずらに頬かぶりで過ごすことができなくなり、三月十七日、漸く内閣鉱毒調査会を設置した。

その後、各界の学識経験者による調査が続けられて、翌三十六年六月三日、調査報告書が発表された。そのなかに、鉱毒は洪水によって流布されるのであるから、その洪水を緩和するために幹川である利根川の改修と相俟って渡良瀬川の下流に遊水池をつくる必要がある、という意味の一項があった。

ところが、この発表以前に、いつとはなく、栃木県谷中村と埼玉県の利島《としま》・川辺両村（現在、北川辺村）が、暗に遊水池設置の候補にあてられていたのである。

明治三十五年秋の洪水後、埼玉県当局は利島・川辺の両村を買収しようとして破堤所の復旧工事を行なわないため、翁が村民を激励して、「もし県が両村を見棄てて破堤所の復旧工事施工しないならば、われわれは自費を以てこれを行ない、独立村をつくる」と頑張ったので、利島・川辺の両村は買収を免かれた。

ところが栃木県の方は、三十六年一月十六日の臨時県会で谷中村買収案を附議した。さいわいに、この県会では否決となったが、このように内閣鉱毒調査会の調査報告前に、不法にも両県とも遊水池設置の予備行動に出たのである。

翁は早くからこの予備行動を重大視して、三十六年二月五日、足利の原田定助（翁の甥）・萩野万太郎（県議）両氏宛の手紙のなかで次のように述べている。

（前略）谷中村事件、東都の難題悪政なれば、爾来此方面にあり。毎日雪中の旅行、不幸一文なしの境遇にも有之、谷中近傍事情は中々之を見捨てゝ横浜（島田注、翁の親友横浜市の島田三郎氏がこの時の臨時選挙において、伊藤博文・大隈の画策から危機に立たされていた）や静岡に参るは重々不利なれども、社会の大義之に行かざれば又々一大不利たるを奈何《いかん》。双方とも切迫に切迫の事情に候。（中略）谷中村事件は、栃木県会一月十六日にありと、正造赤麻《あかま》村にて八ヶ村の総代に対して明言せしは其十日なり。十日は県会の開けたる日に当れり。凡そ此くの如し。正造には一人の警官なし、一人の探偵なし。ただ天正造に告ぐるか、正造自ら之を知るか、ただ冥々たる神霊の守る所ありて然るものとは信申候。（後略）

渡良瀬川畔の良村、谷中村

谷中村は栃木県の南端、群馬・埼玉・茨城三県の県境にある。草創は文明年間（一四七一年）、その後寛永年間（一六二四年）に初めて堤防が築かれたと伝えられている。

明治三十七年、買収着手当時は、土地千二百町歩、戸数（世帯）四百五十、人口二千七百を算し、そのうち約一千町歩の土地と三百八十の世帯は周囲約三里半の堤防と約半里の高台を以て囲まれ、地勢平坦、渡良瀬川は村の西南を流れていた。東北には思《おもい》川・巴波《うずま》川のふたつの川、西北には赤麻沼を控えていたが、たまたま洪水があれば山間の肥土が流れ込むので、無肥料で作物が倒れるばかりに繁茂し、その上漁獲の収入も多く、実に豊かな村であった。

ところが、明治十年頃から足尾銅山の鉱毒が流出して、田宅を害しはじめた。その流下を防ぐため、明治三十一年頃、千葉県関宿《せきやど》の江戸川口をせばめ、つづいて三十五年に利根川から渡良瀬川への逆流口を広げたことなどによって、谷中村地方にはますます洪水が増加してきた。

その被害から村を守るために、指導者層の間では村債を起して堤防拡築や排水器の設置を計画したが、いずれも不成功に終り、村債のみが残った。村のなかには、その残された負債の処理に困って、ひそかに村の買収を望むものも出てきた。

ここで明治元年から同三十五年までの谷中村の堤防安否統計を参照してみると、三年のうち二年は無事である。無事な年の年間収穫は二十数万円に達しているから、これを平均しても年々十六、七万円の収入があったことになる。殊に三十五年秋の洪水に運ばれた奥山の肥土が鉱毒に荒された従来の毒地を蓋うため、田畑は急に復活の観を呈し、将来に希望をもたらしたのであった。

しかるに、栃木県当局は、その三十五年の洪水による村の北方の堤防の破壊部分を、それが僅かに八十五間ほどの小欠壊であるにもかかわらず、三十七年に至るまで故意に復旧を怠ったばかりか、かえって旧来の堤防を細く低くし、あまつさえ波除《なみよけ》の柳や石垣などを取り払うことに十万円の工事費を支出した。そして県当局は、谷中村の堤防を完全なものにするには百二十万円の工費と年々六万円の保全費が必要であるが、これでは倒底収支相償わないから、むしろ災害復旧費を以て全村を買収する方が得策だといい出したのである。

以上が、鉱毒事件が洪水問題にすりかえられ、遊水池設置案となり、ひいては谷中村水没の端緒となるまでの経過の大要である。

第一章　強制破壊まで

明治三十五年十月〜明治四十年六月

一　谷中村民と田中正造翁

はじめて田中正造翁を見る

明治三十五年十月、谷中村の染宮太三郎氏方に於て翁の政談演説があった。九月下旬の大暴風雨のあとで、村は一面の水、筆者は家兄熊吉と共に小舟に乗ること十数町、倒潰して水に浮かぶ屋敷つづきの叔父の家の屋根伝いに演説会場に到り、未成年者の傍聴を禁じられていたので、当時十四歳の筆者は、片隅の柱の陰にかくれて各弁士の演説を聴いていた。

やがて、田中翁が演壇に現われた。白地に立縞の単衣《ひとえ》と黒い袴、背丈けは高くないが、頭の大きな肩巾の広い、実に頑丈な体格、筆者は小学校の読本で見た坂上田村麻呂のようだと直感した。

翁の演説は、鉱毒と水害の関係をあらゆる角度から誰にもわかるように説明し、

「学者や政治家は箒《ほうき》で掃くほどいるが、何の役にも立たない。いや、それどころか、いればいるほどかえって悪いことをするという始末。悪いことをするのが、学者か政治家か。しかし、世の中には善い方もいる。何百里という遠方から皆さんを助けるために、今日もここにこの方は来てくださったのです」

と、一青年を紹介したのち、

「遠方にも、こういう立派な味方があるのですから、そのへんの蛆虫《うじむし》のようなものをあてにせずに、正しい方がたを味方として被害地を恢復させなければなりません」

と結んだ。

筆者は帰る時、聴衆のなかでただ一人の小さな子供だったので、翁の眼にふれ、

「何処から来たか」

とたずねられたが、はにかみ性の筆者は、モジモジしながら別れたのを、昨日のことのように記憶している。翁はその年、数え年で六十二歳であった。

その後、時どき鉱毒委員をしている近所の宮内喜平氏宅でおめにかかり、

「腹が減っていては、どんなよい話でも耳に聴えないものですから、まず第一に食料をとらなければならない」

という話などを聞かされた。

翁は明治三十七年七月、谷中村に入ると、まず青年に呼びかけ「谷中村悪弊一洗土地復活青年会」を組織した。ついで、その年の暮から翌三十八年の春にわたっては、婦人会に呼びかけ、高沙《たかすな》方面では筆者の母および新宅の主婦などを中心に「谷中村を潰さぬ決心仲間」というものをつくり、翁が米や味噌・醤油まで贈って会合を促し、大いに村民の啓蒙を図ったものである。

村民大会で堤防の復旧自費決議

明治三十七年十二月十日、栃木県会の秘密会で谷中村の買収案が可決された直後、この法案に反対した船田三四郎ほか十一名の県会議員や、東京の青年修養会の大《おお》亦楠太《またくすた》郎《ろう》・黒沢酉蔵《くろさわとりぞう》氏などの応援で、筆者宅に村民大会が催された。もちろん、翁も出席した。

出席弁士は、いずれも臨監の警察官のために中止を命ぜられた。一度中止を命ぜられた弁士は、そ

の政談演説会には再び臨むことができない規則であったが、翁は再び演壇に立ち、

「私はあの時、演説を終ろうとするところでしたから中止命令は受けないわけですが、こんどは談話会として皆さんにお話をします」

と前置きして、ついに谷中村の破堤所（同年五月の洪水にて破堤）は村民の自費で復旧することを決議し、万歳を三唱して解散した。

翁はその夜、筆者宅に泊まり、軒下の風呂にはいり、風呂番をしていた筆者にいった。

「日本はこのままでは近く潰れますから、学問をして外国へ行かなければダメです。学問は農学がよい。農学には経済がある。経済というものは実に大切なものですよ」云々。

明治三十七年十二月中旬、筆者宅に開かれた村民大会の決議で、谷中村破堤所の復旧は自費を以てすることに決定したが、三ヵ年の継続水害に疲れはてた村民として容易ではなく、これを実現させるために、翁は日夜村中を戸別訪問して、気運を盛り上げなければならなかった。

翁は、ある寒い夜おそく筆者宅に来り、

「これから、深谷《ふかや》・赤渋《あかしぶ》を運動して、横堤《よこつつみ》方面に行こうと思うが、まだ夕食を食べていないから何かあったら食べさせてくれろ」

との話。母が、「冷えた麦のご飯だけで、おあげするようなものはありませんが」と、ためらっていると、

「麦飯で結構」

といいながら味噌汁をかけて、さらさらと食べ、

「さあ島田君（筆者の兄、熊吉）、一緒に行こう」

と、兄を誘うて暗い夜道に消えていった。

正造翁の点描二、三

明治三十七年十二月二十三日、谷中村を買収する内務省の災害土地補助費というものが帝国議会に降議されることになり、翁の応援で群馬県から選出された代議士武藤金《きん》吉《きち》氏から、

「ヤナカジ　ケンアスキマルド　ウスルヘン」

という通信料つきの電報を、筆者を連れて西高沙《にしたかすな》の木島剛氏方へ行く途中、翁は受け取った。

翁は、「困ったなあ――」と二度ばかり独語したのち、筆者に対して、

「下宮《したみや》の茂呂《もろ》武一《たけいち》さんのところに、左部《さとり》彦次郎さんがいるから、この電報を見せて至急大挙運動をするように言うてくれろ」

とのこと、筆者は半道《はんみち》（一里の半分の道のり）あまりの堤上を走《は》せて、左部彦次郎氏にこの旨を告げた。が、彼にはそれを実行しようとする熱意が見えないので、そのまま復命すると、翁は、

「左部さんは参謀格の将としては適当ですが、実戦になると村の川鍋岩五郎さんに遠く及ばない」

と嘆息した。

明治三十九年頃、社会主義の機関紙『直言』あるいは『光』という週刊新聞が、誰の寄贈か筆者宅に毎号郵送されていた。たまたま筆者宅に泊まる翁は、これを貪るように読むのが常であった。ある時、某（名を忘る）という婦人の書いた論文を音吐朗々と読んだのち、筆者に、

「これは、僕の世話した婦人の書いたものですが、実に立派な革命婦人になったものです」

と、なつかしそうにそれを示されたことがある。

明治三十七、八年は日露戦争のため物価が騰貴して、一般の生活は非常に苦しく、いわゆる「螢粥《ほたるがゆ》」(青葉や摘み草のなかに玄米を少々まぜた粥)で腹をみたさなければならぬ始末であった。

まして年々洪水に見舞われ、麦・米の穫れない谷中村においては、その不十分な麦を軍の馬糧に徴発されたので、不合格品を外米と交換して飯料《はんりょう》としていた。これを翁にさしあげることは失礼と思い、かねて大切に貯蔵しておいた明治三十六年の産米を御飯にして供すると、翁はかえって喜ばず、「麦飯で結構なのに、谷中の人達は僕が泊まるとわざわざとっておきの米を炊いてくれる。もしそれがないと、味の善い麦と交換したまずくてくさい外米をだされるが、外米は色が白いが黒い麦よりはるかにまずい。いまの政治家によく似ている」云々。

三十八月二月頃、筆者の屋敷にある樹齢二百年の大欅《けやき》が、年ごとの鉱毒水で根元を洗われて幹が腐り、このまま置くとあるいは倒れて家屋を潰すかも知れぬとの心配もあって、町の山師に売ることになった。

これを聞いた翁は、嘆じて曰く、

「二百余年といえば少くとも六、七代は経った大木だが、僅かに僕の代議士時代の歳費の一日分ぐらいで、これを伐《き》らねばならぬとは本当に惜しいものだ。これもひとえに政治がわるいためです」云々と。

村民と共に、谷中村復旧を協議

同年初夏の頃、翁は谷中村民が自費で築いた堤防が、弱小で洪水に堪えられないことを憂慮し、更に三尺の嵩《かさ》上げ工事を計画した。が、村民としては費用の負担にも困るので、協議がまとまらなかった。

しかし、翁としては従来の統計から考えて、このままでは安心ができないため、各地方の有志に訴えて寄附金を募り、ようやく一尺五寸の嵩上げ工事をした。はたせるかな、未だ肝腎の麦作の熟さないうちに洪水が出たが、その嵩上げ工事をしていたために、村への浸水は免かれ、麦作や早熟小豆《わせあずき》などを収穫することができた。村民は翁の先見の明に敬服し、かつ感謝した。

その後、翁はこの機を逃さず、村民の自費と他よりの寄附で築いた仮堤防を、更に旧堤と同じ程度に復旧して、谷中村を回復しようと、県庁や中央政府に要請すると共に、村内の各戸を訪問して村民の発心を促がして歩いた。

ある夏の暑日、翁は下宮《したみや》の八幡神社に村民の参集を求めた。連日の運動のために、疲れ果てて神社の廊下に午睡する者もあった。

翁は、やがて眼をさました村民に向って、

「暑い時、昼寝して起きると非常に咽喉が乾いて水が欲しい。これは寝てる間に体内の水分が汗になって発散するので、水分が不足したためです。谷中村もこれと同じように、三十五年の秋から堤防が破壊したままになっているので、村民が生活するところの農作物が穫《と》れないから、食物が不足している。これを充たすべき堤防の復旧を要求するのは、咽喉が乾いた時に人体が水を要求するのと同じわけで、あなたがたの自然の要求である。黙っていては与えられない。水が欲しいというのと同じく、堤防の復旧が必要であると大声をあげて叫ぶべきである。お願いするのではない、要求するのである。

さあ、これからみんな揃うて内務省へ押しかけよう」
と呼びかけた。

その日は、人を集めるために時間を費してしまい、すでに夕暮間近くなったので、明日を約して解散した。その夜、筆者は翁と共に下宮の針谷沢吉《はりがやさわきち》という村議の家に泊り、芳川顕正《よしかわあきまさ》内務大臣あての請願書認めに従事した。

翌日はまた翁やその他の村民有志と共に、稲荷森《とうかもり》・本郷・七軒《しちけん》・八淵《はちぶち》等の各部落を訪問した上、古川の雷電神社に集まった。村民は互いに谷中村回復の方法を協議することとなった。

その時、たまたま谷中買収派の古沢繁治《ふるさわしげじ》が来て、この協議をしきりに妨害した。はじめは翁も村民も怒ろに応待していたが、古沢がますますわがまま勝手のことを並べて協議を破壊しようとするので、これを見かねた左部彦次郎氏は古沢の胸ぐらをつかんで押しのけようとし、川辺《かわべ》村の増田清三郎氏（谷中の堤防嵩上げ工事費の大半を寄附した人）は憤慨して、古沢にとびつき、洋傘で滅茶苦茶に頭を打ちのめした。傍にいた翁も興奮して、この泥棒野郎、国賊野郎、と古沢めがけて太い桜の杖で打ち叩くなど乱闘状態に陥ったが、誰一人古沢を助くる者なく、古沢は血の流れる頭をかかえて、下宮の巡査駐在所に訴え出た。

翁をはじめ左部・増田両氏とも部屋《へや》村の警察分署に拘引されたが、取調べの結果、翁に尾行していた巡査の証言もあり、免訴となって、その翌日帰宅を許された。（筆者現場で見聞）

県の土木吏を追い返す

その年の夏、谷中村買収のための栃木県の土木吏が出張して、村の田畑・原野を調査して歩いた。

翁は、栃木県の土木吏たちが、かつて谷中村の堤防を復旧するという名目で長さ一千間余に渉る堤脚の波除《なみよけ》の柳を伐り払い、また護岸を取崩しているその石材を隣りの赤麻《あかま》村へ持ち去った、これはまさに泥棒の仕業だ、この泥棒が村民の自費で築いた堤防のおかげで村にいることのできるのを幸いとして、大切な農作物を踏み荒らすとは何事だと、北古川の鍬鎌を持った農民――主として婦女子たち――と共に、

「泥棒、泥棒――泥棒が来たから遂《お》い払え」

と叫びながら追いかけた。土木吏一行はコソコソと逃げ去った。(翁の直話)

同年晩秋の頃、またもや県の土木吏一行が警官同伴で、古川の村議岩波弥太吉方へ家屋調査のためといって、大勢やって来た。居合わせた翁は、

「栃木県の土木吏は泥棒である。この泥棒が正しい法律の規定にもよらず、主人の承諾もないのに、家屋を調査するとは解しかねる。ものをいうてわからぬ泥棒は叩き殺してしまうぞ」

と、軒下にあった薪割りの斧を振り上げて一撃しようとしたとたんに、背後から立合いの警官が翁を抱きしめたので、事なきを得た。

「あとで静かに考えると、あの警官は実によい方であった。もし、あの時警官がいなければ、僕はあの役人を殺すかあるいは重傷を負わせていたであろう。その上、自分も長く牢獄に入れられて、大事な村の仕事もできない身となったにちがいない」(翁の述懐)

明治三十五年十月初旬、筆者の父母の仲人親の染宮太三郎の家で、十四歳だった筆者が、臨監の警

官の眼を忍んで初めてその政談演説を聴いた時の翁は、泰然自若として百万の敵にも動かない堂々たる風格で、子供ながら実に神々しく感じられた。

ところが、翌々三十七年秋、谷中村買収問題が起こり、日夜生命を賭けて反対運動に没頭するようになってからの翁は、漸次神経過敏となり、激怒し易くなり、容貌態度も亦凄みを加え、ついにいま述べたような常軌にはずれた行動を見ることもあった。

しかし、ひとたび平静に返ると、何ともいえぬ好《よ》いおじいさんであった。そこで、あまり翁に接しない人たちは田中じいさんと呼んだが、親しく接する人びとは田中さんと呼んだ。すなわち「先生」と呼ぶような「ぎこちなさ」がなかった。

晩年、岡田式静坐法を行なうようになってからの翁は、朝は早起きで夜は一時二時まで書きものや議論をしても平気であったが、その以前の翁は、いわゆる宵ッぱりの朝寝坊であった。

筆者の母などが、

「田中さんが泊ってくださるのは有難いけれども、お寝《やす》み中の田中さんを措いて仕事に出てしまうわけにもゆかず、これだけは本当に困る」

と、こぼしたのを覚えている。

それでも、農閑期の正月などに家内中揃って翁の世間話を聴いていると、たとえ貧しいなかにも本当に心ゆたかな正月気分に満ちて鉱毒のことも水害のことも忘れることができた。

三十八年の旧正月元旦か二日、筆者が下手な書き初めを書いたところ、傍で見ていた翁が、

「坊や、新玉の年のはじめの鶯の声、なんてなかなかシャレてるね。僕にもそのくらいは書けそうなものだ。紙はないか」

と、いわれるので、
「もう私が書いてしまいましたから、北海老瀬へ行って買うて来なければありません」
と答えると、
「ではそこにある巻紙でもよい」
と、いいながら、粗末な巻紙をさらさらとひろげ、硯を引き寄せ、筆者の手習い筆で、

くるとしも　またくるとしも　くるとしも　くる〳〵めぐる　としはくる〳〵

という一枚をはじめ、二、三枚を竜の躍動するような筆鋒で書かれたことがあった。

翁の描いた戯画（明治三十五年頃）

兵隊別火《へいたいべっか》

明治時代はいろいろな方法で徴兵忌避が公然の秘密で行なわれていた。そのなかでも最も憐れな方法は、神仏に祈願して、徴兵の厄を免かれようとすることであった。

筆者の部落は四十八戸足らずであったが、部落内で徴兵適令者がある時は、正月か二月頃の恒例の日に、その年の世話人が、「明日は兵隊別火ですから、八幡様に集まってください」と触れてまわった。

その日になると、部落の各戸から一名ずつ氏神の社に集合して、神前で声を張り太鼓を叩いて一心に般若

心経何十巻かを読み上げ、徴兵の厄から免じて欲しいと祈ることになっていた。また、別に適令者の知人・親族・隣り近所の人びとが適令者の家に集まり、相共に遠近の神社仏閣を巡拝して同様に祈願するのが常習であった。

殊に明治三十七、八年の日露戦争の当時は、満洲の野で多くの犠牲者が出るのを新聞や人づてに聞かされているので、まるで屠殺場に引き出されるような恐怖心を抱いていたため、われ人共に兵役から免かれたいとの一心に燃えていた。従って、みずから志願して出征しようとするものは、見聞のせまい農村には梅雨空の星の数ほどもなかった。

筆者の兄は三十八年の六月が徴兵検査であったが、慣例に洩れず毎日毎日神仏詣りに日も足りない状態であった。それとも知らぬ翁は、この農繁期に家族みなが留守がちのわが家のために大いに心を痛めて、

「今日はよい天気でも明日は雨かもしれない。うかうか農事をよそにして出あるき、そのために麦の刈入れを遅らせては一大事です」

と、しばしば手紙や直談で警告してくれた。案の定、翁の懸念したとおり、麦の刈入れが遅れた折りも折り、未曾有の長雨のため、麦は穂のまま大半が立ち腐れてしまった。これが徴兵免役のための神信心の結果であることを知った翁は、

「愚かといえば愚かな話であるが、そうして祈らずにいられない人の心は実に憐れなものだ」

と同情し、かつ嘆息したが、そういうところにゆき合せたりした時には、黙って席に連なっていた。

こうした徴兵免役祈願は、明治の末期から大正の初めまでつづいていた。

移住民の後姿に泣く

明治三十八年の秋も漸く深まった頃、いよいよ谷中村の買収が始まった。かつて田中翁が明治二十四年の第二帝国議会で鉱毒問題を叫び出してから正に十五年、ひたすらこの事を憂え、生命を賭けて戦い、殊に昨三十七年夏からは水浸しになった谷中村に入り、村民に対して惜しみなく同情をそそぎ、あらゆる救済方法を講じてきた翁の努力も空しく、被害村民から買収に応ずるものが出、ついに何百年となく住み慣れた故郷をあとにして、知らぬ他郷に移住することとなった。

「水村にいたものが山村に出るのは、あたかも魚が陸にあがるのと同じで、生活が一変して到底耐え切れるものではない。谷中村にさえいれば、たとえ貧しくとも生きてゆける。何とか翻意を促がしたい」

と、翁は未明から下宮字七軒の堤上で、買収委員に連れられて古河《こが》駅に向う住民に向って、いろいろと情理をつくし、涙を流してひきとめたが、子を思う親の心は、ついに移住民たちには理解されなかった。いや、買収委員も移住民も、翁の言葉をそうとは思うたが、どうにもならなかったのであろう。

翁は遠去かってゆく移住民の後姿を見送って、ほろほろと涙をこぼし、傍らにいた自分も共に泣きました。(当時、翁に随行していた谷中村、落合熊吉《おちあいくまきち》の直話)

明治三十九年の春まだ寒い頃のことであった。昨年民費で築いた堤防が流されてしまったあとに、本年も仮復旧工事をしなければ食糧麦もとれず、ますます生活が困ることになるために、翁は筆者を同伴して村中を奔走した。というても村の大半は買収に応じて移住したので僅かに半数の二百戸内外が残っていたのみであった。

ある大西風の吹き荒ぶ夕刻、翁と筆者は、たまたま高沙の元名主の某家に到り、庭先で堤防の仮復旧の必要であることを勧説すると、元名主某は筆者に対し、

「いまの青年は冠《かぶ》りものをかぶったまま他人に接するという偉さで、私たちには応待もできぬ」

などと嫌味を並べて大切な堤防復旧の賛否から逃れようと努めた。帰途、翁の曰く、

「帽子をかぶったまま立ち話するのは礼に欠けるが、自分の生活を自分で守ることも知らない愚かさを棚にあげて、われわれの忙しさも察せず、われわれがお願いにでも出向いたように考え違いをしているらしいが、あれが高沙開拓の旧家、元名主の御当主とは困ったものだ。村が潰れるのも無理はない」云々。


その年の春、草木の芽の青く萌えだしたころ、翁は大沢新八郎《おおさわしんぱちろう》氏と同伴、谷中村字高沙の土堤下にある八幡神社に休み、日向《ひなた》で暖まることとなった。すると虱《しらみ》がむずむずするから、この日向で虱退治をしようと肌着を脱いで、虱退治をはじめたが、あまり多くいるので一疋ずつとるのでは退治しきれぬ。何かよい方法はないか、ああそこらに茶碗の欠けたのが散らばってある、これでこうしてこうすれば一度で何疋でも押し潰せると、二人は谷中事件のことも人の通るのも忘れて、虱退治をしたことがあった。(群馬県大島《おおしま》村、大沢新八郎氏談)

谷中村の復活はできるか

明治三十九年五月二十二日、「無我の愛」の伊藤証信《しょうしん》氏(石川三四郎氏の友人)が翁を訪ねて筆者の家に同宿した際、伊藤氏が翁に対し、

「今日の憲政治下に於ける先生の運動で、先生は鉱毒被害民―谷中村を救済すること

ができると、先生は確信なさってるのですか」

と問うたところ、翁は静かな口調で、

「この運動によって救済しなければならぬと思うのですが結果のほどはわかりません。しかし、たとえ死ぬると思う肺患者でも、生命《いのち》のある間は治療し看護するのが人生の義務で、また責任です。まして良民が暴政の虐げを受けるに於ては、私は身命を賭して最善をつくす覚悟です」

と答えた。伊藤氏は恭しくうなずいた。

それまで翁の説に従うて、県庁や政府に運動すれば谷中村は復活するものと信じていた筆者は、翁のこの言葉を聴いて非常な淋しさを感じたが、その後は自分も最善の義務と信じて翁に従うこととした。されば十年後翁に逝かれ、のちまた数年を経て谷中村は悲惨の最後を遂げたけれども、筆者は落胆も失望もしなかった。

二　官吏侮辱罪前後

正造翁の蓑笠と一本歯の下駄

いま六十歳前後の人の中には、蓑笠姿の翁を記憶している者があると思うが、翁が蓑《みの》を着用し始めたのは、明治四十三年七月三日、谷中強制破壊三年記念式の日、木下尚江翁が東京から持参された時からである。その以前は、丹波蓙《ござ》を用いていた。また、菅笠を用い始めたのは、三十九年春、筆者の母が作ってあげてからのことである。その前は、夏は麦藁帽やヘルメット、冬は大黒《だいこく》頭巾とか山兵帽等を用いた。

ある日、翁が菅笠を作ってもらいたい、形は普通より小さく山は高くと注文されたので、さっそく母と家兄の合作で、翁の注文通りに高山の小笠を作ってさしあげると、翁は大喜びでこの笠をかぶって東京へ出かけた。数日後、帰村した翁がいうのには、この笠をかぶって人力車に乗り、上野の山を通ったところ、花吹雪を浴びる僕の菅笠姿を花見の人たちがみんなけなるそう（「うらやましそう」の意）に見ていた、実に何んともいえぬ愉快でした、といかにも嬉しそうな話しぶりであった。「谷中の人は自分で作る菅笠の真価というものを知らない、こんなよいものは他にありませんよ」云云。

その頃、翁はすでに、六十六歳の老境にありながら、周囲約五里もある谷中村とこれを囲む各町村を、毎日毎日徒歩で運動しつづけていた。

当時の農村の道路は、県道以外は砂利の敷かれたところはなく、道路とは名ばかりで殆んど田圃《たんぼ》同様であった。されば水害のあとの野道、霜解け雪解けの泥道を下駄ばきで歩くことは、壮者と雖も容易のことではなかった。殊に翁の戦場谷中村に於ては、また格別困難とするところであった。そこで翁の考えたのは一本歯の下駄である。普通の下駄では歯と歯の間に泥がはさまって徒歩に困難するが、一本歯にすればその不便を免かれて、徒歩もまた自由になる、と或る日家兄に一本歯の下駄を注文して欲しいとのことであった。

早速、藤岡《ふじおか》町下町《しもちょう》の冨久《ふく》さんという下駄屋に注文したが、できあがったのを翁がはいてみると中心がとれていない。再び冨久さんに作りかえを頼み、翁の注文通り仕上げてさしあげると、これはよくできた、これならこれまでの五倍も十倍も活動することができる、と大喜びで毎日愛用していた。しかし、独楽《こま》や自転車と同じく、動いているうちは足の運びも速いが、長く立ち止まっているには不適当とわかり、結局、晩年の地下足袋とかわった。

この一本歯の下駄は、東京の木下家に預けてあったが、大正十五年の秋、足利友愛義団に遺墨品展覧会のあった時、木下尚江翁が出品し、その後、藤岡町の田中霊祠に奉納され、いまはその宝物になっている。

田中翁は常に被害民のために運動しているので、きまった収入はなく、時に有志から寄せられる浄財をその経費にあてていたが、その金が不足すると有志の家で必要な分だけ借り入れることとし、幸いにまとまった浄財が入れば努めて負債を返すことに心がけていた。

明治三十九年の春と記憶するが、筆者の母に、

「お銭《あし》を二円ばかり貸してくれませんか」という。母が、そのくらいならありますから、と差しあげたところ、

「ああこれで車賃ができた」

と喜ばれたが、筆者と共に西隣に行こうとする途上で、道に子供が二、三人遊んでいるのを見て、

「ああよく遊びますな、よい子だ、よい子だ。坊やに一つ。嬢やもいたな、はい一つ」

と、はじめは五銭の白銅貨を出し、次にまた子供の群れに出逢うと、

「ここにもいた、はい一つ。お前にも一つ」

と、白銅貨がなくなると二銭銅貨をやり、いつのまにか先ほどの二円をみんな出しきって、

「ははあ、もう一銭もなくなってしまった」

と、至極淡々たる有様。帰宅後、このことを母に告げると、母は、

「田中さんは、いつもそうなんだから」

と、張り合いがぬけた様子であった。これはほんの一例であるが、翁はいつもこんな調子であった。

また借りた金も返さなければ気のすまない先へは、何とかして必ず返したが、返さなくてもよいと思う家には、無理して返すようなことはしなかった。筆者の生家では、後者に属した方で、私はいまもその有難さで幸福感に満ちている次第である。

村民の血と汗で築いた堤防、県吏が破壊

明治三十九年春、県の買収に反対して居残っている者、また、買収に応じたが未だに立退かない者、あるいはすでに近村へ移住してそこから来て元の所有地を耕作している者など、約二百戸の谷中村民が、昨秋以来数十回の協議を重ね、田中翁をはじめ周囲町村有志の寄附金に加えて、それぞれ麦畑一反歩につき一円、そば畑一反歩につき五十銭ずつ出し合うて、破堤所の急水留《きゅうすいどめ》(仮堤防)工事をすることになった。

しかし、金を集めてから工事を始めるのでは機を失するので、落合熊吉・岩波弥太吉・篠崎又吉・島田栄蔵・島田熊吉などが築堤委員となり、村の富豪染宮太三郎から借金して、太三郎の弟文五郎《ぶんごろう》を工事請負人と定め、染宮庄助が工事担当者として工事に着手した。

翁は霜どけの泥濘を歩いて、しばしば工事の現場に出かけ、遠方から杖を打ち振り両手をあげて、

「万歳! 万歳! 谷中村民大万歳!」

と絶叫しながら、工事に働く村民を激励し、いつも乏しい財布をはたいて饅頭や駄菓子を求め、現場に働く人々へ与えてその労をねぎらうのが常であった。

そうしたお蔭で、ようやく赤麻《あかま》湖畔に堤防の形が現われてきた時、栃木県庁はこの工事が河川法に違反すると称して、明治三十九年四月二十七日までに取り払え、この命令に応じない場合は県が代行

して取り払った上、その費用は築堤委員から徴集すると命じてきた。実情は河川法は準用されていないし、内務省の許可もないのに、県が乱暴にも破壊したのである。(編者注、河川法違反の正式適用は明治四十一年七月二十五日)

委員はむろん応じない。県の役人や警官や買収委員たちは、「五百円かかった堤防を破壊するには、やはり五百円かかる。そうすると、とても負担には耐えられないのだから、早く買収に応じて免除を願え」と、おどして廻るという状態。そこで指定の期限が切れた当日、四月二十八日は、田中翁はもちろん、東京その他の有志数十名が応援に来て、現場に待ち構えたが、これを予知した県の破壊隊はついに姿を見せなかった。

ところが、なか二日をおいた四月三十日の早朝、突然、栃木県の土木吏が多数の人夫を引率して襲来、破壊に着手、せっかく志士仁人の寄附と村民の血と汗で築いた堤防を滅茶苦茶に打ち壊して赤麻沼の中へほうり込んでしまった。翁や村民の憤激は絶頂に達した。

東京有志の谷中村視察

この事件に先立って、翁は東京有志の応援を得べく、四月二十二日には東京「新紀元社」の集まりに出席、「土地兼併の罪悪」と題する大演説をした。(編者注、『新紀元』第二号所載)その夜は、「新紀元社」(石川三四郎氏宅)晩餐会での席上、二十八日にはいよいよ栃木県の土木吏と決戦するのだから是非応援して欲しいことを要望、石川氏は、翁がもし谷中の堤上に血を流すようなことをすれば、われわれ同志も翁を見殺しにすることはできないと思い、「よろしうございます」と、悲愴の覚悟で答えたものの、夜になって寝床に入ると神経が興奮して一睡もできない。これではいけない、と傍らの翁の寝床をうかがうと、翁はスヤスヤと眠っておられた。石川氏は、自分は口や筆で強そうなことをいうが、現実にぶっつかると翁の足もとにも及ばない、どうもこれでは駄目だと痛切に感じた、とのことである。（昭和二十五年一月三十一日、藤岡町田中霊祠前における地上社主催の現地座談会の席上、石川三四郎氏直話）

かくして四月二十七日には、翁は木下尚江氏と共に佐野町万屋《よろずや》での社会主義大演説会に出演、翌二十八日早朝佐野町出発、古河駅にて石川氏および各大学の学生一行と合流して、問題の谷中村急水留工事現場に行ったが、このことを予知した栃木県土木吏は、前述のように姿を見せなかったので、一行は全村を巡視して帰京の途についたのである。

悪に敵するなかれ

谷中村の急水留工事委員が連帯で借入れた金、村民の貧しい懐中から三円五円と出し合った割当金、その他各地有志の寄附金等を弁当代として、苦心惨憺、漸く堤防の形が見え始めた時、殊に八十八夜を数日後に控えてこの麦の穂も出揃い、あと三十日を待てばその収穫を見られるという大事の時に、県の土木吏がこの急水留をわざわざ破壊してしまったのである。

田中翁や村民の怨嗟、悲憤慷慨は絶頂に達し、直ちに村内で対策会議を開いたが結論が出ないので、改めて群馬県板倉の雷電神社に集まり、協議することになった。古来、雷電神社は農作を守護する神社と伝えられているのと、県内で協議することは警察の干渉が激しいので、それを避けるためでもあった。

三十九年五月上旬、旧四月八日と記憶する。人力車に乗った翁と監視の巡査を先頭に、「谷中村急水留食料工事対策協議会」と書いた吹き流しの旗何十本かを押し立て、数十名の村民があとについて、約一里半の道を行進して神社の拝殿に到着した。

一同、神社に参拝したのち、社前の林屋《はやしや》という料亭に集合、協議を進めることになったが、県土木吏の暴挙に対する村民の興奮が未だ醒めないので、翁がまず、

「谷中村民が谷中村を守るのは村民の権利であり義務である。そして村民がその権利と生命を守るために、食糧を確保すべく急水留工事を施工するのも、また村民の権利であり義務である。すでに昨三十八年は村民が三千円の工事費を投じて急水留工事を施工したので、約八万円内外の麦を収穫し、軍用の徴発にも応じている。然るにその食糧麦を確保するのに心要欠くべからざる急水留工事を、県がことさら破壊したことは、村民の生命を奪うも同然である。この乱暴狼藉に至っては、天人共に許すべからざる大罪悪であるから、われわれは断乎として飽くまでこれを糺弾しなければならぬ。しかし、糺弾するだけでは食糧を確保することはできない。これからおのおの意見を述べて、その対策を協議することにしたい」

と、提案した。

村民の誰かが、「急水留工事がなぜ河川法に背くのか」といえば、また誰かが「河川法という法律は、堤防を壊して洪水を氾濫させ、農作の収穫をなくするのが目的か」と論じ、また、「食糧工事を壊してわれわれを餓死させるなんてそんな馬鹿な法律があるものか」と叫ぶ者、また篠崎《しのざき》委員が、「われわれは、われわれの生命財産をまもるため、その全部を投げ出し、県が七たび破壊すれば、われわれは八たび築いて戦う」と唱うれば、一同拍手を以て賛成、ますます興奮して容易におさまらない。

こういう時、翁は「万機公論に決す」という建て前から、十分に論議を戦わさせたものである。が、時間も経過したので、誰かが、

「皆さんの憤慨と熱情に対して、私も心から同情するものであるが、そうしたイタチごっこの戦いのために、困窮に陥るようなことがあっては、かえって谷中村の回復の目的を妨げることになる。先日、加藤安世《あんせい》さんのいわれた通り、『悪に敵するなかれ』というキリストの教えもありますから、彼等の乱暴に敵対することなく、退いて内側の旧堤の切れ目を修築して、麦作を確保することが得策と思うが」

と諮《はか》ったところ、翁は「悪に敵するなかれ」というのはその通りだ、よいところに気がついた、僕は加藤君の説がよいと思う、と同意を表したので、村民一同これに賛成して、旧堤修築の設計の日どりや方法などをきめて帰途についた。

因みに、加藤安世氏は明治三十八年秋から四十年春まで谷中村に起居して田中翁の事業を援助し、のち新聞界に転じ、都・下野・下野日日・関東・東京朝日等に健筆を振った人であることを付記して参考に供する。

正造翁へ予戒命令

明治政府が渡良瀬川沿岸の鉱毒被害地に対する取扱いの乱暴であったことは、いちいち枚挙に遑がないほどであるが、殊に明治三十九年九月七日、第一次西園寺内閣に古河《ふるかわ》鉱業の顧問原敬《はらたかし》が内務大臣になってから、谷中村と田中翁に対する行動は、まるで仇敵に対するような残虐ぶりを示したものである。

為政者が治下の人民を仇敵扱いするに至っては実に言語同断であるが、事実は半世紀を過ぎた今日も猶歴然として残っている。町村制を逆用して谷中村を廃し、あるいは民有地を公売に附し、あるいは例年に数十倍する村税を賦課し、あるいは河川法を濫用して人民の築いた堤防を破壊し、以て土地家屋の買収を強要し、しかもこの目的を遂行するために、三十九年六月八日、翁に予戒命令を突きつけたのである。

予戒命令といっても、民主主義の今日はこれを知らない方もあると思うので、少し条例を抜粋して参考に供しよう。
二、総て他人の開設する集会に立ち入り妨害を為すべからざることを命ず。
三、如何なる口術に拘はらず財物を強請し不当の要求を為し強て面会を求め脅迫に渉する書面を用ひて勧告書を送り、又は如何なる方法たるを問はず暴威を示して他人の進退意見を変更せしめんとし其他他人の業務行為を妨害せんとするの所行も為すべからざることを命ず。
四、人を使用して総て他人の開設したる集会を妨害し又は妨害せんとし又は他人の業務行為に干渉して其の自由を妨害し又は妨害せんとする所行を為さしめざること及び予戒命令を受けたる者を扶助し又は使用すべからざることを命ず。
但し親族の故を以て之を扶助する場合は此の限りにあらず。

同令第三条　予戒命令を受けたる者其現住居を転ずるときは転居の前二十四時間内に其旨を旧住居の所轄警察署に届出て転居の後二十四時間内に其旨新住居の所轄警察署に届出づべし。（以下略）

同令第四条（前略）第二条第三号の違反者は一月以上四月以下の重禁錮に処す。其所犯官吏又は公吏の職務に対するときは一等を加ふ。

というのである。その頃、翁が筆者のところに来泊されたので、

「こんど田中さんは予戒命令をかけられたそうですが、いろいろと不自由でお困りでしょう」

というと、翁は、

「なあに、こんなものは何でもない。どうせ正造を苛めるつもりならこの首の飛ぶようなものでも持

ってくればよい。届書は印刷しようと思うが、まだできないなら僕が代筆してやろう（編者注、転居届書）」
といい、例の大きな矢立から筆をひき出して、持ち合わせの半紙に書式通りの届書を認め、
「これにあなたのところの認印を押して、この護衛のお巡りさん（尾行巡査）に渡せば、わざわざ部屋《へや》
村の警察分署まで行かなくてもよい」
と、笑っていた。

谷中村を藤岡町に合併

明治三十九年四月十五日のことである。管掌村長鈴木豊三（当時谷中村の村長は、なり手なきため、下都賀《しもつが》郡役所書記の鈴木豊三が管掌村長として臨時に村長職を代行していた）は、上司の命を受けて、村会を開くにあたり、一定の日数を措《お》く時は事が面倒と見做《な》し、殊更に短日間に召集し、定数に満たない出席議員に対し、再召集であるからと町村制（編者注、地方制度法）をまげて附議したが、これが否決されたため、結局、村長の原案執行という形で谷中村を廃し、明治三十九年七月一日、藤岡町へ合併してしまった（編者注、当時の村会の議長は村長）。

これに伴なう村の財産整理に際し、日本勧業銀行その他に関する問題の村債を僅かな残留民に負担させたので村税は例年に較べて三十九倍となり、その上、これを四月三十日までに納付せよとの徴税令書が出された。翁および村民はこれを不当として不納同盟を結び、つづいて訴願の提起となったのである。

一方、管掌村長は村有財産整理と称して、五月二十日、字高沙の共有地を競売するゆえ五月三十日までに入札せよと一般に公告した。

この共有地は買収区域外にある桑畑で、先年まで島田惣吉（筆者の父）ほか何名かの所有となってい

たところ、のちに相続手続きなども考慮して「高沙耕地共有」と名儀を変更していた。そんな事情で明らかに民有地にも拘らず、競売の公告が出たので部落の大問題となり、再三管掌村長に抗議を申し入れたが、頑として応じないため、栃木の榊原弁護士に依頼して告訴状を出すことになった。

そのため部落の人たちは何回となく会議を開き、あるいは役場に出向き、栃木町に往復したので、多額の費がかかり、問題の桑畑を抵当にして借金し、ついにその土地を債権者に手放す等、耐えられぬ損害を受けた。

しかし、榊原弁護士の厳重な抗議によって漸く競売を取消すこととなり、当時の下都賀郡長吉屋雄一《よしやゆういち》氏(作家吉屋信子女史の父君)は、部下の失敗を一身に引き受け、谷中の仮役場(篠山の北村政治《せいじ》方物置)の土間に手をつき、

「これも私の監督不行届きの結果で何とも申し訳ないが、どうぞ私に免じて内密で円満な御解決を願いたい」

と、繰返し繰返し頭を下げ、鈴木管掌村長と共に、部落の代表者、茂呂文四《もろぶんし》・同彦松・島田熊吉に陳謝した。家兄らは、郡長の態度がこのように立派だったので、涙をのんで告訴はとりやめたのである。

(家兄島田熊吉の直話)

こうした騒ぎをよそに、管掌村長は警官数名を帯同して、村税整理のため連日財産差押えを強行していた。これは村債整理に名を借り、その過重な徴税の威力によって村民を県の買収に応ぜしむる方便でもあった。

翁、官吏侮辱罪で告訴収監さる

六月二十八日、翁は鈴木管掌村長が古川の落合幸蔵《こうぞう》の財産差押えを終了して帰る時、同行の警官に

対して、
「この鈴木は高沙の共有地を村会の決議もなく競売しようとした泥棒ですから取調べて欲しい」
と訴えた。

翁の「泥棒」とか「国賊」というのは、文字通りの「盗賊」とは限らず、国家人民に対して不正不義を働く人を指した。だが、このために翁は、かえって加害者の鈴木から官吏侮辱として告訴されたのである。翁は栃木の未決監に収容された。

知らせを受けて急拠東京から見舞いに来た木下尚江・石川三四郎の両氏に対して、翁は聖書と聖人の書いたもの、それに『新紀元』を差し入れて欲しいと頼んだ。なお七月十二日には「公判希望」という題で、

枝《し》折戸《おりど》のこかげ小暗く手さぐりつ　出《い》でて見ばやの庭の朝顔

と詠んだことが、雑誌『新紀元』第十号に載っている（七月十二日保釈決定）。

そして、八月二十三日予審結審、十月三日宇都宮地方裁判所の公判となった。

その前日、宇都宮寿座に政談演説会を開き、翁のほか「新紀元社」の石川三四郎氏、群馬の武藤金吉代議士、三鴨村の久保田種太郎《たろう》氏および谷中在住の加藤安世・川鍋岩五郎両氏などが出演、岩崎善三郎・野口春蔵の両氏は時間の都合で出なかった。

公判の当日は、東京から塩谷恒太郎《しおのやつねたろう》・今村力三郎《りきさぶろう》・桜井熊太郎・高野金重《きんじゅう》・新井要太郎・信岡雄四郎の六弁護士、地方から石田仁太郎・花崎三省《さんしょう》・原邦太郎・茂木《もぎ》清の四弁護士列席の上、第一号ないし第十三号の反証をあげ、検事の論告、判事の審理などがあって、翌々日五日、重禁錮一ヵ月十日・罰金七円の判決言渡しを受けた。

越えて七日、筆者の生家に村の関係者が集まり、右公判の報告が催された。保釈出獄後、翁は過労と栄養不足から来た眼病のために、何回か公判を延期して漸く判決を受けたのであったが、この日の翁はきわめて朗かな面持ちで、

「立合いの志水検事が、被告田中正造はかつて代議士に選ばれたこともあり、知識的見地からいえば中流以上の人物であるから、かかる行為が罪になるかどうかは常識上当然わかっている筈である云々と論告しましたから、中流以上だの中流以下だのとこの田中正造に指金《さしがね》（大工の用いる曲尺《かねじゃく》のこと）をあてるとは無礼千万である。元来この田中正造が中流以上か中流以下か、お前などにわかるものか。聞くところによれば、昨年栃木県会の大問題となった谷中買収に関する瀆職事件を検事が内済にしたという風説があるが、それはこの検事であろう。正造のいうことが嘘なら嘘だというてみろ。その証拠はこの田中正造が玆に（懐ろを指して）持っていると反駁したところ、検事は真青な顔をして黙っていた。それから僕が鈴木を泥棒というたのは泥棒をした確固たる事実と証拠に基づいたものであり、また彼が落合方で差押えを終り帰途についたので、彼に対して『本日の公務は終りましたか』と念を押したところ、彼は終りましたと答えたものですから、僕は一私人となった鈴木を指して警官に訴えたのであって、もともと官吏侮辱ではありませんが、有罪の判決がありましたから、直ちに控訴しました。こんな事件は何でもないが、村の死ぬか生きるかという大事な時に僕の運動を妨害されることが甚だ迷惑なのです」

と報告談があった。

　これより先、八月中旬頃、安蘇郡の有志蓼沼丈吉ほか数氏は翁の境遇に同情し、谷中の戦場から隠退して郷里の宗教教育のためにつくして欲しいと懇望したが、翁はこれを辞退した。ときに翁の齢六

十六歳。

その頃のことと記憶している。川鍋岩五郎氏妻女が、筆者の生家に来泊中の翁を訪ねた。それは、前年秋から翁と村民のために応援に来ていた某氏がその滞在中、村の娘と恋中となったので、川鍋氏の細君が媒妁の務を執って翁の母君と共に翁の諒解を求めるのが目的であった。

翁もかねて噂には聞いて心配していたが、改めて相談をうけてみると、指導的立場にある某氏の問題だけに、その返事に困った模様であったが、

「この谷中問題の真最中、結婚しようとするその大胆さに僕は驚くが、本人同志がよいとすれば一緒にしてやるほかないであろう。元来、男女関係というものは、とかく世間がうるさいものです、が聖人と雖もこれだけは別ですから」

と、いうていた。

有力同志七名が買収される

当時、買収反対の中堅落合熊吉および岩波弥太吉・篠崎又吉両村会議員に対して、県の買収出張員たちは、急水留破壊費徴収のことや連帯借入をした急水留工事費のために債権者から訴訟を起されたこと、あるいは村税整理のため財産差押えに逢うたことなどを材料として、此際補償処分に応ずるならばこれらの負担を免除し、その上、無産者でなければ支給しない筈の移転料（家族の員数による引越料）や移住地も与えると、連日言葉巧みに誘惑した。

このことを知った翁は、これらの負担金さえ支払えば買収の危機を救えるものと信じ、東京方面で三百円を工面して帰村、直ちに落合熊吉たちに提供しようとした。

ところが、時既に遅く、不幸にも落合熊吉・岩波弥太吉・篠崎又吉・落合幸蔵・川島伊三郎・熊倉

新次郎・宮内源左衛門《みやうち》などの同志は、七月二十五日の大洪水の時、県の買収に応じ、下都賀郡南犬飼村国谷《くにや》の国有地へ移住することを承諾してしまっていた。翁の落胆と失望はいうまでもない。当の落合なども歯ぎしりして口惜しがったが、買収を取消すほどの勇気もなく、また取消しもできなかった。翁はその頃、筆者の生家に来て、

「僅かに一と足違いであの有力な同志七名を一度に買収されてしまったのは実に残念のことをした」

と嘆息した。

因みに、翁の持参した三百円は、その後訴願や急水留工事や強制破壊後の小屋掛料にあてたが、その金の出所は知る由もなかった。ところが、翁の没後十年、筆者が翁の伝記資料蒐集に際して、逸見《へんみ》斧吉《おのきち》氏に宛てた翁の手紙によって、これが当時麻布南部坂にいた木下尚江氏の義金であったことを初めて知った。しかし、木下氏はこの手紙を、その編著『田中正造之生涯』に集録する時、その一節を自ら抹殺してしまった。

栃木県知事、白仁武のこと

その晩のことと記憶する。翁は四面水に囲まれた筆者の生家の水塚（宅地の一部に二十尺位高く地盛りして、その上に建てた水害避難所）の二階に泊った。そして、

「人は先見の明がなければ何をしても失敗する。たとえば先月二十五日の洪水を見ればよく判る。谷中はすでに瀦水池となっていたにも拘らず、渡良瀬川沿岸の堤防は何れも決壊して、各町地が水浸しとなってしまった。そこで、谷中買収に反対してきた船田《ふなだ》三四郎県議がこの現状を詰問したところ　白仁武《しらにたけし》知事は、御説の通り谷中の瀦水池は全く無効であることを今更認めました云々と自白して、その後間もなく文部省に転任してしまった。ああいう人物が文部省へ入っては、今後が思いやられる」

と嘆息した。

「世間一般の人は事に直面しないと騒がないのが通例ですが、雨が降り出してから屋根を葺くのでは間に合わない。あの直訴にしてもそうだ。議会の内外であれだけ叫んでもわからないので、僕は政党を棄て議員を辞め、一個の平民田中正造となって陛下に直訴したのですが、それでもわからず、僕を少しも信じないから、今度のような大洪水となって現われたのです」

と熱心に私に説かれた。翁から直訴の心境を聞かされたのは　その時が初めてだったので、当時の筆者にはその意義をよく理解することができなかった。

その翌日、翁は自ら百数十枚の葉書の宛名を書き、その裏に、「泥棒知事逃げて転じて文部の吏と化す、我が国教育の災禍愈々恐るべきものあらん」という意味の警告文を筆者に代筆させ、これを懐にして小舟の客となった。

翁に救われた私の生家

話が前後するが、四月の下旬　急水留工事破壊命令の出た直後のことであった。買収委員宮内喜平は、かつて鉱毒事件や谷中買収反対の急先鋒だったのと、筆者の生家の西隣りに住んでいるという縁故によって、筆者の生家にしばしば来た。宮内は、

「いよいよ急水留工事を破壊されることになったが、そうなるとその破壊費は勿論のこと、莫大な村税も徴《と》られる。工事の連帯借用金は、財産のあるものが背負わされて、結局あなたの財産は失くなってしまう。私も亡くなった貴方のお父さんには、いろいろお世話になっておりましたから、御恩返しのつもりで、此際補償処分に応ずるならばその負担を免除してもらうように骨を折ってあげる」

と、おためごかしに攻め立て、榊駐在巡査も亦再三来訪して、宮内と同様に強要するので、このこと

を翁に訴えると、翁は、

「ここの家に来ると、いつも悪い話ばかり聞かされる。そんな話は奴らのコケ威《おど》しですから騙されては駄目です」

と教えてくれたが、か弱い母と若い兄（家兄熊吉）は、ついに耐えられず、心ならずも買収承諾の印を押してしまった。そのため一家はこれまでのような自信と誇りは失くなり、同志からは裏切者のように見られ、暗い毎日を送っていた。これを知った翁は、

「とんでもない考え違いをしたものだ。一日も早く取消す方がよい」

と、たびたび反省を促がされ、筆者もまた買収承諾に不同意だったので、家内相談の結果取消すことに考え直したが、その手続き方法や費用の点で行き悩みとなっていた。

翁は夕闇の中を誰かに舟で送られて来た。いつもの翁は、まだ庭に入らぬ先から、「こんにちわョ、こんにちわョ、居やすか、居やしたか」と声をかけ、また初めての家に行くと、家人の顔を見るなり、「田中正造でガス」と自己紹介するのが常であったが、この温情ゆたかな翁が、この日は、水塚の前に立ったまま、

「足利の原田（定助、翁の甥）が商売に失敗したので思うようにならないが」

と、かこちながら、

「今日はこれだけあげますから、早く不動産の登記をすませて買収の承諾を取消すがよい。税金も未納のまま置くと、また権利を掠奪されますから、早く払う方がよい」

と、懐から何十円（正確な額を忘る）かのお金を出して筆者に渡された。

その頃の翁は、難問題の続出で運動費に困り、いつも原田氏からの定額補助金を前借して間に合わ

せるような状態であった。その苦しいなかを工面した恵与金なので、筆者はためらいながら母と兄にはかって、恐る恐るこれを頂き、まず不動産の相続登記をすることとなった。つづいて、法律事務に慣れた古河町の岩崎善三郎氏を翁が同伴して、九月二十七日に買収承諾書取消しに関する一切の手続を完了したので、筆者の一家は漸く買収反対の立場に戻って、再び夜の明けたような感激に満たされたのであった。

以上は、直接筆者に関係した一例に過ぎないが、翁はこのように吾が身の困苦窮乏を顧みず、小さな只一人の落伍者をも見棄てなかったのである。

その頃、筆者の幼な友達に二つ年上の青年があった。彼の家は親も兄弟も相次いで世を去り、彼と彼の姉だけの暮しとなってしまった。翁はこの不幸な家庭に同情して、しばしば訪れていた。そのため姉弟共よく翁の感化を受け、すべて翁の指導に基づいて動き、弟は翁のよき助手であった。

ところが、買収側は、このまだ若い一青年にまで眼をつけ、彼を不良の仲間に誘惑したので、若い彼は翁を離れて知らず知らずの間に勝負事や遊郭通いを覚え、ついに遊女を身請けして多額の負債を背負った。買収側は、ひそかに債権者と謀って矢のような催促となった。彼も背に腹はかえられないところから、県の買収に応ずるよりほかはない羽目に陥った。

これを見た翁は大いに憂慮し、内々に彼の親戚と図り、後見人をつけて監督すると同時に、翁が身代りとなって彼の宅地田畑を引き受けて彼の負債を返済し、そこにある家屋は姉の名義として維持することとした。しかし、翁は金策に出る余裕もなかったので、家兄熊吉が母の生家の買収金二百二十円を時借《ときがり》して立て替え、辛うじて彼の一家を擁護したのであった。

ちなみに彼はその後、悔悟して遊女と別れ、発心して国鉄の火夫となり、独学を以て機関士に合格、常磐線の常勤者として好評であったが、いまは故人となってしまった。

復帰者へ同情の涙

県の買収に応じて移住した人で生活に困り、もとの谷中に帰って暮している人びとが相当の数にのぼっていた。塩谷《しおや》郡箒根《ほうきね》村に移住した外野《そとの》の染宮長助《ちょうすけ》も移住先から逃げ帰って、もとの屋敷跡に穴室《あなむろ》住いをしていた。

かつて翁の指導に背いて村を売り、一旦移住した者とはいえ、新しい土地にいたたまれず、恥を忍んで村に帰り、魚獲りなどをして生活するこれらの人たちを、翁はいたく憐んで、ある日東京から見えた石川三四郎氏と共に訪れた。石川氏はその前夜、恵下野《えげの》の島田栄蔵方に翁と同宿して、残留民や復帰者を戸別訪問されていた。氏は、そのときの模様を、後年、次のように追憶されている。

「田中翁は、外から声をかけて病臥している主人に話していましたが、いつのまにか翁の声がうるんできたので、振返って翁の顔を見ると、翁は玉のような涙をいっぱい湛えていました。この時の光景は今も忘れることができません。四十七、八年前のことですから、人の名前も忘れましたが、田中翁の光りに接した最大の瞬間でした。他の一切の事実は抹殺されても、この一瞬の事実で、翁の人格は天地に輝きます。」(先年、宇都宮の栃の実劇団の田中正造劇を見た筆者の報告に対する石川氏の返事の一節)

三　残留村民に強まる迫害

鉱毒の荒野

明治三十九年の秋、戦争のような買収立退き騒ぎの真最中、家兄熊吉が先頭に立ち、家族や親戚の協力を得て、畑に大きな長方形の堀を何本となく掘り、その中へ表面の毒砂を埋めて土地を回復するという面倒な作業をやっていた。いまにも買収される畑に、無駄な仕事をすると一般の人びとは嘲笑ったが、田中翁ひとり、

「島田君には似合わぬ大事業を、よくやる。その意気で破堤所の急水留工事をやれば、谷中村は必ず復活する。これを嘲笑う人こそ大馬鹿だ」

と、激励された。これには、次のような訳があった。

事の真相を知って頂くために、少しく遡《さかのぼ》って村の地理と経過を述べたいと思う。

谷中村は三里半の堤防と、一里にわたる天然の高台に囲まれ、そのうち渡良瀬川に沿った約一里の西南部は土地が高いので、堤防が欠壊した度数も少なかった。谷中村は明治時代を通して平均三年に一度堤防の破壊を見たが、それは思《おもい》川・巴波《うずま》川の両川と赤麻沼沿いの湿地の部分のみに限られていた。従って、従来の谷中村の洪水被害は、思・巴波の河水と利根川の逆流水によるものが、渡良瀬川の鉱毒の水によるものよりも、はるかに多かったので、たとえ水害は受けても、鉱毒の被害は他の渡良瀬川沿岸の町村に較べて少なかったのである。

ところが、明治三十一年旧暦七月二十三日の洪水で、渡良瀬川沿いの県道をかねた堤防のうち、知《ち》

市淵《いちぶち》というところが切れた。この時、筆者はまだ十歳の子供だったが、昼日中《ひるひなか》、数町先の堤防が切れる模様を初めて見た。昨夜までここの防備に出ていた人たちは、渡良瀬の洪水が減水しはじめたのを見て、幾人かの水番を残して赤麻沼沿いの水防にまわったあとの出来事であった。

はじめ、川の突き当りの堤防の一角が、鍬で掘りとる位に崩れたと思ううちに、その部分が大きく低下して、白い帯のような水がすっと乗り越えたかと思うと、みるみるうちにその巾が拡がり、その左手にあった茂呂《もろ》七郎右衛門の家屋をつぎつぎと木の葉のようにその中に捲き込み、濁流は北進して青い田圃を一気に横倒しにして、グングンと筆者の家に向って押し寄せて来る。

堤上を西に走りながら、「土堤が切れたよォ！　知市淵が切れたよォ」と怒鳴る水番の悲壮な声がする。その声に応じて、次からつぎへと連呼が響いてくる。早鐘が鳴り出す。それらを聞くと身ぶるいがして足腰が立たなくなり、一時は私の家も押し流されるものと恐れたが、赤麻沼沿いの堤防も切れ、流勢は緩和されて、私の家は流失を免かれた。

しかし、破堤所附近は田畑の耕土が押し流されてしまい、甚だしいところは二、三十尺も深い大きな池沼となったり、あるいはその反対に毒砂が堆積して鉱毒の砂原になるなど、数十町歩の田畑は一朝にして不毛の荒野と化した。一ヵ月も経って水の退いたあと、至るところに水源から流されて来た流木や河川の古杭がゴロゴロと埋まっていたのがわかった。

そのため、破堤所の筋向いに当った筆者の生家では、田畑の持高約三町歩のうち約半分以上が鉱毒の砂原にかわり、残りの半分もまた甚だしく害されてしまった。それに加えて、間口九間・奥行き四間半の母屋と他に三棟の物置・納屋などは、かろうじて流失だけは避けられたものの、いずれも地形は洗い流され、柱は曲り、壁は落ちるなど、眼も当てられない惨状を呈した。これは筆者の家ばかりではなかった。隣りから隣り、皆このような大災害を被ったのである。

「こうなっては北海道へでも移住するよりほかなかろう」「いや、田中正造さんがお骨折りくださってるから、何とか救ってもらえるかも知れない」「田中さん――あれが本当の生き神様と申すのでしょう」と、老いた祖父と病弱の父とが心配そうな顔をして、暗く荒れた家のなかで話していたのを、いまも猶忘れることができない。

その後は、いくら肥料を施しても効《きき》めなく、麦の如きは葉が黄色となり二、三寸伸びたままで穂も出ない有様。何とかしなければならぬと考えたあげく、どこの家でも「天地返し」（畝状の溝を掘ってその中へ毒土を埋める作業）をしてきたが、埋め方が浅かったために効果は少なかった。そのために、とくに大がかりの毒土埋没作業を熊吉が先に立ってやったのである。

県や国から一銭の補助があるわけではなく、鉱毒による農作物減収に加えて、三十五年から年々の洪水で夏作も満足に穫れなくなった。その日その日の生活に追われながら、洪水から八年を経った当時も猶こうした難業を継続しなければならなかったのである。

翁が、「嘲笑う人こそ大馬鹿者だ」と痛憤したのも、こうした被害民の苦悩を知りぬいていたからであった。

耕作の妨害 漁具の掠奪

谷中村の地勢は平坦とはいっても、楕円形の直径一里余にわたる上手と下手とでは数尺の高低があるので、どうしても低地に余水（湛水《たんすい》）がたまる。この余水を排出するために、村の中央を貫流する大きな水路があり、その最下流の字真名《まな》・板倉《いたくら》というところの堤防に樋門《ひもん》があった。

この樋門を塞げば、上は藤岡方面の高台から流出する余水が停滞して低地の畑が水浸しになるのは自然の勢である。村では有給管理人を置いて樋門を管理していた。

然るに、この管理人が買収で立退いたあと、県の役人が谷中の買収勧誘員たちに命じて、十一月十三日という麦蒔きの最盛期にあたって、その樋門を閉ざし、錠をかけ釘付けとした。当然、余水は村中にあふれ村民の食料とすべき麦の蒔付けができないようにしてしまった。翁も村民も、その極悪非道な仕打ちを憤った。

それと同時に、右買収勧誘員たちは、その水路の各所にかねて村民の設置した漁場を取払い、漁具をひそかに持ち去ってしまった。谷中は三十五年以来、堤防の復旧が仕上がらないので、農業だけでは生活が立たず、半ば漁業で生活をしていたのである。然るに県は一方では樋門を塞いで農耕を妨げると同時に、他方では漁具までを取上げるとは、

「これまさに村民の生活の途を全面的に断つものであるから、われわれは断乎として自衛手段を講じなければならぬ」

と、翁は買収反対の小《お》川《がわ》大工やその他の村民と共に、釘付けにした樋門の扉を開いて余水の流通を図り、なお川《かわ》鍋《なべ》岩《いわ》五《ご》郎《ろう》の名を以て、耕作妨害・漁具掠奪の事実をあげて、その取締り方を警察に訴えたが、部屋《へや》の前田分署長は、ろくろく詮議もせず、「願意を諭し本人に却下す」と、鉛筆の書き込みをして差し戻してしまった。

これより先、翁の運動を資金面から援助してきた古河町の某氏（旧藩士池田《いけだ》新平《しんぺい》氏との説）は、翁の熱誠に共鳴して、

「関東無比の良村といわれた谷中村を潰すことは、政治や人道の問題ばかりでなく、旧領主土井公や熊沢蕃山の遺志にも背くことですから、県の妨害さえなければ、私の自力で堤防を修築して村の回復に役立ちたい」

と、翁に申し出た。

翁の熱誠に共鳴する有志を圧迫

翁は、この奇特の某氏の熱意を聞き、百万の味方を得たような希望を描いていた時、たまたま白仁知事に代った久保田知事に望みをかけ、九月二日自ら谷中の現地に知事を案内し、従来県の執った方針の誤りを説明し、治水や公益の立場から堤防復旧の急務を要望した。次いで十月三十一日、長文の請願書を提出したので知事もひそかに考慮中であったが、十二月七日、僅か在任四ヵ月足らずで中山知事と更迭、一方、某氏の構想を嗅ぎつけた買収側は、ひそかに離間中傷を謀り、あるいは干渉圧迫を加えて、ついに某氏をして断念させてしまった。

かつて渡良瀬川の鉱毒を沿岸民に警告した藤川栃木県令が島根県に左遷されたのは有名な話であるが、谷中村に同情する者は、官民を問わず皆攻略または排斥されたのである。（翁の直話）

破れた公正契約と同志川鍋岩五郎の失踪脱落

明治三十九年七月十九日、村税不当賦課取消の訴願書を提出した当時は、なお三十八名の堅い同志があったが、漸次県から切り崩されるため、翁は損害賠償等で拘束せず、道徳的に結束するのでなければ面白くないと考えながら

も、取敢えず「共同行為公正契約」を結んで同志の団結を図ると共に、一方で村民の無智・無力を慮り、村外の有力者を谷中の土地所有権者に仕立てて県と対抗することになった。だが、この公正契約は間もなく川鍋岩五郎の違反行動によって破れた。

土地の所有権者としては、まず新紀元社グループの安部磯雄・石川三四郎・福田英子《ふくだひでこ》などの諸氏をはじめ有名無名三十余名の協力を得、次いで島田三郎・三宅雪嶺《みやけせつれい》・大竹貫一《おおたけかんいち》の諸氏の内諾があって、その手続き中のところ、四十年一月二十六日、土地収用法適用の認定公告が出され、その日以後の土地所有の権利は認められなくなったため、已むを得ず島田三郎氏ら三氏の手続きは中止した。

翁は、川鍋の脱落をのちのちまで残念がっていた。

谷中村で鉱毒事件の初期から、まじめに運動し、かつ田中翁を一心に支持して来たのは、下宮《したみや》の川鍋岩五郎であった。彼は読み書きの能力がすぐれているとか演説が上手というのではなかったが、いつも粗服をまとい、首に風呂敷包を結びつけ、草鞋ばきで奔走するその姿には自然に頭の下がる思いがした。三十七年七月、翁が谷中村に入村して彼の家を宿舎と定め、寄留籍を置いたのも、こうした彼の実直と熱意を見込んだからであろう。

然るに、この川鍋岩五郎が三十九年十一月の末、突然姿を晦《くら》ましてしまった。彼の家には、翁の鉱毒事件以来の書類やその他の所持品も預けてあった。伜の重吉が県の土木雇になったという風説のさなかに、父岩五郎の行方不明。翁は困惑した。そして、あらゆる方面に手を廻して探した結果、去年の秋、県の土木吏と化したかつての同志が岩五郎を誘い出したことが、年の瀬の迫る頃になって漸くわかった。いつもならば烈火のように怒る翁も、この奇怪な策動には呆然として語るべき言葉さえないほどであった。

村民は川鍋岩五郎を、先に結んだ公正契約違反者として取りあげたところ、彼は却って翁や村民を恐喝未遂等で告発するという騒ぎまで起ったが、東京の逸見《へんみ》斧吉《おのきち》氏やその他の有志が村民をなだめて川鍋追及から手をひかせたので、両者の紛争は収まったのであった。

しかし後年、請願書や陳情書を認める時、翁は思い出したように、

「大事な書類は、みんな脱落した三人に持ち去られてしまった。買収というものは人ばかりではなく書類まで持って行ってしまうのだ」

と、しばしば歎息した。

土地収用法認定公告の取消運動

県は谷中村買収に先だち、明治三十八年三月十八日、告諭第二号を以て村民救済のため希望者の土地物件に対し補償処分を行うなどと、表面は希望者対象を標榜して、いちいち村民の願書を徴収してその土地物件を買い上げて来たが、いまや前言をひるがえし、これに応じなかった二十余名に対し、土地収用法を適用して強制買収をするという内閣の認定公告を出した。

そして、一月二十九日には吉屋《よしや》下都賀郡長・前田部屋《へや》分署長以下巡査数名うち揃って、残留村民を戸別訪問、認定公告の説明をして廻った。

田中翁は、この認定を不当として反対し、村民に、

「これは銀紙を貼った木刀ですから驚くことはない。希望者の土地物件に対して補償すると公言しながら、反対者の土地物件を強制買収するという法はない」

と、話してきかせた。

そして、協議の結果、福島県から応援に来ていた遠藤友四郎氏をはじめ残留村民が各戸から一名ずつ上京して、内閣の認定公告を取消して谷中村の復活を要求することとなった。途中、東京の下谷警察の障害を乗り切って、漸く内閣官邸に到達、大臣や係官に面会を求めたがいつも不在とか他用にかこつけて面会を避けられ、持久戦の肚を決めたものの、旅費の関係もあって大いに困惑した。

元「新紀元社」の石川三四郎氏は、上京村民のこの窮状に同情して平民新聞社で弁当を与えようとしたが、それに対して社の中には、われわれは社会主義のために戦っているのだから、という異議も出たくらいで（編者注、判然としないが幸徳秋水からであるという。幸徳としては田中正造の谷中村闘争が社会主義運動とは見做されないという見解をとっていた）、二十数名の宿を求めることは不可能であった。そのため、「金鶏ミルク」の主人逸見斧吉氏から、日本救世軍で経営している本所花町《ほんじょはなまち》の箱《はこ》船《ぶね》屋という労働寄宿舎の主任・阿久津《あくつ》大尉に懇請したところが、快く引き受けてもらえた。宿料は一晩七銭、食事は近くの一膳めし屋で丼一杯二銭という安値である。

村民はこの箱船屋を根城として、毎日当局へ陳情請願に出かけたが、そのうちに旧暦の歳末となり、越年の心配もあって帰郷しなければならず、ついに二月十二日の夜、何の要領も得ることなく空しく帰村した。

その頃、遠藤友四郎氏は筆者に、

「内閣の認定公告取消し要求のため、内閣や内務省へ行かなければならないから一緒に行ったのだが、考えてみれば馬鹿な話である。認定した当の内閣に対して、取消して欲しいと頼んだところで、自分で出したものを自ら取消す筈はない。まして内務大臣は足尾銅山の原敬で、いわば谷中村の事実上の敵である。敵に向って、これを止めて欲しい、と願うとは常識外ではないか」云々と。

しかし、翁は「精神一到何事か成らざらん」の建前から、土地収用法認定公告を政治問題・人道問題・社会問題として世論に訴えると同時に、同法の適用を否認しながらも、逆に同法の条文によって意見書や訴願書を出すことに決した。村外の土地所有権者も翁の意見に同調して、あらゆる反対運動を続行することになった。

官権を濫用して買収承認を強要

土地収用法を適用するには「公益事業」のために必要なことが絶対条件である。然るに足尾銅山の一営利事業遂行の必要上、無益有害な瀦水池を設置するために、これを適用して四百五十余年の歴史ある一個の自治村を買い潰すことは、公益どころか憲法を破壊して法律を悪用し、人道を無視して村民を亡ぼすものである。

そのような見解に立って、あくまで絶対反対の態度を変えない翁や村民を、何とか攻略しようと、県は旧暦歳末の多忙中を顧みず、連日のように藤岡町役場に村民を呼び出して、これを攻め立てる一方、翁や村民に何か事あれかしと、鵜の目鷹の目で巡査が戸別巡回にこれ努めていた。

たまたま、二月三日（明治四十年）、残留村民のひとり水野常三郎が、骨折して困って来訪した知人に同情して揉み療治をしているところを見た榊巡査は、有無をいわせず水野を部屋分署に拘引した。常三郎は若い頃、村の堤防工事に従事中の骨折傷害で、長く接骨医のもとに住み込み治療を受けているうちに、医師からその術を伝授されたので、農業の合間に困って訪ねて来る人のため、已に二十余年の長い間、施療をつづけてきたのである。ところが、この施療が医師法違反の現行犯である、といって部屋分署に留置、いろいろと尋問された。

ために正直で質朴な常三郎は、驚きのあまりほとんど失心状態に陥った。この時、前田分署長は、「お前の罪科は医師法違反で、二百五十円以上五百円以下の罰金若くは体刑に処せられるところだが、この際、県の買収に応ずれば特に免除してやるから、この買収承諾書に判を押しなさい」と、かねて用意した書類に強いて拇印をとって帰宅を許した。釈放された水野常三郎は、この収檻中、心にもなく拇印をとられたことを大いに残念に思い、翁やその他の同志に訴えた。

翁はこの強要を官権濫用の恐喝行為と憤激し、行政法の飯田宏作《こうさく》、刑事法の今村力三郎両弁護士に依頼して、前田分署を告訴する準備をしたのであるが、土地収用法による強制買収が進行してその対策に追われ、その上、翁自身に係る官吏侮辱控訴事件に苦しめられて、ついに告訴の運びには至らなかった。

夜間、婦女子を拘引翁の検束を謀る

その翌四日、県はひそかに藤岡町長に指図して、「この際、買収に応じないと大きな損害がある」とか、「谷中村は断じて復活せぬ」とか、「収用法適用の結果は、これまでとは異なり移転料は給せられざることとなるべし」という結論の長文の告諭を、残留民各戸に配った。

こんなことは土地収用法のどこにも書いてはなく、明らかに法律を無視した虚偽脅迫なので、翁は心配して尋ねる村民に対して、

「あの告諭は嘘のおどかしですから、欺されてはダメです」と教えたものである。

この翁の言動を、尾行巡査が聞きこんで報告したのであろう。翌々六日の夕刻日没頃、和服姿の榊駐在巡査と制服の巡査が、突然筆者の生家に来て、「藤岡町の丸屋旅館まですぐ来てくれ」と、令状も持たず命令的に母のサクを連行した。同じように連行してきた茂呂吉松《もろきちまつ》の女房キヤと母の二人を連れた巡査は、丸屋にはちょっと立ち寄っただけで、駐在所に行った。駐在所についた時は、すでにラン

プがともっていた。

そこには、前田分署長とほかに警官四名がおり、はじめにキヤを取調べた。キヤも引っぱられる時、「私は女で何もわかりませんし、これから一里余もある丸屋に行くと帰りの夜道が遅くなりますから、主人をやりましょう」といったのに、「主人でなくお前に用があるのだ」と強制的に連行されたのである。

次に母を呼び出し、

「今日、田中さんがお前のところに行って、藤岡町長の告諭は嘘だというたろう」

と尋ねた。母が、

「田中さんは来ましたが、何というたか、私は女ですから、そんなことは聞いていません」

と答えると、

「あの告諭は嘘だからあれにダマされて買収に応じてはダメだ、というたろう。知っていながら知らないなどと嘘を申し立てると罰せられるぞ」

と、しつこくおどしたのち、

「それではお前の言ったとおり書いたから、これに判を押しなさい。判がなければ拇印でもよい。押さなければ家に帰すことはできない」

と、夜の十時過ぎまで留め置き、強引に二人の拇印をとって釈放した。

一方、兄熊吉は母の帰りが遅いので、田中翁と共に迎えに出かけたその途中で母とキヤに逢い、以上のことを聞かされたので、大いに心配して四人（翁・熊吉・サク・キヤ）ですぐ駐在所に引き返し、拇印した書類を見せて欲しいと交渉したが、「警察のしたことに何も悪いことはない」と言い張ってついに見せなかった。

これは、予戒令の条文をたてに翁を検束して処罰するための証拠をデッチあげようと、とくにかよわい婦女子を夜間に拘引して拇印を強要したのである。

神田綿輝館で谷中村事件を訴う

二月二十四日、古河駅前の田中屋に於ける谷中村民の集会が終ると、翁は、「これから東京へ行こう」と、筆者を伴って上京し、その夜は逸見斧吉宅に泊った。翌朝、翁は、

「この家は宿屋ではなく、御夫婦とも人格の高い徳望家ですから」

と、筆者に応接の心得をこまごまと注意したあとで、

「僕はこれから東京の有志を訪問し、近日また会いますから、それまで書き物をしながら待っていてくれ」

と、言い置いたまま外出をしてしまった。

逸見氏は日本橋の山陽堂（逸見氏経営の店）に同伴、筆紙を用意して、店の小僧をして本所の箱船屋に送らせた。箱船屋というのは、ノアの洪水にちなんで設けた救世軍の労働寄宿舎で、もともと政治運動には関係しないことになっているが、田中翁のため特に谷中村民の宿泊を認められていた。宿料は一日七銭で足りるが、部屋はウス暗く、床《ゆか》はデコボコ、畳はボロボロ、夜具は薄ぺらの汚ないのが一人一枚あて、これを柏餅のように着て労働者といっしょに寝たのである。

田中翁と逸見氏との紹介で泊っているというので、昼は日当りのよい部屋に机を出して読み書きのできるように便利をはかってくれた。年寄りの一労働者は、田舎出の少年（当時、筆者は十九歳）の顔を

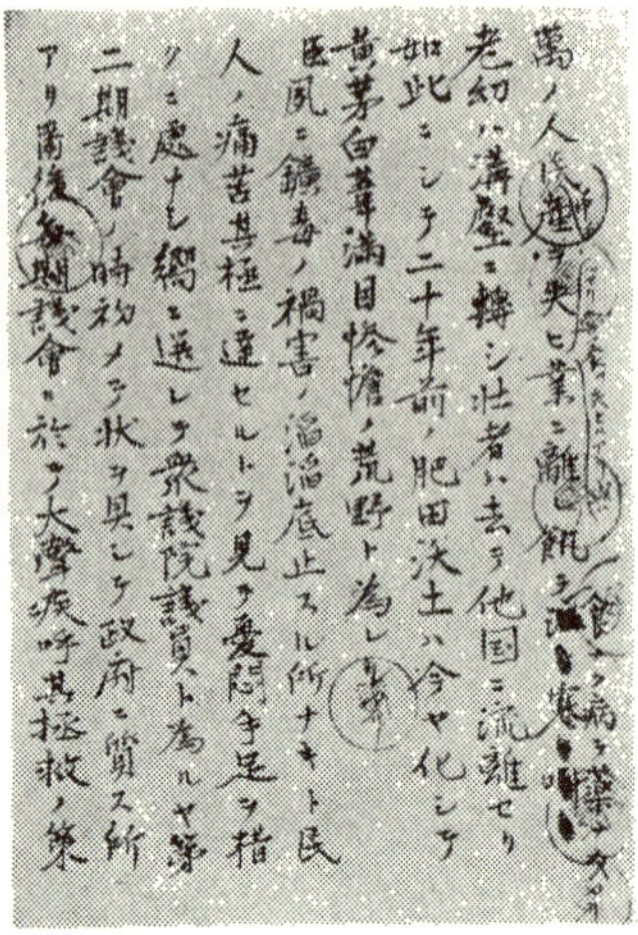
萬ノ人民ノ産ヲ失ヒ業ニ離レ飢テ食ナク病テ藥ナク
老幼ハ溝壑ニ轉シ壯者ハ去テ他國ニ流離セリ
如此ニシテ二十年前ノ肥田沃土ハ今ヤ化シテ
黄茅白葦滿目惨憺ノ荒野ト爲レルアリ
臣夙ニ鑛毒ノ禍害ノ滔滔底止スル所ナキト民
人ノ痛苦其極ニ達セルトヲ見テ憂悶手足ヲ措
クニ處ナシ曩ニ選レテ衆議院議員ト爲ルヤ第
二期議會ノ時初メテ状ヲ具シテ政府ニ質ス所
アリ爾後毎期議會ニ於テ大聲疾呼其拯救ノ策

直訴状の一部（明34）

不思議そうに見ながら、「どうして此処に来たのですか」と、尋ねた。「実は田中正造さんと待ち合せるためです」と答えると、「田中正造さん――あの代議士で直訴なさった方ですか」と、いよいよ納得できない様子であった。

ある日、車夫が翁の手紙を持って迎いに来たので同行して神田錦輝館に行った。錦輝館では、昨年、日露講和問題のために起った日比谷の焼打ち事件の河野《こうの》広中《ひろなか》氏を中心とする人びとの、出獄報告会が開かれるところであった。翁は、その演説会を筆者に聞かせ、かつその機会に出席弁士の方々に谷中村事件を訴えるためであった。翁は弁士控室に到り、筆者を各弁士に紹介しながら、谷中村買収反対の意見書を各弁士に差しあげて援助を懇請した。

やがて高橋秀臣《たかはしひでおみ》氏の番となり、氏が演壇に立って焼打ち事件の経過を語り、次いで谷中村事件に及び、「いま現に田中正造翁はここに出席していますが」と言うと、満員の聴衆は俄然総立ちとなり、演説をつづけられない状態となったが、翁が立って静かに黙礼したので漸くもとに返った。筆者は今更ながら翁の名声の高いのに驚いた。

帰途、電車のなかで翁は偶然逢うた神士に対して、

「あなた、被害民をあんまり悪くいうものではありませんよ。被害民が悪いのではなく、被害民自身よくわからないのですから、どうぞよく教えて助けてやって頂きたい」

と、しきりに頼んでいた。その神士は、かねて鉱毒事件に批判的な田川大吉郎（のち代議士となる）とあとでわかった。

その後数日、箱船屋に田中翁を待ったが、なかなか見えず、これという用事もなく、懐の金も空になり、夜具は寒く虱はウズウズする、居たたまらないので三月の上旬、徒歩で日暮里金杉まで行き、逸見氏夫人から一円借用して帰宅した。翁はその数日後、谷中に帰村して、

「島田君にも似合わず置手紙をして逃げ帰ったのですから――。金が無くなったら、箱船屋主任の阿久津さんに頼んで労働すればよかった」

と、呆れたような顔で笑い、筆者の意気地なさを、のちのちまで一つ話とされた。それはその筈、翁はこの機会に筆者を東京へ出して発憤させようという親心で、わざと黙って阿久津（救世軍）大尉に預けたのであった。それを知らずに空しく帰郷したのは申し訳ないことをしたと今も思うている。

四　鉱毒の荒野から訴える

谷中村枉法破壊に関する島田三郎代議士の大演説

時は第二十三回帝国議会の開会中、翁は東京に於て「谷中村の復活を期する請願書」を作製して、村民から議会に提出させた。更に「谷中村土地収用の壊乱国法無視に対する質問書」を自ら起草して、幾度か書き直した末、島田三郎氏に依頼した。

島田氏は、これを「谷中村の枉法《おうほう》破壊に関する質問書」と改め、その内容を正し、同志飯島省三郎

ほか三十一名の賛成を得て、三月二十一日議会に提出、ついで自ら演壇に立って、谷中村事件は鉱毒問題に起因していること及び溝部・安生《あんじょう》等の不純分子が私利を目的として計画された歴史から説き起し、瀦水池の無益有害なる現実、災害土木復旧費を以て一村を潰滅することの不当並びに会計の紊乱、なかんずく当初一万円位の見込みだった安生一個人の廃物排水器に対し七万五千円を支払った醜悪の事実、そのほかいちいち不正不当の事実を列挙して政府に肉迫した。

殊に一昨年三十八年二月二十五日、隣村利島《としま》・川辺《かわべ》両村会から提出した谷中村強制買収禁止の請願書が、議会に採決されているのを無視して半ば強制的に買収を断行した白仁前栃木県知事でさえ、自ら瀦水池の無効を確認したこと、一方、また会計検査院から国庫補助金二十二万円のうち安生の排水器に対する支出を不当と指摘決定されている関係上、島田氏の時機を得た質問は、翁および関係者一同、政府と県当局に致命傷を与えたものと認め、政府が如何なる答弁をするかと大いに期待したが、政府は例によって例の如く何らの誠意も反省も示すことなく、遁辞と弁解を並べたに過ぎなかった。

なお、この質問書に添附した幾多不当不正の事実の証明書は、会期切迫のため朗読を省き、議事速記録第二十号（明治四十年三月二十三日）の末尾に記載されてあるが、こんな暴状はわが憲政史上恐らく他に類例がないと思う。

官吏侮辱事件公判廷での翁

翁の官吏侮辱事件の控訴公判は、四月十一日午後二時、東京控訴院第二号法廷で開かれた。

相原《あいはら》裁判長係、花井《なはい》卓蔵《たくぞう》・今村力三郎《いまむらりきさぶろう》・卜部喜太郎《うらべきたろう》・塩谷恒太郎《しおのやつねたろう》・小川《おがわ》平吉《へいきち》・桜井《さくらい》熊太郎《くまたろう》・高野《たかの》金重《きんじゅう》・加瀬《かせ》・志賀《しが》ほか二弁護士（信岡雄四郎《のぶおかゆうしろう》・川島《かわしま》か？）列席の上、審理を進められたが、

翁は裁判長の審問に対して、

「鈴木豊三のごとき眇《びょう》たる一村長を侮辱して快とするものではない」

と前提して起訴の事実を否認し、谷中村に於ける県官汚吏の醜悪を語り、予戒令を執行し、常に尾行の巡査を付けて僕の行動を監視する、と激怒した。

桜井弁護士の求めにより、翁のために椅子を与えられたのち、各弁護人の弁論があり、花井弁護人から、善を愛すること食を好むよりも強きの翁のために友人島田三郎氏を証人として申請した。

この時、青木検事が翁を見て薄笑いするや、翁は、

「宇都宮の検事が僕の公判の時、しきりに笑みをたたえたが、おのれが監督する栃木県に大犯罪・大暴虐・大泥棒が白昼公然横行しているのに起訴もしないで、笑うてすますとは何たる不届きであるか。悪人奴等が寄ってたかって国を亡ぼすことを何とも思わぬか。天皇陛下の御威徳の行われない谷中村を捨てて置く裁判官に、天子様の御代理として人を裁くことができるか」

と咆吼叱咤して、法廷は震えあがった。

やがて、裁判長から高沙共有地競売事件を扱った榊原弁護士と、起訴事実を証言した榊巡査を証人として次回公判に呼ぶことにして閉廷した。この日の公判を気づかって、谷中の村民も傍聴に出かけた。

ブース救世軍大将に世界軍備全廃を訴え

明治四十年四月十八日には、東京市主催にかかわる救世軍ブース大将の歓迎が、市会議事堂に開催された。

発起者、大隈《おおくま》伯爵・渋沢《しぶざわ》男爵・千家尊福《せんけたかとみ》知事・尾崎行雄市長・江原素六《えはらそろく》・島田三郎・中野武営《なかのぶえい》・豊川良平《とよかわりょうへい》などの諸氏のほかに大山《おおやま》元帥をはじめ、文武百官二百名の諸星が参会して盛んな行事が行われ、その後、連日各種団体の歓迎会が催された。二十二日には、東京座に学生大会が開催され、超満員の入場者で、某国公使・某大学教授・某博士など著名な人びとさえ閉め出される状態であった。

こうした混雑の中へ、田中翁は招かれて江原素六・新渡戸稲造《にとべいなぞう》・安部磯雄の諸氏と共に出席した。谷中村は強制買収の最後の日が間近に迫って、翁としては一刻といえども他を顧る余裕のない時期の上京であったから、周囲の者は、政治の圏外にあるブース大将に谷中問題を訴えて何の得るところがあるだろうと半ば冷笑的に見たものである。ところが、翁はこの混雑の折、大将に会見して、他日わが国の代表委員から世界陸軍海軍全廃意見を平和会議に提出した場合、英国に賛成してもらうよう斡旋して欲しいと、半紙二枚に認めた要項を懐中から取り出し、山室軍平《やまむろぐんぺい》氏の通訳を以て大将にあらかじめ懇請しておいたのであった。

これは翌四十一年六月三日、翁から逸見斧吉氏に送った書簡によって、その真相を知ることができたのであるが、この一事を見ても、翁の世界陸海軍全廃論は、獄中で聖書を読んで得た一時の感激の所産ではなかったことがわかる。翁は、その具体的外交方針として、外交費を数十倍に増額し、各国互いに学生を交換して、国際上の疑いをなくすることの必要を日記のなかに記しているが、もし谷中問題・治水問題等がなかったならば、この方面の理想実現のため大いに貢献したものと思われる。
村民は「腹が減っては戦ができぬ」との譬《たとえ》どおり、何を措いてもまず食糧を確保しなければならないので、年来から数回の協議を重ねて、破堤所の急水留工事を施工することになり、新年（明治四十年）早々五日から着手した。

三宅雪嶺・島田三郎両氏の義金訴え

逸見斧吉氏や田中翁から弁当代の寄附などもあって、村民は工事に励んだが、その強制買収の対策や生活の運営に追われて、中絶状態となっていた。翁はこれを大いに憂慮し、東京の島田三郎・三宅雄二郎（雪嶺）の両氏に打ち明けて懇請した。両氏もかねて栃木県の非政残酷を憤ると共に、残留村民の境遇に同情していたので、広く社会に訴え、その義金を以て工事を施工し、谷中人民を救うことに決意した。

かくて、四月二十四日、島田氏が自ら筆を執り、その主宰する毎日新聞に島田・三宅両氏の連名を以て「世の志士仁人に訴う」と題し、

谷中村の農民七十戸の内、堤内人民六ケ年打続きたる水害の為めに悲惨なる境遇に立ち居り申し候。今にして雪解の浸水を除くべき畦畔の大なるものを造らずんば、本年も亦田宅共に惨害を受け可申《もうすべく》候。而も此の畦畔の大なる物を作るが為めに村民の間に金二百円を要し候。仰ぎ願くは世の志士仁人、此の憐むべき村民の境遇に同情を表せられて、此際至急金円の多少に拘らず、谷中村田中正造へ御恵送被下度候

との一文を発表した。
これに応じて、県内の藤田《ふじた》吉亨《きっきょう》（大田原）・平池《ひらいけ》貞次郎《ていじろう》（栃木）・村山《むらやま》香三《こうぞう》（佐野）の諸氏をはじめ、国

の津々浦々からあるいは遠く海外満鮮方面の諸有志等から三百二十余円を送られた。なかにも明治座の河原崎権之助丈および座中有志、新潟県の大竹貫一・静岡県の大村和吉郎両代議士、高橋秀臣《ひでおみ》・故角田《つのだ》真平《しんぺい》の令息兄弟、並びに矢島楫子《かじこ》・奥平梅子諸氏のお名前がそのなかに見えていたこと、浅草の青木新九郎氏が全目標額の半金百円を寄贈されたのが印象深い。

また、東京の堀内信一さんという学生の、

かつて東京の教会に於て親しく翁に面会し、谷中村の惨状を承りたる一人に御座候。この度貴村に堤防を作るの挙を起され、広く天下の志士に賛助を求めらるるとの事を数日前の新聞紙にて承知致し、僅少なりとも第一番に御送金申上度と思い候へども如何せん当時は一銭の金も所持致し居らず候(中略)此五十銭甚だ僅少微細に候へ共而かも小生の熱血の固に候。熱血の一塊、化して一本の材・一個の石となりて谷中の村民に尽すを得ば小生の満足此上無之候

また、京都醒ケ井の石井素堂氏の、

貴村の方々水害のため悲惨なる御境遇に立ちなさる由、実に御気の毒の次第と存じ、金七十五銭差上候。これは自分のシャツは安物を買求めて其余金を呈上仕る次第に御座候、云々

などの手紙、十銭二十銭の少額送金に接した時、筆者は感激の涙を抑えることができなかった。

こうして寄附金はなお続々と送られたが、翁は数日ののち、

「もう目標額に達したから、たとえ工事費に足りなくとも、これ以上は辞退したい」

と申し出た。周囲の人びとから、

「新聞の広告が漸く知れわたったばかりでもあり、まだ工事費も必要ですから、このまま好意を受けて完全な畦畔《けいはん》を作る方がよかろう」

というたところ、翁は、
「徳というものは常はあまして置くことが大切で、使い果たすことは禁物です」
と私語しながら、毎日新聞社の会計の野村本之助《のむらもとのすけ》氏に伝えて、ついに募金を打ち切ったのである。
爾来五十余年、筆者はこの一篇を草するに当り、謹んで当時の関係書類を再読し、改めて志士仁人各位に衷心から感謝の礼を捧げる次第である。

畦畔決潰に切歯慟哭す

多年県の悪政に虐げられてきた村民は、この麦取畦畔築造費を恵贈された社会の温情に感激しつつ、命の綱と頼む谷中一千町歩のうち約八十町歩（うち十町歩残留村民の分）の麦作を確保しようと、四月二十四日から、再び畦畔修築に着手したのである。

しかし、二十世帯位の人員では出水期までに仕上げることは不可能なため、先に買収に応じて移転した人びとや、その他の有志に援助を求め、大いに励行した結果、漸く半ば以上の進行を見た。が、五月の初めから降り出した雪解水《ゆきどけみず》の危険を感じたので、私も筆を棄てて工事の現場へ出動した。（それまで筆者は、今春から逸見氏の推薦で来援中の新潟県の青年星野孝四郎《こうしろう》氏と共に、村の間明田《まみょうだ》粂次郎《くめじろう》氏方の仮事務所で書き物をしていた。）

果然、十一日には渡良瀬川、思《おもい》川および巴波《うずま》両川の洪水が赤麻沼に迂回浸入し、折柄荒《すさ》ぶ風浪のため畦畔の外側を崩されること甚だしく、全員徹夜で水防に努め、十二日に至り空は漸く晴れたが、更に増水して畦畔を越水し、しかも風が起って波浪は高く真正面から打ち寄せ、山王神社の裏手が危険となった。

「吹く風よ早くやめ、立つ波も静かになれ」

と、みな心に祈りながら、全力をあげて越水を堰止め土俵を運ぶ遑《いとま》もなく、七、八歳の幼児まで大人と共に赤手を以て土を掻きあげる始末である。すでに星野氏は現場にあって水防にあたり、翁もまた前夜、東京から柴田三郎氏（宇都宮出身、元笹川臨風博士門下、当時上野美術学校在学中）と共に来りて、指揮に当っていた。

折しも激突する波浪の飛沫は翁の蓑・笠・草鞋を通して全身ズブ濡れとなったが、翁は屈せず、杖を打ち振り、声を励まして南北を駆けめぐり、いまだかつて見たことのない緊張した悲壮な態度で激励活躍した。

村民もこの一水で村の運命が決するという重大な分岐点にあったので、隣村の援助者たちと一緒に食事をとる遑《いとま》もなく、全精魂を打ち込んで防禦に努めたが、長い堤防に対して人手は少なく、施すに術《すべ》なく、その日の午前十時頃、天運われに利なく、ついに畦畔は崩壊して濁流滔々と谷中の堤内に浸入し、青々と秀いでた麦の穂は空しく水底に没し去った。翁は切歯慟哭し、村民は疲労と悲嘆とこもごも至り、泣くにも声さえ出なかった。

原内相への訴願書を提出

これより先、三宅・島田両氏が谷中村の畦畔築造費の寄附募集を新聞に発表した日と同じ四月二十四日に、県は形式だけの収用審査会を開いて、何らの調査修正もせずにそのまま裁決してしまった。

翁は、すでに土地収用法の適用を不当としているので、こうした裁決に対しては勿論、審査会の構成に対しても不服であった。何となれば、土地収用法第四十条第一項には、

委員が起業者・土地所有者又は関係人なるときは収用審査会の議事に参与することを得ず。

とある。

普通委員にしてすでに然り、況して会長が起業者兼収用審査会長であってよい筈はないからである（編者注、後出訴願書参照、会長は栃木県知事中山巳代蔵であった）。故に、翁は法規の許す限りの手をつくそうとして、四月十七日を以て在京土地所有権者と共に、また村民は四月十六日と十八日の二回にわたり、収用法第二十五条によって意見書を提出、さらに収用法第八十一条により原敬内務大臣へ訴願を提出することに決した。

かくて翁は遠藤友四郎・柴田三郎両氏の協力を得て訴願書を起草し、幾度か推敲の上、漸く脱稿したのでこれを携えて五月十一日、柴田氏と共に谷中に帰るや、前述のごとく雪解水のため村民は不眠不休の水防の真ッ最中だったのである。

翁は直ちに一切を棄てて現場に駈けつけ、村民を激励し、相共に奮闘したが、その甲斐もなく畦畔は崩壊してしまった。

その夕刻、柴田三郎氏は間明田条次郎氏方の事務所に集まった村民たちに、訴願書を読み聞かせた。その要旨は、まず一定の申立て（編者注、訴願書の形式のことば、つまり大要、事実および理由の詳細にわたらないものをいう）として、
起業者栃木県が下都賀郡谷中村土地所有者たるわれわれの土地を瀦《ちょ》水池となすため金額を定め之を補償し、明治四十年五月三十日を以て収用せられたしと裁決を求めたるに対し、栃木県収用審査会長栃木県知事中山巳代蔵が、明治四十年四月二十四日起業者は申請の土地に対し金何円何十銭（各人その価を異にす）を補償し、明治四十年五月三十日を以て之を収用するものとす、との裁決を与えられたるについては、土地所有者即訴願人に於て不服につき、ここに止むなく土地収用法第八十一条に依り訴願仕候間、右収用審査会長中山巳代蔵の裁決書は之を取消すとの御裁定相成度候と述べ、その事実および理由の前提として、

栃木県収用審査会長栃木県知事中山巳代蔵が土地所有者即訴願人の土地収用の理由を閲するに、起業者の起業に係る瀦水池設置の事業は、法令に定めたる手続きに従い施行するものにして、土地の区域および補償金額および収用の時期もまた相当なりとすというにあれども、これ大いなる誤謬の見にして、一は土地収用法立法の精神に反し、一はこれによりて以て行政の壊廃を来たし立憲の大本も動乱する所以の基と相成候につき、土地所有者即訴願人に於ては到底服すること能はざるところに御座候。そもそも土地収用法なるものは、公力を以て他人の所有地を収用若くは使用するものにして、その適用は最も之を粛《つつ》しまざるべからず。蓋し土地収用法は左の三箇の条件を具備する場合に於てのみ之を適用することを得るものにして、否《しか》らざるときは之を適用すること能はず。

一、その土地に事業を起すこと。

一、その事業が公共の利益となるべきものなること。

一、起業上その土地が必要なること。

そして、以上の条件を具備せざる事実および理由を詳細に論述して、なお過去の事蹟と現在の事実を以てこれを立証した美濃紙十一枚にわたる長文のものへ、一同調印の上、翌日内務省へ提出した。

僕を社会主義者というのは離間策

翁がよく面倒を見た婦人に、大沢ふみ子さんという人があった。夫君徳太郎氏が隣村の赤見村の人で、かつて翁の政治運動を助けた縁故から、翁は若くして未亡人となったふみ子さんの自活の途をはかるために、東京の弁護士今村力三郎（当時代議士、のちに専修大学総長となる）に頼んで渡辺裁縫女学校に入れたのであった。卒業後は、佐野の堀米《ほりごめ》小学校教員となり、翁の最後の病中はかつ子夫人を助けて翁の看護につくし、のち、長く口サンゼルスにあった人で、その容貌態度ともよく翁に似ている。大沢さんが、「おじさん、おじさん」と呼ぶので、世間の人は真の叔父姪の間柄と思っていたほどである。

この人が、五月十六日佐野の村山香三《むらやまこうぞう》（もと翁の政治運動の後援者村山半《なかば》氏の息）からの麦取畦畔に対する寄附金と、藤沼藤兵衛《とうべえ》氏（昭和三十年当時の足利市議会議長藤沼氏の父君）ならびに駒場綾子さん（大沢さんの郷里宇都宮在徳治良《とくじろう》）から、谷中の子供に贈るべき衣類を頼まれて翁を訪ねた時、大沢さんが、

「足利辺りの人は、田中さんは近頃社会主義になってしまったと、何だか悪いように言われるのですが」

と話すと、翁は、

「僕は社会主義者というわけではないが、いま僕の仕事に関心を寄せるものは、そういう人たちと学生ぐらいで、あとは二、三の宗教家と旧友に過ぎないが、それを悪いように言い触らすのは、彼ら買収側の離間策で、そのため一般政治家や地元の栃木県人は谷中を亡ぼされるのを知らぬふりして見ている始末で、実に困ったものです」

と答えた。

官吏侮辱、第二回控訴公判

五月二十三日、翁の官吏侮辱事件の第二回控訴公判は、前回同様各弁護士列席、栃木町榊原弁護士および榊駐在巡査の証人尋問があった。

榊原証人は、管掌村長鈴木豊三が高沙共有地を競売しようとした時、部落民の依頼を受けて事件を処理した事実を証言したが、榊巡査の証言はもともとデッチあげだったので、裁判長の尋問と各弁護士の質問にあい、前後曖昧《あいまい》となり全然要領を得ず、ほうほうの態で退廷。

翁は前回と同じく、栃木県政の紊乱したことは国家全体が頽廃した結果である、正造はこれを憂えて不正不義の奴輩《やつばら》を反省せしめるために糺弾するものである、故に自分の罪罰の軽重は顧慮するところでないから宜しく公正なる判決を望む、と陳述し、また、各弁護士の弁論が行われて、公判は終結となった。

この日、島田政五郎《まさごろう》・同熊吉は高沙共有地競売事件の被害者なるを以て、場合によっては在廷証人として出廷すべく、また宮内《みやうち》善八・竹沢房蔵・同勇吉・間明田《まみょうだ》与四郎・小川長三郎の五名は公判の成り行きを案じて、傍聴のため一泊二日がかりで上京したのであった。

政治の要諦は天地の公道に基づくもの

翁は中央の世論を喚起して谷中問題を有利に展開すべく、逸見・柴田・遠藤その他の諸氏とはかり、東京諸名士の協力を得て、五月二十八日午後五時から東京神田錦輝館に於て谷中村事件大演説会を開催した。

弁士は、翁のほか三宅雄二郎・島田三郎・安部磯雄・信岡雄四郎・木下尚江・松村介石・高橋秀臣・田中弘之《ひろゆき》・菊地茂の九氏、翁は「組織的罪悪」と題して、三宅氏は「谷中問題」、島田氏は「谷中問題の真相」、信岡氏は「谷中問題に関する人道問題」、松村氏は「人間論」、高橋氏は「谷中問題の八大怪事」その他の諸士またそれぞれの演題をかかげて雄弁を揮い、千六百の聴衆に感動を与えた。なお、この夜の席上、主催者は、先に島田・三宅両氏の名を以て毎日新聞紙上に広告募集した谷中村畦畔築造費義捐金の収支決算を報告して感謝の意を表した。

この時、木下氏に谷中問題の演説をお願いしたところ、当時、氏は社会運動の一転機に立って伊香保に籠っていた時であり、「僕が出ると演説会をブチこわすことになりますから」と遠慮したのを、何

翁、遺愛の蓑・笠・矢立て

でもよいですからと、強《た》って懇請したので出演されたが、「今日の政治というものは悪いことをするのが当然で、これに対し正義を求めるのは求める方が無理である」という意味の演説をされた。

翁はその後、木下氏の演説に対して、立憲政治をそういえばいえるかも知れないが、政治組織や社会制度の欠陥のために悪いことができるからといって、悪いことをするのが当然だと解釈されては、政治というものの必要性がなく、無政府より悪いことになってしまう。それでは困る。われわれはいかなる時に於ても、政治というものは天地公道に基づき、人民の権利および財産を保護しその享有を完全ならしむべきものと解釈し、かつ確信するものである云々、と述懐された。

第二章　谷中村の滅亡

明治四十年六月〜八月

一　立退きの強要

東京有志の谷中村視察

明治四十年六月一日午後五時より神田錦輝館に於て、第二回谷中村買収問題大演説会が開かれた。

前回と同じく入場料五銭と下足料一銭とを申し受けた。これは経費の一部を補うためである。

弁士は翁のほか、三宅雄二郎・安部磯雄・河野広中・新井《あらい》要太郎・桜井熊太郎・卜部喜太郎《うらべきたろう》・高木政勝・高木正年《せいねん》・円城寺清・高野金重・田中弘之・高橋秀臣・本多庸一の諸氏、いずれも前回に増した熱弁を揮って聴衆に感動を与えた。

主催者は、この夜の聴衆に「谷中惨状視察」と題して、

▽日、来る六月二日（日曜）日帰り

▽時、午前七時三十分　上野発
　　午後八時二十分　帰京

▽金、片道六十二銭
▽食、弁当の準備あり
▽人、老幼男女問わず

というチラシをまき、現地視察を懇請した。これに参加した者は逸見夫妻・小田頼造《おだらいぞう》・柴田三郎・

中山友子・菊地茂・岩崎善三郎・星野孝四郎《こうしろう》・遠藤友四郎等諸氏二十三名、一行は翁の案内で古河町から三国《みくに》橋を渡って、谷中村稲荷森《とうかもり》の堤防から右折して真名・板倉に到った。

かつて安生《あんじょう》順四郎が谷中を廃村に導いた罪悪の遺跡である排水器（堤内の湛水を堤外に排出するため、村民から納米契約をして安生順四郎が設置を請負うたが不成功に終った）の取払われて散乱した赤煉瓦の草むらに蔽われた地をさぐり、さらに転じて西進すること一里余、高沙榎店《えのきてん》より堤内に入り、遠く赤麻湖畔の破堤所の跡、あるいは去月十二日の雪解水で流された畦畔の欠壊所などを見て、筆者の生家に来たり、庭前の老榎の蔭で昼の弁当をすませ、迎えた村の老若男女と共に記念撮影ののち、新宅の裏の田圃で小舟に乗り、北古川の間明田条次郎宅に行き、ここに休んで翁の説明を聞いた。その後、再び小舟で稲荷森の堤防に出て帰途についたが、翁は古河駅まで一行を送った。

この日は初夏には珍しく華氏八十三度（摂氏三十三・九度弱）という暑さで、都会の人びとには過重の行程であった。

筆者の母（島田サク）が、お茶では暑いし冷めたいものもないのでせめてもの志しにと、自家でとれた李《すもも》の生漬けと井戸水を汲んで一行の方がたに差し上げたところ、それがとてもおいしくて忘れられないと、逸見夫人が何年かのあとまで思い出して語られたことを、私はいつも嬉しく聞いていた。

醜官俗吏
日夜来襲

隣人の苦難を見ればわが身を忘れてこれを助けるのが人類の特徴である。然るにこれを妨害して孤立化を策動し、以て一村の撲滅を遂行したのが、谷中村に対する県当局の奸手段であった。

たとえば、渡良瀬川沿岸各町村のうち、利島・川辺の両村は「相愛会」が主導となり、その他近隣町村有志もこれを支持して谷中村民を援助したが、藤岡町以西の鉱毒被害町村に対しては、十余年にわたる水毒の惨害とその除害運動に疲れ果てておるのと、地理的関係を利用して、県は、「谷中村を潴水池にすれば、その被害がなくなる」と宣伝して離間を謀った。

また、その世論――新聞・雑誌方面に於ても、去年（明治三十九年）十一月までは雑誌『新紀元』があり、本年四月までは日刊『平民新聞』があって、当局の秕政を公明に報道したが、何れも廃刊となってしまった。また多年の援助者だった石川三四郎氏は、他の筆禍事件のために獄中の人となり、いまや僅かに島田三郎氏の『毎日新聞』、福田英子女史の『世界婦人』と、佐野町（栃木県）の近藤政平《こんどうまさへい》氏等の『弱者の友』があるのみである。県庁の膝元の宇都宮地方の新聞は、県の提供する情報をそのまま報道、公平さは全く期待できない状態であった。

こうした環境に於て醜官俗吏が日夜暗躍し、あたかも切捨て御免的の暴威をふるったのである。すなわち、県から嘱託されて買収勧誘員――村の顔役――や榊巡査などは、村民と顔見知りのために、県に対する忠勤ぶりを発揮し、臨機応変のデタラメを並べたて、村民を狙いうちに威し廻った。

ついさきごろまで翁の手足であったが、いまは裏切って買収側に廻った県の土木吏などは、夜間ひそかに渡辺長輔《わたなべちょうすけ》・茂呂松右衛門《もろまつえもん》などの家を襲うて買収承諾を強要し、あるいは先に転向したばかりの川鍋岩五郎はある日の夕暮れ時、筆者の家に来て、

「此際、残留村民が全部一緒に買収に応ずれば、県は相当に金を出すというのですが、結局これ（親指を出して暗に翁を指す）が承知しないでしょう。貴方は残留村民のなかでも一番関係が深いので、それだけに受ける損害も大きいから、貴方だけでもこれに黙って買収に応じた方が利益です」

と切り崩しにかかった。また、あるときは部屋《へや》の前田分署長が、聾《つんぼ》で中年の島田政五郎氏に、「土木

吏になると月給十八円くらい取れるから、君、買収に応じて役人にならないか」と誘惑した。

一方、一昨年の援助者加藤安世氏は、土地収用法が適用されそれが進行するにつれ、翁と意見を異にするといって退き、また遠藤友四郎氏は浮浪罪容疑者として部屋分署に拘置され、なお谷中村を退去しなければ予戒令を以て処罰すると攻め立てられたので、間明田条次郎の親戚にあたる川辺村の某家にかくれ、夜間ひそかに連絡をとって事務を助けていたが、それも危険となって東京に引揚げざるをえなくなった。

残る岩崎善三郎・大沢新八郎《おおさわしんぱちろう》の両氏もまた警察の干渉によって谷中村に来られず、そのため来援者としては僅かに星野孝四郎ひとりが村に滞在するのみとなった。それにはある裏面工作があったとか、懸賞付で攻略を計ったとか、いろいろな流言もあったが、真偽のほどは知る由もなかった。

強制執行命令出る

こうして翁の手足となる者をもぎとり、村民の頼りとなる者の少なくなった明治四十年六月十二日、栃木県深町第一部長（通称一部長、内務部長のこと）、植松第四部長（通称四部長、強制破壊の執行官となった植松《うえまつ》金章警察部長）、柴田四郎買収委員長、吉屋《よしや》下都賀郡長、藤堂・前田の両警部等の一行が三十余名の警官を引連れて藤岡町役場に出張、残留村民十六名を呼び出し、命令および戒告書を各々に交附した。

その内容は、各々その所有の家屋および樹木などを来る二十二日までに取払うこと、もしこれを実行しなければ県が強制執行を以て破壊し、費用を本人から徴収する、というのである。

村の人たちは、去る本年一月下旬、内閣の土地収用法適用の認定公告が出た頃、藤岡町役場に於て、吉屋郡長や前田分署長から、

「谷中問題は県の土木課の手を離れたのであるから、これまでのように文句をいうのをやめて買収に応ずべきである。もし応じなければ土地収用法を以て家屋を破壊し、その代金も移転料を下げないことになる」

と説明されたが、その時、質疑応答の末、回答を二、三日猶予されたいと述べた者もあり、また宮内勇次は、

「家屋や樹木が瀦水池の邪魔になるならば取払ってもよいが、土地の所有権は残しておいて欲しい」

と訴え、高田仙次郎は、

「瀦水池が国家のためになるならば私の所有地は無代で献納します」

と答え、また水野彦市は、

「瀦水池をつくるために土地が必要だとすれば、買収せずに借りて使用してもよい筈ですから、私はお貸しします」

と述べ、さらに佐山梅吉は、

「われわれは永い間騙されたり苛《いじ》められたり、さんざんの目にあいながら谷中村の復活を希望してきたのですから、土地を取り上げられようが家屋を破壊されようが、たとえ絞首刑にされても私は絶対に応じません」

と、主張した。その後、一同から土地収用審査会に対して再度意見書を提出したが、何ひとつ取り上げられることなく一方的に買収してしまったのである。

そのため、今日は何も言わずに先方の話を聞いて帰ろうということに申し合わせ、星野孝四郎氏附添いでその場に臨んだのであった。

はじめ第一部長から、

「土地を収用するについては幾度か相談したが協議とゝのわず、ついに今日の有様となった。もはや土地は県のものとなっているのだから、是非穏かに立退いてもらいたい。今日が最後の話だから、よく考えて決定するように」

との話があり、次に第四部長から、

「皆のために計っているのだから、多少の不満があってもグズグズいわずに立ち退くがよい。いまや国家の政治機関も認め、世論も認めている。もはや議論の時期ではない。理窟は既往のことだ。黙って立ち退くがよい。聴かなければ仕方がない。警察力を以て捕えて引きずり出す。雨が降っても鎗《やり》が降ってもかまわぬ。片ッ端から取っつかまえて抛り出す。少しの時間を与えてやるから決心して引移るように」

との話。再び第一部長から、

「いまの話は威しではないのだから、間違いのないようよく考えて立退くがよい」

と言う。

そこで、村民は、「もう話はすんだのですか」と尋ねると、「済んだ」との返事。「それでは帰ろう」と、一同席を立って帰った。

しかし、村民のひとり間明田《まみょうだ》仙弥がこの第四部長の最後の一言を深く留意していて、彼が執行官として仙弥の家屋強制破壊に臨んだ時、仙弥夫妻は頑として屋内を去らず、植松第四部長は手こずってついに実力行使に出なければならなかったのだが、そういうことになろうとは彼も予想しないことであったろう。

翌十三日は翁の官吏侮辱事件の判決の日。無論、無罪とは予想していたが、朝から不安な気持で間明田（粂）方の買収対策事務所に詰めていた。

午後四時を過ぎた頃、「ムザ　イタナカ」という電報が届いた。

翁の官吏侮辱罪、無罪判決

翁はこの事件のために実に約一年間苦しめられてきたのであるが、東京控訴院の公明正大な判決によって青天白日の身となり、家屋強制破壊という大難関を目前に控えた村民は、百万の味方を取戻したような感激を以て、この吉報を村の内外に知らせたのであった。

強制破壊目前の農繁期

六、七月は農民にとって一年中で最も忙しい時期である。殊に七ヵ月の丹精をこめて年一回穫れる麦。先年、社会からの貴い寄附金で作った畦畔は、惜しくも雪解水に破れて村内に浸水したが、この畦畔を作ったおかげで浸水期もある程度まで遅らせ、高層地に蒔きつけた麦の何ほどかを収穫することができたのである。

この僅かな収穫でも、一年の命をつながなければならない貴重な麦、この麦を差し迫った強制破壊の前に収納しなければ、屋外に抛り出されて腐ってしまうと思うと気が気でない。

かつて無事平和な時代には、屋外の仕事のできない雨の日に千歯《せんば》（稲麦などの穂を抜く農機具）で麦の穂をこき溜め、天気の好い日を選び、親戚知己互いに助け合い、集団的作業でかわるがわる「麦打ち歌」を歌いながら麦を打って収納する。夕方は早仕舞いとして餅を搗いたり、饂飩《うどん》をこしらえたりして、酒肴をととのえ、関係家族の幼児を招いて共に祝い楽しんだものである。しかし、それらはすべて過ぎ去った昔の夢になってしまった。いまや火事場のような恐怖の真只中に、地区外の親戚の人びとが手伝いに来て、朝から夜まで働いても日が足りない始末。

一方、低地の人たちは蒔いた麦も浸水のためろくろく穫れない。その生活の資を得る術を漁業に切換えたが、漁具の新調・修繕・飼取り・針さげ・針あげ・筌置き・筌あげ・網打ち等に忙殺されて、ものごとなどを考える余裕など全然あり得ない状態であった。

村民と共に乞食となって食を天下に乞う

そうした混乱のなかに、六月十九日の午後二時頃、植松第四部長は藤堂栃木警察署長、前田部屋《へや》分署長以下巡査十数名を引連れて、間明田条次郎方の買収対策事務所に乗り込んで来た。破壊命令期限をあますこと僅かに三日、四部長は翁と会見して最後の解決を見出そうという、希望と自信に満ちたものの如く、傲岸の態度であった。

一方、翁は処女の如く慇懃な姿勢で迎えた。そこには間明田の主人をはじめ、村民数名と星野氏のほか、早大出の日蓮信仰家菊地茂氏が、義憤被いがたく縞の白地の単衣に兵古帯姿の着のみ着のままで数日前から滞在していた。氏は先年翁の直訴後、旋風のように捲き起った東都学生の大運動にひきつづき、青年修養会を組織して、谷中村買収反対のため活動していたのである。

やがて植松四部長は翁に対して、

「すでに戒告書に示すように、本月二十三日を以て強制執行をなさねばならぬ、これを行わぬ以前に穏かな方法はないか」

と問うた。翁は、

「栃木県庁は谷中村民を放逐せんとするの意志であるが、谷中村買収案は県会の費目にもなく、帝国議会の決議にもない。谷中村を廃して藤岡町に合併したのは町村制を逆用した詐欺手段である。県は何故に明治三十五年以来、谷中村の堤防を築かぬのか。また、何故に村民の築いた堤防を破壊したのか。年間二十余万円もの収入のある村を、買収するのに何故タッタの四十八万円と評価したのか。そのうち安生順四郎に関する一万円程度の廃物排水器を何故七万五千円で買収したのか。またひとたび県会の瀆職問題となった収賄事件を何故に放任したのか。県が七万五千円で買収した排水器を村有財産整理に当り、何故に僅々二百円と評価したのか。かくしてその不足額を何故三十八倍余の村税として賦課したのか。村民救済のためと唱えながら、何故那須野ガ原の不毛地を指定移住地に選んだのか。公益のための瀦水池ならば何故初めから土地収用法を適用しなかったのか。たとえ一度決定したものでも、前非を改めるのが地方自治の本旨ではないか。然るに前の白仁知事自ら無効であると白状した瀦水池を何故中止しないのか。鉱毒問題の発端から十余年間の運動者として、世人も知り僕も万事を托していた青年を何故買収して県吏に用いたのか。また土地収用審査会は何故一回も谷中村を視察せずに、そのまま収用したのか。県は何故にいやがる村長職務管掌の鈴木豊三をして僕を官吏侮辱で訴えさせたのか。何故にこうした数々の支離滅裂不正不当の手段を以て村民を放逐しようとするのか。だから僕は栃木県庁は泥棒であると言うのである。これは東京控訴院に於て言明したところである」

と答えた。植松四部長は、

「あなたの言うところは九分九厘まで正当である。けれども、それは政策上のことであって、いま法の執行は如何ともすることはできない」

と言う。翁は、

「谷中村買収事件は行政庁の仕事であるからといって、僕は政策と法律を切り離して考えることはできない。政策が不当であれば、これに伴う法律の適用もまた不当である。元来、栃木県庁は窃盗であったが、いまや白昼抜刀を閃めかして居直り強盗をするのである。それが法の執行であるか！　いかに貧しく愚かな谷中人民と雖も、納税・兵役の義務は怠らない。いやしくも等しく天皇陛下の赤子であるぞ！」

と詰め寄った。植松第四部長もいささか激昂して顔色を真ッ赤に変え、「それならば官命に反抗するのですか」と反問する。翁は、

「村民はいま処女のようなものだ。反抗なぞする力はない。いま県庁という悪漢の暴力によって力のない処女が強姦されるのだ。村民は抵抗する力もなく、泣いて悪漢のなすがままに辱められるのだ。されば貴方の言によれば、強姦をして気をやらぬといって殴りつけるようなものだ」

と言う。この翁の奇抜な比喩に、第四部長も警部も巡査も村民も皆思わず噴き出して、互いの憤激はたちまち笑声と変じ、暫くは何の話もなかった。そこで植松部長は漸く形を正して、

「それならば今後如何にするお考えですか」

と問うた。翁は、

「僕は人民のためばかりでなく、直ちに国家のためを思うてこれを言うのであるが、それが聴けないならば、煮て食うとも焼いて食うとも好きになさるより仕方がない。いまやわれわれは困窮して乞食の姿となっている。買収に応ずるとも乞食、応ぜざるもまた乞食となるのは同じこと、僕もまた乞食となって村民と共に食を天下に乞うのみである」

と言い終って、翁は眼から落ちる涙を手の甲で拭いた。

菊地・星野の両氏をはじめ、居ならぶ村民も警部も巡査も皆暗然として無言、筆者はかつて「あれが本当の生き神様」という亡父の言葉を思い出して顔を掩って泣いた。植松四部長も已むなく部下

を率い、悄然として立ち去った。部長一行が帰って暫くののち、翁は傍らの者に曰く、

「彼らも天皇陛下といえば少しは感じるだろうと思って、頭から浴びせてやったが、彼奴ブルブル震えましたね」

因みに、その後歳月は流れて大正七年六月十二日、村民の起訴した不当廉価買収に関する訴訟事件が東京控訴院で結審になった時、筆者が控室で記念帖に関係諸士の揮毫を求めていると、頼みもしないのに、「噫　快傑田中翁　元栃木県警吏　刀水生」と書いて逃げるように姿を消した紳士があった。それは当時官を辞して弁護士をしていた元の第四部長植松金章氏であった。しかし、いまやこの最後の会談に列した人びと皆故人となって、筆者ひとり碌々たるは顧みて感慨無量である。

村民を軟禁して立退きを強要す

県は村民との団体交渉も翁との単独会談もついに不調に終ったので、その鋒先を個別折衝に変え、六月二十一日は、地理的環境を同じくする高沙の島田熊吉・同政五郎・渡辺長輔・茂呂松右衛門の四名を、藤岡町河内屋の買収事務所に呼び出し、更に当日午後二時頃、和服姿の巡査が筆者を迎えに来て曰く、「相談がまとまるので待っているから、関係書類と実印を持ってすぐ来るように」と。

何だか腑に落ちないが、心配になるので出かけた。途中、篠山《しのやま》の茂呂という居酒屋で、先に迎えに来た巡査と政五郎が酒を呑んでいた。事情を政五郎にたずねたところ、相談がまとまるとは巡査の嘘言とわかった。

いよいよ不審を深めながら、河内屋に到ったところ、呼び出しを受けた面々が、何れも軟禁同様に裏の土蔵の薄暗い一室に閉じ込められ、柴田買収委員長・中津川保安課長・前田分署長等が列席で、

かわるがわる、

「同じ残留村民の中でも恵下野《えげの》・下宮方面の人は漁業で生活するかもしれないが、内野方面、殊に貴方がたは農業一方ですから、家を破壊されて大変な損害を受けた上、生活が立たなくなるから、他の者にはかまわず考え直して、自ら立退く方が得策だ。此際立退きに応ずるならば、熊吉さんに対しては家屋の坪数の相違や移転料等で合計二百三十余円を増額することとし、そのほか三名の方にも何とか最善の色をつけるから」

と責め立てている。

筆者が、「誤りを正すのは当然なことで増額ではない。それにしても、すでに収用審査会で決定したものを県の出張役人において勝手に変更できるのですか」と問うたところ、彼らはしどろもどろで、

「ものには裏と表があるから、やりようでできる」と答えた。

「それでは何か書いたものを渡して欲しい」と言うと、柴田買収委員長は困ったような顔をしながら、半紙半分に金額だけ書いた紙片と強制執行延期願の書式を渡した。

「これでは何の証拠にもならないから印を捺して欲しい」と言うと、「印はなくとも差支えない」と逃げたので、当方から行った人びとは、「いずれよく考えてみる」と、確答を与えずに帰った。

翁はこの日、宇都宮に出かけ、県庁に於て中山知事と会見して帰村したが、その留守中、「高沙の四名が河内屋の事務所に呼び出されて、ついに落ちてしまった」と聞き込み、心配して夜の十二時を過ぎた頃、筆者の宅に来て、その真偽をたずねられたので、以上の経過を報告したところ、翁は、

「金では欺されやすい。危なかったが、よく誘惑をのがれた」

と喜び、明日の回答のことなど相談して、一番鶏のなく頃、寝に就かれた。

翌二十二日、県が残留村民の地上物件を強制執行で徹去した場合、形態を失って他日立証すべき証拠がなくなるので、村民は栃木区裁判所に申請して証拠保全の調書を作ることとなった。

ずさんな強制執行証拠保全調査

区裁判所判事住谷毅《すみやたけし》が書記と共に、谷中の現場に臨検して個別調査を行った。ところが、県の買収調書と現在の樹木および建築物などと相違すること甚だしく、裁判官から、「何故このように相違するのか」と問われたのに対して、県吏は、「三十八年調査当時、村の人たちが調査を拒み、農器具などで追いかけて近寄れないので調査ができなかったためです」と答える有様。さらに裁判官が、「此度の土地収用審査会は調査しなかったのですか」と問われたが、県吏は、「先年調査したわけですから此度改めて調査しませんでした」と答えた。

大きな樹木や物置や下屋などの脱漏していたものが少なくなかったのである。然るに県は、この脱漏をそのままに強制執行を断行し、またその後の村民との訴訟にも臨んだのである。

二　その前夜

最後の結合会

この二十二日は、強制執行命令期限で、明日は県が家屋を破壊するかもしれないというので、残留村民は間明田方の対策事務所に最後の結合会を開いた。

かつて谷中堤内外の住民は四百五十戸を数えたが、多年にわたる苦難と迫害に耐えかねて、何れも県の買収に応じ、本年一月、土地収用法が適用されてからも、染宮重五郎《じゅうごろう》（加藤安世夫人の生家）染宮庄助《しょうすけ》（重五郎の親戚）茂呂マサ（先に翁が擁立した婦人で、重五郎の親戚某が後見役をしていた）竹沢幸次郎《たけざわこうじろう》（通称幸蔵）の四名が脱落して、いまや残留する同志は僅かに十九戸となり、そのうち堤内の家屋破壊の受令者は十六戸百余名となった。

これらの人びとの心は、区々まちまちであったが、要するに闘争などという意識はなく、ただ各自辛苦の油汗で築いた土地と家屋、これによって生活しなければならぬ境遇、また先祖代々三百年四百年という永い歳月を積んで完成した村落を自分らの代に於て潰しては先祖に申し訳なく子孫にも亦顔向けができない。況してこの村を瀦水池とすれば却って治水上無益有害であることは明らかなため、われわれは当局に対し、すでにあらゆる手を尽したが、ついに容れられなかったのである。

いま県と妥協して自ら谷中を立退けば、何ほどかの買収補償金は手に入り、家屋破壊という惨劇から遁れることはできるが、それは悪政を承認すると共に、直ちに生活から離れることになる。これは到底忍び得ない。

惟《おも》うに乱暴な権力に勝つことはできないかもしれない。しかし土から生まれたわれわれは、土を食ってもこれを守り抜かなければならない。それにはあくまで田中翁を信じて、当局の反省を促がすため、ここに土着し身を以て頑張るよりほかに道はない。そうすれば、やがて翁の至誠は認められ、われわれの念願も達するであろう。

そのために家は壊されて寝るところなく、病みかつ凍《こご》えることもあろう。土地は取り上げられ、食糧も穫れなくなって飢えることもあろう。あるいは洪水が氾濫して濁浪に呑まれ溺れ死ぬこともあろう。それをはじめは台風や火事や外敵よりも恐ろしいと考えていたが、それはわが身のためであり、また国家のためであって、これよりほかに行くべき道がないと思うと、誰ひとり遁れようとする者もない。

われわれが屋根の下に寝るのも、今夜限りで明日はどうなるかわからない。今宵一晩同志と共に快く飲み食い、歌い語って最後の結合会をしようというのであった。

木下尚江氏の悲痛な演説

この夜集まったのは、残留村民および菊地茂・星野孝四郎・柴田三郎の三氏のほか、終始翁の事業に協力しつづけた木下尚江氏。氏は多年難戦苦闘してきた翁や村民が、いよいよ県の強制破壊という暴挙に直面しては、如何なる事故が突発するかもはかりしれない、そのため翁がもし指一本と雖も傷つくようなことがあってはならぬと憂慮して、「拘引されるか殺されるか」との一大決心で伊香保の山を下り、木綿の紺飛白の筒袖姿で来村、村民を戸別に慰問されたのち、この夜の会に列席されたのであった。

村民は隣りの町から買い入れた酒、自分の手で料理した魚や牡丹餅《ぼたもち》や饂飩などを用意しての晩餐を共にすることになった。

時に、木下氏は菊地氏に請われて立ったが、うなだれたまま言葉が出なかった。やや暫くののち、「諸君、いま諸君にお目にかかることは何とも恥じ入った次第でございます。ある時、私は諸君から指導者のごとく、救い手のごとく、恩人のごとく見なされたことがある。また自分でもこの心のなかに幾分さような傲慢な感じを持ったことを、いまこの席に白状いたします。考えてみると、諸君と私共とはかつて同一の誤解に縛られておりました。すなわち、まず世論を呼び醒まし、その勢力によって当路の人びとを動かし、政治の手を借りてわが頭上の禍を救うべきものと考えていたことです。しかし、この誤解は必ずしも諸君と私共の無学無知からのみ来たのではない。実に祖先以来の世界一般の迷信でございました。然るに多年の苦い経験は、いま諸君をこの古き迷信から救い出して、恐らく日本の地に於ては、まだ見たことのない新しい生命の証人として諸君を起たせることになった。――田地、住居、すなわち諸君の生活の武器、いな、生活そのものをば、権力の来て奪うにまかせて驚かない……」

そして、勝海舟の江戸城明け渡しの例をひいたのち、

「私はただ諸君に向って感謝いたします。悪に敵するなかれ、という驚くべき議論をこの眼で親しく見ることのできたことを……」

と、しみじみと述懐したあと、

「二年前、私は諸君の顔が愁につつまれ、諸君の膝がややもすれば挫けかかるのを見ました。然るに今や諸君は却って勝軍《かちいくさ》から帰った人のように勇み立っている。諸君の前途には雲が深い。けれども、私は諸君に接して力を得ました」

という悲壮な演説をされた。列席の者は皆拍手を送った。が、「世論に頼ることとの誤解であった云々」については、当時の筆者にはよく理解できなかった。

やがて酒がまわる、話がはずむ、歌も出たが、不自然な付け景気はいつまでもつづかず、酒をきりあげ、牡丹餅を盛りあげ、饂飩をたべながら、

「屋根の下で食うのも今夜限りだ」

「爼板に乗せられた鯉はジタバタしない」

などと語り合う間を、柴田三郎氏は村民一人ひとりについて、人として行くべき道を懇々と子供にも

のを教えるように話して聞かせたのち、
「われわれ東京の有志も決して貴方がたを見殺しにすることはしないから、互いに手をつないで翁と共に乞食をしても正しい道を行くことにしよう」
と力づけてくれたので、村民の決心はいっそう堅くなり、明日を誓い合って散会することとなった。時に夜十二時。巡査数名がこの会場に来て、県から村民銘々に宛てた大きな封書を交附した。開いてみると、強制執行を五日間延期した再戒告書と、明日藤岡町役場に於て中山知事が村民と面談したいから出席するように、との通知書であった。

しかし、「今更行く必要はない。何故延期するのか。蛇の生殺しは有難迷惑だ」と罵りながら解散しようとして庭に出た時、翁が藤岡から舟で帰って来た。

が、夜も遅いので、翁から昨日今日の二回知事と会見したこと、県が執行を五日間延期したのは、村民は目下農繁中でものを考える余裕さえない、と話したためだろうという簡単な話を聞き、各々小舟に乗って帰途についた。

夜更けの水面に鳴く蛙の声は杜絶《とだ》え、なお啼きやまぬ葭切《よしきり》（ウグイス科の小鳥）の声のみ淋しく聞えた。

緊張下の記者会見

強制破壊の期日切迫と共に、当局の警戒はますます厳しく、あたかも戒厳令の発令されたように、村の入口の辻々には警官が二、三名ずつ配置された。往復の人びとをいちいち査問して、新聞記者以外の者は親戚の者でも容易に出入を許されない。逸見斧吉氏や柴田三郎氏等は、俄か新聞記者となり、小さい旭光の徽章をつけて往復する状態であった。

こうしたなかに、朝日の太田、萬朝報の円城寺、毎日の小山、国民の松崎天民《まつざきてんみん》その他の諸氏が続々と派遣され、異様な緊張と慌しさに包まれた六月二十三日、これら報道陣の人びとは、翁と知事の会見の模様を聞くことと「強制執行五日間延期の真相」を確かめるため、翁に会見を申し込んできた。

翁は前夜一時過ぎ、間明田方から一軒おいた東隣りの貧しい竹沢釣蔵《つりぞう》の家に来て泊った。初夏、連日の東奔西走に疲れた老いの身の翁は、木下・菊地・柴田の各氏と共に間明田方に同宿したいのは山山であったろうが、同家にはすでに前記東京の三人が泊っているため、星野孝四郎氏は遠く恵下野の島田方に行き、翁は再び舟に乗って釣蔵方に分宿したのであった。翁はここの小さな部屋で、框《かまち》に腰かけた各新聞記者と会見したのである。

「僕はこれまで知事が新たに赴任した時は必ず挨拶に出て、県下の状勢を伝えることにしていたが、中山知事に対してはいろいろ多忙なため、まだその機会を得なかった。この際その挨拶を述べ、また一つは強制執行の期日が切迫したので、一昨二十一日県庁に知事を訪ねて最後の注意勧告を申し上げた次第です。

その大体の要旨は、県は谷中村に対し、去る明治三十五年以来破堤所を復旧せず、鉱毒水害を以て百数十万円にのぼる損害を与えながら未だ償却もせず、あまつさえ大小議会の正当な決議もなく、無益有害な瀦水池を計画し、日露戦争中古来の自治村を破壊し、これに応じない忠良な人民を権力で放逐することは憲法違反であり、人道を無視した施政である。そのため土地収用法を適用し、強制執行を以て人民の居宅を破壊することは政治的罪悪の甚だしいもので、われわれは絶対に承服することができない。従って、その執行命令には遺憾ながら応ずることができないのである。この事については、先に内務大臣へ訴願書が提出してあるから、その採決を俟って処理するのが政治の常道である。また仮りに一歩を譲り、これが正しい施政にもとづく法律の執行と仮定するも、今は村民の一年中で最も忙しい農繁期である。こういう時期に県が強制命令を出したことは無情冷酷も甚だしいと、村民は泣いて恨んでいる。たとえ知事である貴方には悪意はないとしても、村民から見ればこの上もない悪政である。もし已むを得ず執行するものとすれば、少くともこの農繁期を避けるのが為政者の常識ではないか。

お見受け申すところ、貴方はまだお年も若く、将来あるお身分ですが、たとえ法律命令によって為した公務としても、多数人民の住宅を為政者が権力を以て強制破壊するということは善いことではなく、他日あの人は栃木県知事時代に谷中村民の家屋を破壊したことがあるとなると、貴方の経歴上に一つの汚点を残すことは免かれないと思われますから、此際過去の罪悪を弁護せず、潔よく執行を断念されては如何ですか。それには勿論、貴方の地位を賭けなければなりますまいが――。これは田中正造や谷中村民のためばかりでなく、国のため県のため、また貴方御自身のためと確信して衷心から御注意御勧告申し上げる次第です。と言うたところ、知事は、『お話はよくわかりましたが、政治上の問題は既往に属することで、現在においては法律命令にもとづく執行ですから……しかし、よく考えてみましょう』と首をうなだれていました。

ところが、昨日になって知事から、谷中でお会いしたいと申し込んで来ましたから、谷中は目下取込み混雑しているため失礼があってはならぬと思い、私から藤岡町へ出かけて再会したところ、知事は、『折角の御配慮ですが、事ここに至っては中止することもできない』という回答と、その諒解を得るためでした。以上のような次第で、昨夜五日間執行を延期してきたのは、隣町村で破壊人夫の応募者がなかった手違いのためとも聞きましたが、僕から忠告した農繁期云々を考慮した結果かも知れません」

と語り終った時、居並ぶ記者は何れも粛然として声がなかった。

傍に聴いていた筆者は、「汝の敵を愛せ」という聖書の句を思い出して、翁の顔を拝むように眺めたことを今も記憶している。因みに、中山知事はその後数年を出ずして、中風症のため半身不随となり、不自由な日を送ったと聞いたが、時には翁のこの最後の忠告を思い出したこともあったであろう。

この日、東京から逸見斧吉氏および「世界婦人社」の福田英子女史など慰問のため来村、また藤岡町の有志岩崎清七《せいしち》氏ら数名から、強制執行につき居中《きょちゅう》調停（編者注、第三者が仲介して紛争の調停をする）の労を執りたいと申し込んで来たが、翁は「谷中村復活」以外には折衝すべき余地もないと、ただその好意を謝して辞退した。夜は「強制執行延期」に因んで、晩餐会を開いた。

強制執行が五日間延期になったのと、昨夜が最後とばかり思うた結合会に、翁が知事と会見のため欠席されたので、六月二十三日、再び間明田方に晩餐会を開いた。

「この家は絶対に明け渡さない」

昨日のことであったが、翁の寄留先の主人小川長三郎は、

「県庁の奴らは立退かないと強制破壊をする——というているが、私は威《おど》しだと思う。われわれ恵下野の者たちは、昔から何十年となく堤防の法《の》り先を借りて家を作っておくのですが、県では他の人びとには僅かなりとも移転料を出しているのに、私と佐山梅吉さんと川島伊勢五郎さんの三人は、買収に反対してるからといって一銭もあてずにタダで立退けというが、そんな乱暴な話はない。私が大工で朝から晩まで一日十二時間ずつも働いて、僅か二十銭か二十五銭しか取れない手間賃を貯めて、上等な材料を買入れ、どんな水にも嵐にも潰れないように、手間にかまわず頑丈に作った家で、そこら

の家とは違うのだ。それを県庁の人足が来てタダで叩き壊すなんて見ていられない。もし本当に壊すとなったら、私は偉そうな奴から先に次つぎと五人でも十人でも叩き斬るつもりで、鑿《のみ》と鉋《かんな》を研ぎすまして待っている」

と興奮していたので、筆者が、

「それは勿論そうだけれども、あまり甘く見たり、暴力をふるったりするのは考えなければならない」

と忠告したところ、小川は、

「貴方などは先祖の作ってくれた家に住んでいるから、その有難味がわからないのだ。私の家は私の血と汗の凝固《かたまり》だ。私の身体と同様だ」

と頑張っていた。が、前夜、木下・柴田諸氏の話を聞いて、この日は幾分穏かとなっていた。しかし、

「延期したのは私の思った通り彼らの威しだ。威しでわれわれを追っ払うのが奴らの目算だから、みんなヘコたれては駄目だ」

と気勢をあげていた。また島田老人(栄蔵)は、

「私は何度も火事に遭うたが、県庁は火事より悪い。火事は家だけを焼くが、県庁は地所まで二足三文で取り上げてしまう。しかし火事に遭うと朝起きても草履一足ないが、県庁は履物までは取り上げないだろう。私の家が堤外にあるので強制破壊を免かれてるから、皆さんの家を壊されたら、仮小屋を作るまで、私の家に寝泊りして雨露をしのいでもらいたい」

と力づけていた。

辛酸亦入佳境

田中翁は前日および前々日の二回、知事と会見した模様(新聞記者に語った要旨と同じ)を話したのち、

「執行が五日間延期されても、延期は延期であって中止ではないから、皆さんはいよいよ覚悟しなければならぬ時機《とき》が来た。昨夜、木下さんから有難いお話があったそうだが、皆さんは今後どのようなことがあっても乱暴をしてはならぬ」

と注意し、

「諸君はどこまでも一致団結して正しい道を行きさえすれば、正しい方がたの味方もできて谷中村は必ず復活します。しかし、堤防を破壊して水攻めにしたり、道具まで取り上げて生活の道を妨げるという乱暴な県庁のことですから、憲法も法律も人道も道徳も踏みにじって、貴方がたの住家を破壊しないとは限らない。

破壊の手は眼の前に来ている。私も命のある限り尽しますが、心配なのは私のことよりは却って貴方がたのことです。宅地・田畑は取り上げられる、住宅は破壊されて住むところがなくなる。その上、堤防は破壊したままで洪水は氾濫する。そして政府は顧みないばかりか、却って県庁の尻押しをしている始末で、われわれは訴えるところもない。と言うても、いま県庁のいうがままに他へ立退いても生活の見込みは立たない。いまや、まったく進んでも退いても乞食となるよりほか途はない。

ここにひとつの憐れな話がある。春の暖かい日に、親田螺《たにし》がたくさんの子田螺を抱いて田圃で遊んでいると、田螺取りの足音が聞えてくる。親田螺は不吉な予感がするけれども、深みへくぐるには足が遅いので時間がない。さりとて、たとえ近くの陸に逃れても太陽に照らされて死んでしまう。子田

螺は恐怖のあまり、『おかあさん、おかあさん、田螺とりが来たから早く戸を閉めてください』と訴える。親田螺は子田螺に対して、『戸を締めても田螺取りは家もろ共さらって行って、われわれ一族を釜茹でにして食べる鬼族だから防ぎようがない』と諭《さと》す。子田螺がその話を聞いてますます泣き叫ぶので、親田螺は已むを得ず戸を締めたが、その瞬間に田螺取りの手につかまれてしまった。

貴方がたの只今の境遇は、この田螺の話によく似ていますが、しかし貴方がたは虫ケラや動物ではない。一個の日本臣民として、憲法によって居住の自由が認められている。貴方がたは何十年何百年となくこの本籍地に住み、先祖代々のお墓を守ってきたもので、今後もここに住みこれを守るのが人としての権利であり義務であります。田螺は家もろ共さらわれてしまうが、われわれは家をブチ壊されても、別に身体を守ることができる。たとえ乞食になっても、住む家もなく、食べるものもなければ、私この正造も皆さんと共に乞食となって社会に訴え、食を天下に乞う覚悟ですから、どうぞ貴方がたもその決心をしてもらいたい。皆さんとしては親もあり子もあり、兄弟姉妹あり、さぞ辛いこととは察しますが、ほかに正しく生き、正しく村を守り身を守る途がないと思う。それでもなお政府や県庁が国家の恥とせず、社会も亦顧みないとなれば、それこそ貴方がたよりは日本の方が先に滅びるわけです。僕はこうなることを恐れて、この十数年間にわたり、全力を尽して戦ってきたのですが、悪魔はますます蔓延《はびこ》る一方で、ついに今日の最悪の場面に接した次第です。今後は、正義と真理にもとづき、谷中村を復活するため、皆さんと生死を共にします。これを今晩、ここでお誓いし、約束したいのです」

と説いた。村の人びとは、

「私たちは谷中村の復活するまでは、田中さんの言うとおり、たとえ家をブチ壊されても、乞食になっても、死んでも立退きません」

と答え、さすがの小川長三郎も、

「田中さんがそう言うのでは、私も我慢しておとなしく田中さんと一緒に乞食になっても頑張ります」

というた。列席した木下・柴田・星野氏などは、いたたまれないように頭を垂れて聴いていた。菊地氏は眼に涙を一杯にたたえ、両手を握りしめていた。

村の人たちは、「死ぬも生きるも皆一緒にしよう」と誓い合って、閉会した。

裏の榎の青葉の蔭では、明日の雨天を告げるかのように、雨蛙がしきりに鳴いていた。時に、菊地氏は間明田の奥の八畳の間で半紙を差し出し、記念のために一筆書いて欲しいと翁に頼んだ。翁は大きな矢立から筆を抽いて、

辛酸亦入佳境

と題して、

楽しまば蒲団も蚊張もあるものか　蚤蚊にまでも身をばささげて

と書いた。傍にいた人びとは、みな感心したように見入っていた。翁は、

「この歌を、みんな恋歌と間違えて困るんです。実は何事も、こういう心構えですべてを打ち込んで事に当れば、苦も却って楽なものですから、そのつもりで詠んだものでガス」

と語った。

人間一匹の"意地"　明治四十年六月二十五日、小雨の降る中を、筆者は柴田氏と共に上京して、逸見斧吉・島田三郎・三宅雪嶺・福田英子の諸家を訪ねた。

三宅氏は、

「県庁が人民の住んでいる家屋を破壊したとなれば、世論が起って事件解決のためには却って都合がよいかもしれない。それにしても土地収用法でやられるとなると、法律上の知識がないと困るが、幸いに木下君がいてくれるとなれば鬼に金棒で、われわれも安心して戦える」

と言われた。

福田女史は不在であったが、「世界婦人社」前の孔雀草が夕闇の五月雨に濡れて垂れ下がっているのと、市中のネオンに映る白い浴衣着の都会人の姿が、谷中の廃村から出て行った筆者には印象深い対照であった。その夜は逸見氏方に泊り、二十六日、日暮里駅前の黒瀬氏に逢うてから帰村した。

二十七日は破壊命令再戒告の再終日、菊地茂氏は前田部屋分署長に召喚され、朝八時、藤岡町河内屋に行って、その日の夕刻、間明田方に帰った。その話によると、分署長は菊地氏に対して、谷中を立ち去るよう、もし去らなければ検束すると言うたから、検束するなら検束するがよい、僕はどうされようとも去って傍観することはできない、それが悪ければ何とでもするがよい、僕はすでに覚悟の上だと断わって来た、とのことであった。

その夜、第三回の晩餐会が例の対策事務所に催された。村民のほか、田中翁および木下・菊地・柴田・星野氏など列席、回を重ねる毎に村民の結合はいよいよ堅くなり、明日の強制執行に対処することになった。

翌二十八日も執行は延びて、東京の安部磯雄・逸見斧吉・福田英子、横浜の石川雪子《いしかわゆきこ》（以上何れも谷中の土地所有者）、高木正年父子の諸氏が慰問のため来村。いろいろと村民を励ましてくれた。

一般国民の血税と、沿岸農民の生命財産を踏みにじって、一資本家の事業遂行のため努力する明治政府のもと、万能の暴威をふるう県庁に対する無知無能の農民の抗議は、翁のいわゆる田螺《たにし》取りと田螺、あるいは現代の問題になぞらえれば、原水爆と竹槍の戦いの如きものに過ぎないとはいえ、人間一匹の意地はあった。

われわれはトルストイもガンジーも知らなかったが、恩人諸氏の注意によって、暴力を以て対抗することは断念した。しかし、われわれは自らおめおめ荷物を運び出したり、立退いたりするほどの卑怯者でもなかった。利害得失を考える時は已に過ぎて、いまはただ翁と生死を共にするという信仰に近いものがあった。

これを見た地区外の知己親戚の人びとは、皆心配して連日麦収納を手伝い、かつ雨に濡れてはならぬ荷物を荷馬車や小舟に積んで、その先ざきに疎開された。思えば「蛇の半殺しは有難迷惑だ」とは言ったものの、当時飢えかつ凍えることを免かれたのは、前後七日間の延期によって知己親戚の人びとが何ほどかのものを疎開してくれたお蔭であった。

三　強制破壊

かくして明治四十年六月二十九日という最悪の日は来た。しかし筆者は、親戚の人びとが手伝いに来ていたので、遺憾ながら第一日の佐山梅吉・小川長三郎・川島伊勢五郎、第二日の茂呂松右衛門ら四家の強制破壊の現場に行くことができなかった。

以下、破壊中の概略は、当時、古河町「かみや旅館」その他に滞在して、連日現場に往復取材の上、「谷中村強制破壊事件」として全国版で大々的に報道された各新聞、荒畑寒村著『谷中村滅亡史』、木下尚江『労働』および『義人全集』（第四編鉱毒事件下巻のなかの菊地茂「谷中村事件」）などに掲載されてあるから、つとめてこれを省略し、それらに書き落された事実を述べることにする。

強制破壊第一日（六月二十九日）

第一日目に破壊された佐山梅告・小川長三郎・川島伊勢五郎の三戸は、村の東端、巴波《うずま》川《がわ》沿いなる恵下野の堤腹を県から借地して居宅を構えており、一昨三十八年三月十日、期間満了に先だち栃木県令にもとづき継続借用願いを提出したところ、県は一ヵ年以上もこれを握り潰し、翌三十九年四月に至り、突然、評議相整わざるを以て一先ず却下す、と付箋して返し、次で右は栃木県令第六十一号の手続きを経ないものであるからその家屋を取払い、これを原形に回復せよ、という命令を発したのであった。

佐山等はそれを不当として応じなかったので、此度の強制執行（行政執行法）となったもので、この三戸は土地収用法による執行ではなかったのである。従って、これら三戸の家屋には一銭の損害補償もなく、詐欺的手段を以て破壊したのである。

当日、現場に臨んだ田中翁およびその他の人びとの話を総合すると、植松執行官は多数（二百名を動員したとの説）の警官と数十名の人夫を引連れ、午前八時、佐山梅吉方に舟で乗り込んだのであるが、佐山夫婦は、頑として動かず田中翁や木下氏などの慰撫により漸く屋外に出た。県の破壊人夫は植松

明治四十年七月，谷中村民家を強制破壊した建材等の置場にて

執行官の指揮に従い、家財道具・食器・飯汁のはてまでを屋外に抛り出し、みるみるうちに家屋を破壊し、その用材は十数丁を離れた河端の雷電神社跡（先に野木村へ移転）へ運び出したのである。

取残された家族は、壁土に埋まった塵芥の中に茫然と立ったまま、時刻になっても昼食がなく、恐怖におびえながら子供がしきりに空腹を訴えるのを見て、皆同情に堪えなかったとのこと。

また、そこにかつて村民の築いた堤防を破壊した県属や、多年翁の手足となり今は県側に寝返った土木吏がいることを知った翁は、激怒して泥棒・国賊と罵り、かかる悪人の立会うことは断じて容赦できぬと責め立てたが、県属は一言の弁解もせず、あとの一人はあちこち逃げ回るようにして、その後は毎日後方に隠れてお茶番をしていた。次に小川長三郎の家は田中翁の寄留宅であって、恵下野の長大工といえば有名な硬骨漢で、しかもこの長大工が鑿と鉋を研ぎすまして待っているという話が伝わり、屋根にはダイナマイトが仕掛けてあるというデマも飛んでいたため、県側は大いに警戒したが、これまた木下尚江氏などの慰撫により何事もなかった。ただ小川が植松執行官に対して、わが家を無償で破壊するのを責め、また自分の大工という職掌柄からも当然の抗議を発した。

「家屋を壊す場合は、まずその家屋の図面を作って、その図面と用材を引合わせ、これにいちいち番号をつけるのが常識であるが、県は何故それを実行しないか。このように乱暴にぶち壊して再び建てることができるのか」

これに対して、植松は、「係りの者によく命じよう」と答えたまま、頬かむり主義で破壊し、続いて川島伊勢五郎の家屋もまた前の二戸と同様、火事場のようなドサクサの間に破壊し、その用材は何れも前記雷電神社の跡に棄てるように搬出して、その日の夕刻引揚げたのである。

因みに雷電神社跡へ運んだ破壊家材は、同年八月二十五日の大洪水でみな流失してしまった。すなわち、意地の悪い詐欺的手段で大切なわが家を無補償で破壊され、用材および家財道具は残らず流されてしまった上に、その破壊費用を支払わされるというのであった。

強制破壊 第二日

第二日の、六月三十日は、鋒先を転じて村の西南なる高沙の茂呂松右衛門方の破壊。植松執行官一行は定刻現場に到着、型の如く立退きを命じたが、松右衛門は伜吉松《きちまつ》と共に県の無理非道を並べ苦衷を訴えて動かず。更に松右衛門は先祖の位牌を抱き、その位牌に向い、

「この家は貴方が某家（筆者その名を忘る）に百姓の半期奉公（月のうち半分ずつ自分の家の仕事も勤め先の仕事も兼ねてする）を勤め、汗水を流し死ぬような苦労をして貯めた金で作ったといい伝えられている

ので、私はどんな思いをしてもこの家や屋敷を人手に渡すまいと寝る目も寝ずに働き、着るものも喰べるものも何一つ人並みなことをせず、田中さんやその他皆さんの力を借りて今日まで守って来たのですが、いま県庁の手でぶち壊してしまうというのです。こんなことになって何とも申し訳がない」

というと泣き伏し、倅吉松は興奮して丸裸体となり、

「いかに県庁と雖も、われわれ人民の承諾なしに私の家屋をぶち壊すとはあまりにひどい。そんな乱暴をするのでは一足でも立退くことはできない。それが悪ければ何とでもせよ。さあ、殺さば殺せ！」

と水を飲みつつ叫び、妻子もわめき、傍にいた村民は勿論、田中翁をはじめ木下・菊地・星野・柴田諸氏も共に泣き、さすがの執行官や警部たちも手の下しようがなく困惑の態であったが、翁と木下氏の懇諭によって父子家族とも漸く家財道具を持ち出せば、すぐ県側は家屋の破壊に着手、その傍らから屋根茅《かや》は先に県が買収した数丁先の榎店《えのきだな》の前なる堤外の早乙女《さおとめ》太八郎の屋敷跡、その他の破壊材は半道以上離れたこれまた同じ瀦水池用地として買収した北村太一郎の屋敷跡へ棄てるように搬出、夕刻までに母屋・納屋・水塚など四棟の家屋を殆んど破壊してしまったのである。そこで茂呂の家族はその跡に仮小屋を建てようとしたところ、それも咎められたので、その夜は木の蔭に戸板を立てかけ、そこで一夜を明かしたのであった。

つづいて渡辺長輔宅を破壊すべく植松執行官一行は人夫を引連れて同家に臨んだ。ところが、長輔は小心なうえに、精神病の妹があってその処置に困っていた矢先だったので、俄かに精神が錯乱して、竹の長棹を以て大地を叩き、悲泣憂悶、殆んど発狂したような形相になった。これを見た妹のツヤは

急に暴れ出して、抑えようもなく、その老母は、

「私が若ければ何とかしますけれども、老いて殺す力もない」

と嘆き、妻子は泣き叫び、見るに忍びない惨劇を呈し、執行官も新聞記者も、木下・星野両氏も村の人びとも、居並ぶ者も皆もらい泣きをする有様であった。


これを見てとった木下氏は懇ろに長輔を慰撫すると共に、執行官に対し、もし強行すればどんな事態を惹き起すかわからないから、この家の取壊しを後廻しとするよう勧告した。執行官もこれを諒承して引揚げたのである。

強制破壊 第三日

第三日（七月一日）は島田熊吉宅（筆者の生家）、田中翁は前夜からそこに泊り込んでいた。

これは兄の熊吉が十六世帯の中で一番年若のため、何かにつけて当惑するだろうという翁の特別な同情心からであった。翁もわれわれ兄弟も八畳の次の間で、庭に南面して待ち受けていた。やがて朝八時を過ぎた頃、前田分署長が来て、これから破壊するから家財道具を片づけるように命じた。兄熊吉はこの事については、田中さんに一切おまかせしてある旨答えた。そのあとから植松執行官が見えて、また同様のことを命じた。

翁は執行官に対して、

「警察官は人民の家を破壊するのが公務ですか」

と問うた。執行官は、知事の命により執行官として云々、と答えた。翁はまた、

「県はこの家の主人熊吉に対し、買収に応ずれば村税を免除してやるとか、あるいは急水留工事に用いた負債も債権者に交渉して帳消しにしてやるとか、あるいはまた急水留破壊費用も免除してやるとか、

筋違いの材料を以ていろいろと誘惑して亡父および祖父名義の土地の買収承諾書を強要したが、それを本人が取消したにも拘らず、その土地はすでに瀦水池として買収済みの如く税務署に報告して徴収令書を出したまま今日に至るも租税を徴収せず、そしてまたその土地を収用審査会にかけて買収しながら、しかも任意に立退けば増額してやるという。一体そんな曖昧なやり方で以て人民の家をぶち壊すとは、その理由がわからない」

と責める。執行官は、

「お話のような事実があれば何れ取調べのうえ回答しますから書面にして提出してもらいたい。今日の執行は適法によりこれから着手します」

と答えた。翁は、

「この庭に祀る氏神の祠は、もと高沙八幡宮を遷《うつ》したもので、三百余年の歴史を持った重要なものであるが、これもぶち壊す考えですか」

と問う。執行官は、

「神社については別に考慮します」

と答えて、翁およびわれわれ家族に対して屋外に出るようにと促がした。その押し問答中、多数の人夫(六十七名という)は、多勢の警官(二百名という)に守られながら家財道具を屋外に運び出し、つづいてドサクサと家屋の破壊に着手した。悠々と屋外に出た翁は、仁王の如く家の前に突ッ立ち、

「当家の主人は買収に応じたものでもなければ、また立退きを承諾したものでもない。県庁の役人が土地収用法を濫用して土地を奪い、家を叩き壊すので、いたたまれないから一時屋外に出たのである。柱一本でも疵つけると絶対に容赦せぬぞッ」

と叫びつづけるのを、木下氏がなだめて庭前の木の蔭に避難せしめた。翁は連日の疲労のため木蔭の荒莚《あらむしろ》に横たわるや、前後不覚で鼻いびきをかきながら午睡をしていた。

午後、東京から三宅雪嶺博士が花圃夫人同伴で慰問かたがた視察に来村、夫人は、「これは私の手製のビスケットですが」というて筆者に贈られ、翁や木下氏に会見したのち、破壊中の島田家をカメラに収めようとしたところ、執行官は拒否した。

三宅博士曰く「栃木県庁は法律による執行だといって白昼公然と打ち壊しをやっているではないか。それを写真に撮ってなぜ悪いか」と。執行官は、「公安を害する恐れがあるから」という。「では公表して見せなければよいではないか」と博士。執行官は「公表しない条件なら黙認します」と譲歩した。博士はこの約束を守り、二十年を経た大正十五年十月、足利友愛義団主催田中翁遺墨展覧会の時、漸く雑誌『我観』にその追悼文と共に写真をのせた。

同家の破壊作業の乱暴なのには、翁はもちろん、木下・星野氏等をはじめ、村の人びとも親戚の者も皆歯ぎしりするほど口惜しがっていたが、菊地茂氏はついに耐えかね、植松執行官に向い、その残酷さを難詰して、「そんなことをする奴は、自分だけは満足でも子孫には必ず盲目か気狂いができるぞッ」と怒鳴りつけた。

この日、母屋・納屋・水塚の三棟とも破壊してしまったため、島田の家族は残った肥料置場で一夜を明かした。そこへ夜警の伏木《ふせぎ》という若い巡査が来て、「たとえ憲法になくとも、執行は法律によってできる」と威張ったのが不愉快でたまらなかった。

強制破壊
第四日

第四日（七月二日）七月二日は熊吉宅の残された建物の継続破壊に、次いで島田政五郎の母屋・納屋の二棟、水野彦市宅の母屋破壊。

この朝、執行官一行が水野方に到り、破壊に着手しようとしたところ、長女リウ（二十二歳）は、

「父が不在ですから、父の帰るまではどのようなことがあっても、私は此家の長女ですので、絶対にあなた方に手をつけさせません」

と拒否して動かず、その毅然とした烈女の如き態度には、皆自から襟を正した。さすがの執行官一行も手の下しようなく、木下氏の慰撫により漸く同女を納得せしめて破壊に着手した。（その後、翁は東京の日本婦人矯風会主催の講演会で、この婦人の毅然たる態度を紹介推賞して満堂の聴衆を感動せしめたことがあった）

この日十時頃、東京の逸見・柴田両氏のほか、かつて警察の圧迫がひどいので、一時帰京していた遠藤友四郎氏もいよいよ最後の強制破壊と聞き、憤激抑えがたく、現場（島田熊吉・政五郎両家）視察かたがた見舞いに来村、路上で筆者に対して、

「谷中の人たちは、田中さんや木下さんの無抵抗主義を守ってただ傍観しているが、こんな馬鹿げたことがあるものか。此際、君たちは決死の覚悟を以て破壊作業の彼等を叩き殺してしまわなければ駄目だ。君たちがやれば、われわれも決して君たちを見殺しにはしない。ここにおいて世論が起り、谷中村復活の端緒となる」

と勧めた。筆者がこれを翁に伝えると、翁は、

「それは単純な青年の感情論から出た危険な考えです。そんなことをすれば本人たちは牢にぶち込ま

れる。その余の人たちは見舞いや何かと手がかかる。生活には困る。結果は空しく共潰れになってしまう。一例をあげれば、鉱毒事件が盛んな頃、僕は常に静粛々々と注意を与えて来たのでしたが、明治三十三年二月十三日、大挙請願の途上、群馬県川俣《かわまた》の利根川の渡船場でこれを食い止めようとする官憲と衝突したため、官憲によい口実を与え、兇徒嘯集《しょうしゅう》事件として被害民の主なるものは収檻され、被害地には毎日官憲が出入して検挙につとめるという有様で、被害民はみな怯えて死人のようになる、離間中傷は盛んに行われる、人心はこの派生の被害事件に気をとられて、大事な鉱毒事件に尽す方が緩慢となってしまって実に大失敗をした。僕はこうした経験もあるし、如何なる時と場合とに論なく、暴力で対抗することは絶対に好まない。われわれはあくまで憲法・法律を正当に実行せしめて谷中村――鉱毒水害地全体――の復活を図るのですから迷うてはなりません」

と諭された。

次いで午前十一時頃、東京から島田三郎氏が慰問兼視察のため来村、水野方に至り執行官と会見し、後刻間明田方の対策事務所で再会することを約し、翁および木下・小山《おやま》（毎日新聞記者）両氏と同じ舟に乗り、筆者と島田平次・佐山梅吉・竹沢釣蔵等がその舟を漕いで村の移堤（明治二十五、六年頃、赤渋沼の外に移した堤防）の破堤所を視察した。巡査も尾行していた。

午後一時、子爵松平直敬《まつだいらなおたか》（貴族院議員）来村、対策事務所に於て島田三郎氏と共に執行官と会して事件の経過を質された。

「人の住んでいる家を強制破壊するに当って、その立退き先を指定せず仮小屋をも用意しないということは政治上最も不当ではないか」

この子爵の難詰に対して、執行官は、法律上そうした規定もないから別段差し支えない云々、と答

えた。子爵は、

「法律に規定なしとするも生きている人間を雨曝しにしてよいという法律がありますか。これは人道上・衛生上許すべからざる罪悪ではないか」

と、責められ、執行官は弁解の言葉もなく、ただ黙するのみであった。

この夜、家を破壊された者は、各戸とも皆露宿したのである。筆者のところも、庭前の畑に竹藪から伐り出した篠竹四本を立てて蚊帳《かや》を吊り、青空天井のもとで一夜を明かすことになった。

ところが、夜の一時頃、大きな雷が鳴り出し、篠つく雨が襲い、七十歳の祖母、生後八ヵ月の幼児など家族八名が一本の破れ傘に固まって、辛くも雨の止むのを待っていた。その時、遠くの方から人声が聞えてくる。巡査の警戒か気のせいかとジッと耳を澄ましていると、雑草の中にちらちら灯が見える。やがて、「やあ、やあ」という田中翁・木下・菊地・星野諸氏のずぶ濡れ姿であった。一行は未破壊の間明田方に泊っていたが、夜間の電光雷鳴を聞き、露宿者の身の上を思って飛び起き、雷鳴豪雨の中、あるところは舟に乗り、あるところは泥水に浸り、またあるところは頭をおおう雑草を押しわけての慰問である。一行は無言の愛撫、至情の涙を筆者の一家に贈って、茂呂家を指して闇の中に消えて行った。

翁時に六十七歳、私はこの老義人の至誠を全世界の何ものよりも有難いと感涙に咽んだことを、いま猶忘れることができない。

強制破壊
第五日

第五日(七月三日)は、どんよりと曇った時どき小雨の降る、いやな日であった。前日にひきつづき、染宮与三郎宅の母屋・納屋の二棟、水野常三郎《つねさぶろう》宅の母屋・納屋の二棟を破壊し、間明田条次郎宅に至りたるも、条次郎宅が対策事務所だった関係で母屋を措いて西納屋の破壊に着手した。

翁は現場を睨むように見ていたが、破壊作業の乱暴を指摘怒号してやまないため、小山の小林署長がひとまず人夫を屋根からおろして注意を与えたのち、再び作業を続行した。

次いで間明田仙弥宅に着手することとなった。折悪しく夫妻共すこしく病気、仙弥は静かな口調で、「いつぞやは藤岡町役場で四部長さんの訓示に、雨が降っても鎗が降っても、人間がいれば抛り出しても破壊するといわれたが、人間を抛り出すという法律があるならば、その法律にかかりましょう。これまで、あれも法律だ、これも法律だというて今日の悲境におとしいれられたのだ。最後の一つを免かれても仕方がない」

といい、夫婦は静然として動かない。それは人間を無視した植松第四部長の暴言に対する、病身を以てする抗議であった。

中津川保安課長が「抛り出す」という言葉の釈明をして説得に努めたがきかず、已むなく一時間の猶予を与えたのち、再び屋外に出るよう勧告したが、なお動かないので、ついに植松執行官自ら指揮して、大勢の巡査が寄ってたかって夫妻に手をかけてかつぎ出そうとするや、それまで黙ってこらえていた田中翁が近づいてこれを制止しようとした瞬間、菊地氏は憤然として二本の腕を突き出し、「何故そんな乱暴をする！　病気で抵抗もしない温良な人の身体に多勢で手をかけるとは何たる乱暴だ。十余年にわたる鉱毒事件のため一時は天下の大問題として騒いだが、ひとたび谷中村強制破壊となって将にこの問題が埋葬されようとする時、軽薄な日本の政治家は誰ひとり来てこれを見ない。だから僕は栃木県の役人がどんなことをするか、これを監視するために来ているのだ。菊地は命をかけ

明治四十年七月，強制破壊された間明田仙弥の仮小屋

てもそんな乱暴を見逃がすことはできない。それが悪ければ、この菊地を検束でも何でもしろッ！」

と、天地も揺らぐような大音声をあげて執行官の前に迫れば、執行官は歩一歩と押されて後に退り、西隣りの間明田条次郎の庭に出た。これを見かねた保安課長が二人の間に割り込む。

一方、星野孝四郎氏は涙と共に仙弥夫妻をなだめて屋外に避難させようとしたが、夫妻はなお厳然として動かず、翁も木下尚江氏も仙弥のいう理窟が正しいので、これを抑えるわけにもゆかず、その成り行きを注視していた。その時、約二十名位の巡査が土足のまま座敷に上がり、前後左右から手取り足取り夫妻を屋外にかつぎ出し、そのあとからたちまち破壊人夫が壁を落す、柱を叩く、煤煙りが濛々と立つ。時刻は午後四時から五時頃であった。（当時の毎日新聞記者小《お》山《やま》東助《とうすけ》氏の記事に、

星野氏がなだめ夫妻自ら屋外に出た、とあるは誤り)

強制破壊第六日　第六日(七月四日)、間明田方の対策事務所には、朝から翁および木下・菊地・星野諸氏をはじめ村の人びとや、親戚のものなどが多数集まっていた。

執行官一行は人夫を引連れ、定刻八時、間明田方に来り、主人条次郎に対して型の如く執行の旨を言い渡したので、一同無言のまま屋外に出た。直ぐ、そのあとから家財道具を運び出し、母屋・水塚・肥料置場の順に破壊に着手、また竹沢釣蔵宅の母屋、同勇吉宅の母屋・納屋の二棟、同房蔵宅の母屋などの破壊に相次いで着手した。

房蔵方の庭前で監視していた翁は、乱暴な破壊の仕方を見て烈火の如く怒り、現場の指揮者に対し、「いかに強制執行というても、そんな乱暴なぶち壊し方があるか！　房蔵さんとその庭前の幸次郎(通称幸蔵)さんは兄弟です。同じ屋敷内にありながら、幸次郎は執行直前立退きを承諾したのでそのままにして、一方、房蔵に対してはこの乱暴狼藉。だが幸次郎も任意に応じたのではない。昨年の七月、僅かばかりあった麦を不当な村税未納のため差押えられた。ところが間もなく洪水が出てその麦俵が水浸しとなるので、妊娠中の妻ふじさんと共に兄房蔵の家にかつぎあげた。それには差押え品を水で流してはならぬという責任感もあった。しかも、ふじはこの水中の過激な労働が障って急病に罹ったが、洪水のため寝るところもないので篠山の実家に避難した。ところが、その実父渡辺寅吉という人もまた病気のため、互いに手当が届かず、ふじはついに流産をして死亡、ついで実父も亡くなり、一家一族の大騒ぎとなり、暴風激浪中ふじの死体を房蔵方に引取ったが、墓地が水中に没して葬るところがないため、納棺してまた難船しそうな小舟で一里半を距てた藤岡町の宝光寺《ほうこうじ》まで送るという悲惨事があった。このことに懲りて親戚がこぞって幸次郎を抑えつけて無理に立退きを承諾させたため、房蔵一人がこのぶち壊しにあうことになったのであるが、何という乱暴な話だ。これで日本の政治が執れるか」

と責め、また破壊中の人夫に向って、

「貴様らはこのぶち壊しを何と心得る。貴様らも同じ日本人ではないか。いかに頼まれたからといって、同じ日本人が日本人の家を再び用いられないようにぶち壊すとは何事だ。そんな悪事をする奴は天罰が当って、みんな悪病になってしまうぞッ」

と怒号したので、人夫たちは顔を見合わせて、ちぢみ上がった。

この日、東京の日本婦人矯風会の矢島楫子《かじこ》・島田三郎夫人信子の両女史がみえ、村への慰問品を贈られた。筆者も庭前の老榎の下で、小型の聖書三冊を頂いた。

強制破壊
第七日

第七日（七月五日）は前日にひきつづいて、竹沢房蔵宅の残り分と宮内勇次宅の母屋・納屋および附属建物等も破壊し、次に悲劇の突発であとまわしになっていた渡辺長輔宅の母屋・納屋二棟の破壊を最後として、ここに残留民十六戸の家屋は悉く破壊しつくされてしまった。

そして、島田熊吉・島田政五郎・渡辺長輔・水野彦市・染宮与三郎の破屋材は、茂呂松右衛門の破屋材と同じく篠山境の北村太一郎の屋敷跡へ、また水野常三郎・間明田条次郎・間明田仙弥・竹沢釣蔵・同勇吉・同房蔵・宮内勇次の分は一里半を距てた藤岡町鹿島神社の境内へ舟で運んで、何れも野積みにしたのである。

この日の午後三時頃、中山知事は部下を引連れて得意そうな顔をして渡辺長輔方の庭前に現われ、

長輔および染宮与三郎などに対し、

「あちらの方のように土間に寝ていては身体を悪くするから、早くどこか見つけて引越すがよい」

といい、また筆者に対しては、

「そんなに見に来ていても仕方があるまい」

というので、筆者が、

「見ていなければ人夫がどんな乱暴するかわかりません」

と答えると、知事は今度は星野氏に向って、「どうです？　星野君」

星野氏は、

「僕らは一向にわからぬです。あんな少しばかりの補償ではすぐなくなってしまう。もっとたくさん金を出さなければ家も何もできはしない」

この答に知事は苦笑して去り、渡辺方の庭前で現場の役人たちと共に記念撮影をして引揚げた。この凱旋式のような知事一行の写真は見なかったが、宮内氏の家族が粗衣をまとい、裸足のまま、足の踏場もないような破屋の跡で撮った、その緊張した凛然たる容貌態度の写真には、自から頭の下がるものがあった。

その日の夕刻、東京から出張していた各新聞記者団が帰京することとなり、間明田（粂）方の大榎の木で、村民と別れるに臨み、朝日新聞の太田三郎氏が記者団を代表して、

「いろいろと長い間お世話になりましたが、県の強制破壊も終り、私共の使命も一応無事に果たしたので帰京しますが、諸君はお身体に気をつけて」

と、目に涙をたたえて挨拶し、金一封（十円と記憶する）を置いて一行は舟に乗り、例の大新堀《おおしんぼり》（堤内の

排水路）を漕いで行くこととなった。

水深は僅かに二メートル位、堀は一面浮藻でおおわれ、ところどころに小さな丸い葉の中に黄色な花をつけた水蓮が浮いている。また、棘《とげ》の生えたグロテスクな大きな鬼蓮の葉が浮かび、ところどころに紫の花が咲いている。舟がその上にすべりこむたびに、ぷくんぷくんと音をたてる。左右は真菰《まこも》や蒲《がま》の葉が青々と伸びて、初夏の微風に揺られている。時どき水鳥が驚いて飛び立つ。遠近《おちこち》の草原で、葭切《よしきり》がさかんに啼いている。右手遙かに富士や浅間の山やまを見、左に筑波山が浮かんでいる。

記者団一行は、先ほどまでの生まれてはじめて見た強制破壊の惨劇の過中から、にわかに詩的水郷の景色に、われを忘れてながめていると、田中翁は、たとえ一言でも谷中で真実を訴えたいとの熱望から、

「皆さんは、この左右の真菰や蒲の生えているところは、一見原野か池沼のように思われましょうが、これは先年まで立派な田圃で稲が豊かに実っていたところでがした。それを栃木県庁の役人――銅山党は堤防を復旧しないばかりか、村民が志士仁人の寄附と血と涙で修築した麦取堤防をわざわざ人夫をかけて破壊し、年々洪水をいれて耕作を妨げ、池沼か原野のように荒して二足三文で買収しようとする。これは買収でなく、略奪です。それに村民が応じないからというて、此度のように人民の住んでいる家を叩き壊し、生きている人間を雨ざらしにする。非道というか乱暴というか、どうぞ諸君の公明正大な筆でその真相を社会に訴えていただきたい。お話は到底この舟の中では尽しきれませんが……」

と憤りをこめて訴えた。

やがて舟は下宮稲荷森《したみやとうかもり》の堤防に着いたので、翁はここでも目の前にある排水器の跡を見ながら、そ

の罪悪史を説明したのち、村の人びとと共に古河駅まで送った。記者団は、一部の人が紙屋旅館に残ったほかは何れも六時四十三分の列車で帰京した。

その帰途、村の人たちは互いに顔を見合わせながら、「これから帰っても寝るところがない」と淋しい歎声をもらした。

この夜遅く、田中翁と菊地茂氏は、東京から視察に来た大学生某と共に、筆者の網代小屋で一夜を明かすこととなり、ひとつの蚊帳に家族と一諸に雑魚寝をしたところ、せまく暑くて寝苦しく眠られないでいると、菊地氏が夜中に突然、「火事だ、火事だ!」と大声をあげて飛び起きたので、眼をあけてよく見ると、蚊帳の中に入った蚊を母が焼こうとしたローソクの火を菊地氏が火事と錯覚しての大狂言。翁はその風習に馴れているので騒ぎもしなかったが、菊地氏の驚いた様子が面白かったと後のちまで一つ話になった。しかし、これが翁と菊地氏の仮小屋生活の第一夜であった。大学生は翌日、兄熊吉の案内で、村の破堤所を見て帰った。

翌六日には、中津川保安課長が執行調書に調印を求めて廻ったが、事実があまりに相違しているので、兄は捺印を拒否した。たまたま残留民を巡回慰問中の木下・菊地・星野氏等と、筆者のところで逢うや、保安課長は平身低頭、ことさら辞を卑うして丁寧に挨拶した。その態度が如何にも不自然に見えた。

谷中廃村に風雨強し

七月七日には五月雨《さみだれ》の降るなかを、東京から今村・花井・卜部・石山の各弁護士・仏教の田中弘之氏兄弟、画家の池上文遷および萬朝報の記者某氏ら破壊の谷中村視察慰問のため来村。翁・木下・菊地・星野氏等が案内。残留民数名舟漕ぎに当る。各所で写真を撮り、池

上氏はスケッチブックにおさめた。その紀行文に、

時は明治四十年七月七日午前七時三十七分に上野を出発した。谷中視察というからとの意味ではないが、三等の箱のなかに入ってごうごうがたがたの響きに、一箱種々な思いを乗せて古河に着いたのは九時を過ぎる四十分。田中屋の楼上で一同休息した。一同の名前を書けば田中正造翁――

と、一行の氏名を書いたのち、

町のはずれが例の思川、向うが毒流岸を嚙む渡良瀬川、思川。渡賃五厘で渡って向う岸の茶店に行く。お役人様がチャンと張り番をしてござる。御苦労千万といおうと思ったが、よした。そうだ、二、三人正服《（ママ）》もあり角袖（編者注、制服・私服の警官）もあり、僕等をキョトキョト見て居った。そのうちに例の排水器の堤にと出た。

正造翁大声を発して、さて皆様、と百姓帽（島田注、小型の菅笠のこと）を脱し、豪然と堤上に立った。一瞬の光景実に最も我々の胸中に深き印象を与えた。見渡せば荒漠只点々として毒水のたまりあるを見るのみ。嗚乎、之が我が関東の原野かと叫ばざるを得なかった。（中略）一同只黙然として船に乗って、いよいよ谷中村に乗り出した。船は彼等村民が船頭となって棹さして草茫々たる間を、押しのけおしのけ進行した。後の方に乗り出したのが査公《ポリ》の船。僕は賊船来れりと叫んだ。菊地君起って、ああ来た来た、と。木下氏は沈痛な音調を以て今村氏へ、しきりと慷慨談をしている。僕は向うに見える遠山を見て居った。船は益々進む。草は益々茫々。こんなところは日本全国ただこの谷中村のみ、この僕等の船の下は是れ関東第一の良田良地であるのだが、このような沼同様にして而して今日亦これを水たまりにしようというのだから、その何の解《わけ》だかわからない。（中略）

そのうちに船は間明田氏の裏手に着いた。この家が最終の破壊なのだ。家の周囲には柿・楢・竹

林・樫など雑木みな新芽をふいて涼風肌を吹くといいたいのだが、実は腥風面を吹きて転《うた》た感に入るので、木下、菊地君の野宿された野店《やてん》で休憩した。

「皆様御覧の通りでがして、とてもお話にはなりません……」と、正造翁の嘆声は一層非壮にひびきわたった。「どうでガス、この樹木がこれみなで只の十六円、どうでガス、これが只の十六円。樫の如きは高さ二丈余、周りは二人で手をつなぎきれぬばかり」と。主人曰く、「この木が二百年経っております、はあ」と。以てこの家が旧家たることが知れる。ぶち壊された人為的亡国民の家の跡、ただ炉だけはこれ程の旧家であるから壊すにも一層手がかかるからして、そのままにしてある。それに井戸、その炉は三本木を立てて、その下へ木屑を燃して我々に茶を吸す(ママ)仕度をしている。折柄、雨がポツポツやってきた。

「これはどうすべい、こう降られては困るだんべい」と、さすが猛き此家の主婦が叫んだ。あたりに響く雨の声一層ものすごくも非壮に感じた。水禽がガアガア己れの住所をさして帰ってくる。ああ彼まで住家は全く壊された。この時僕は、先日九重の雲深き御手元に養われし鵝鶴《がすい》(島田注、鵝はアヒル、鶴はツチクレバト)のことが新聞にあったのを思い起し、もしこの谷中村民のことが一朝乙夜《いつや》の御耳に達したらば如何に震襟を悩ませ奉るであろう。(中略)斯くの如き民が存しているとは陛下は夢にも御覧遊ばさるまい。僕は茫然として眼を水禽にそそいだ。

雨は一層烈しく降って来た。この家では仕方がないので、野店に菰をかぶせて雨を凌ぐことにした。近所二、三軒みな如斯《かくのごとし》。そのうちに握り飯を作ってくれた。(中略)又、乗船して島田梅吉氏(島田注、茂呂松右衛門の倅吉松の誤)宅の光景を見た。これは梅吉(吉松)あまりの事に精神に異常を生じ、赤裸々となり先祖の位牌を抱き、さあ家をブチ壊すなら俺から先に叩き殺して行け、と庭前にどっかと坐して掛り員《(ママ)》を困らした家なのじゃ。このときの有様は実に今日この世界に見ることの出来ない光景、悲惨というか実に思い出しても恐ろしい、と木下君は感に打たれて暫しその家を見つめていた。ここもやはり菰で周囲を囲って雨露を凌ぎつつある傍らに、作りかけのとうもろこしや豆が無惨にも踏みにじられて、見る目皆涙、ただ幼き児童は喜々として我等の来りしを喜んでいる。ああ、ああ。

　それから、又船に乗って破壊材木の積んであるところに行ってみた。査公《ポリ》が一人つくねんとして番をしている。堤外地は依然として家がある。堤上に上れば左方一面谷中の広漠たる、点々として見ゆるは村民の墓標なり。嗚乎地下の祖先は如何に『憂しと見し世ぞ今は悲しき』と口詠《くちずさ》んでいるであろうと、いろいろの感想を起して堤上を帰路につく。途中、午頭《ごず》天王の前にて休憩す。木下氏曰く、この午頭天王は昔時霊現いと崇高のものにて、領主が社前を通る時、馬が非常に荒れたので社を側面した（島田注、社の向きを側面にした意味）のじゃそうな。正造翁、いまは谷中の民は斯くの如く悲惨な境遇にいる、神霊あらば一日も早くこの困民を救い給え。

と祈った、という奇談を書きとめ、五時半田中屋についた。発車まで一時間あるので、一行は階上に休み、文遷氏は花井・今村氏等らに促がされて記念の絵葉書など描き、翁も請われてこれに讃し、あるいは「辛酸入佳境」の扇面などを揮毫し、またスケッチブックのはじめに、

「亡国に至るを知らざれば是則亡国也。右明治三十三年衆議院に於ける質問の一ヵ条。四十年七月七日書、六十七正造」

と認めたのち、一行を見送って田中屋に泊り、木下・菊地両氏は萬朝報の記者と共に夜半豪雨をついて、仮小屋の設備もない谷中に帰った。

翁はその夜、このことを逸見斧吉氏宛の手紙で、

(前略)萬朝報記者も今夜木下氏に同行して間明田に行き露天に一泊すと言うて、此降雨を突いて水村に入れり。木下氏も顔色黒くなり、管笠のまま古河町まで弁護士一行を送れり。菊地氏亦同断、菊地氏は単衣フランネル垢つき昆布の如し。星野氏ズボン靴のまま脛以上の泥水を漕ぎ歩行、靴もズボンも皆泥にまみれて怖ろしき有様なり。矢島女史七十五、正造の勇健は及ばざる遠し。(後略)

と述べ、翌八日、また同氏に対し、

(前略)昨夜は正造疲れて田中屋に泊す。久々にて安眠八時間、木下君外萬朝報記者は、途中痛く雨に濡れて谷中に帰りそのまま、仮小屋に眠りしや否や。

と書き送った。

また、この夜半の豪雨中、篠山の佐山茂八氏は残留民に同情して網代を買い求め、長谷川定吉《さだきち》・茂《も》呂《ろ》竜太郎両氏の協力で、これを荷車や舟に積み、各戸へ一枚ずつ寄贈してまわった。翁も村民もその徳に感謝して、翌日御礼に行った。

八日も雨、明治大学生視察。福田英子・石川雪子・大沢ふみ子諸姉慰問のため来村、この頃、福田姉の世界婦人社はその紙上に広告して、残留民のため金品の寄附募集をしていた。

九日も雨、制服の巡査が残留民各戸に立退きを勧告してまわった。

十日も雨、巡査二名また立退き勧告のため巡回。

十一日風雨、津田仙夫妻および電報新聞婦人記者、翁の案内で視察。北沢楽天の漫画「谷中村の人造洪水」をのせた雑誌数十冊とお菓子を慰問品として頂いた。

四　強制破壊のあと

七月十一日、植松執行官は、残留民に対する告知書として、次の書面を交附した。

植松執行官より告知書

今般、谷中村大字内野、同下宮の残留民十三戸、及大字恵下野官有堤上の三戸に対し強制処分を為し家屋は之を取解《とりと》き、其材料は之を藤岡町大字内野字篠山、高沙の官有地、又は同町大字藤岡字新町鹿島神社境内、及大字恵下野雷電神社境内に移転したり。就ては右各戸人民は此際各其住居を定むるに至るまで、県に於て字篠山又は鹿島神社境内の官有地に一時仮小屋を作ることを許したるに、未だ該所に引移りたる者無く、其儘旧所有地に占拠し居るは固より不当なるのみならず、家居住居の設備なき場所に不完全極まる小屋を掛け、辛うじて雨露を凌ぐが如きは、衛生上より見るも寒心に堪へざるものあり。就ては此際速かに篠山其他任意適当と信ずる所に引移るべく、若し其希望する箇所にして或は河川法の敷地に係《かかわ》り、県知事の許可を要する場合、又は其他の官有地に属する如き場合には、相当手続きにより速かに其旨申出を為すべし。尚又各戸に属する取解たる家屋の材料は之を前記篠山其他の場所に移転し、夫れぞれこれを各自委附し既に其任処意分に帰したるを以て県に於ては固より之を保管するの責なきも、此際混雑の折柄、取締の為一時巡査を配置し置きたるも、強制処分以降已に十数日を経過し、物件の移転処分は一応終了したる今日、右取締巡査は之を引揚ぐるに依り、今後は各自に於て相当の処置を為すべし。

という書面を交附した。

いかにも親切らしく見えるが、一片の図面番付も作らず、再び用いることのできないようにぶち壊しながら「取解き云々」といい、あるいは「字篠山又は鹿島神社に仮小屋を作ることを許したのに不完全極まる仮小屋で辛うじて雨露を凌ぐが如きは衛生上より見るも寒心に堪えない云々」とあるが、それほど親切心があるならば、破壊前に立退き先を用意すべきではなかったか。

殊に前記の場所は猫の額大《ひたい》の狭隘なところへ破屋材が散乱しているため、小屋掛の余地などは全然なく、また破屋材は各自において処置せよと押しつけて、今後起るべき一切の責任、すなわち人民が雨露に曝《さら》されて病気になっても、洪水が来て溺れても、それは人民銘々の自業自得であるという責任の転嫁状に過ぎないが、当時はいちいち反駁する余暇もなかったために、ただ黙殺していたものである。

十二日風雨。

十三日雨。

十四日曇。

十五日、ようやく晴天を見た。この日、東京から高橋秀臣氏のほか大政貫一・蔵原惟郭《くらはらいかく》・高木正年《せいねん》(盲目のため令息付添い)各代議士視察のため来村。

こうして谷中事件は、田中翁の熱誠と、残留民の犠牲と、そして志士の援助によって、漸く世上の注意をひくようになった。

強制破壊後の仮小屋生活

強制破壊終了後のいわゆる残留民は、台風でも去ったあとのような気持で、否な耐えがたき憤怒の情を抑えながら、破壊された跡に自分の手で、原始人の住むような仮小屋生活を掛けた。

屋敷内の木の枝や竹を伐って柱の代用とし、隣町村の有志や親戚から贈られた網代や道ばたの葦茅を刈り取って屋根を葺き、破壊人夫が運び残した雨戸や古板などを壁垣の代用とし、地面に麦藁を散らし、莚菰などを敷いて寝床とし、辛うじて雨露を凌ぐといいたかったが、実は雨漏りが甚だしく、とても凌ぐとはいえなかった。降雨があれば、明日にも浸水の危険に曝されている畑の仕事、または漁業等を営んでいた。

そして、その後も毎日東京やその他の有志が視察に来るので、村民は数名ずつ交代で送り迎えをするのが一役であった。

古河町方面から来る視察人は、いずれも下宮・稲荷森の堤防まで出迎え、ここから漁舟で谷中の堤内を漕ぎ出し、対策事務所だった間明田(粂)の家跡に案内して、それから順次に破壊された家々の跡、あるいは破壊して運び出した材料置場、まれに破壊所などを案内し、それが終るとまたもとの稲荷森に舟を着けて、古河駅まで見送って帰る。これが日課のようなものであった。

こうして視察して頂けば、その方々の力で世論が起り、県や政府が反省して谷中村の復活ができるという一縷の望みがあったのと、自分らの境遇に同情して、遠路わざわざ御見舞いに来村される親切を思うと、実に感謝にたえなかった。が、日の経つに従って村民の気がゆるみ、病人なども続出して、翁の気苦労は一通りではなかった。

東京有志、谷中村救済会の結成

かねてこの事件に同情していた東京の有志は、谷中村の強制破壊という最後の悲劇を見て、急に谷中村救済会を結成した。

その主なる顔ぶれは、島田三郎・三宅雄二郎（雪嶺）・大竹貫一・高木正年・高橋秀臣・田中弘之・今村力三郎・花井卓蔵・卜部喜太郎・桜井熊太郎・塩谷恒太郎・川島仟司《せんじ》・信岡雄四郎・新井要太郎・安部磯雄・逸見斧吉・柴田三郎・菊地茂その他の諸氏で、ひとり木下尚江氏だけは加わらなかった。

七月二十一日、残留民は右の救済会に対して、島田栄蔵ほか十九名の連署を以て「憲法及び国民の生命権利に対して安全保証を与えられ、人道の為めに臨時救済の方法を立てられ、併せて谷中村の土地復活を期せられたき請願書」と題し、二十六カ条にわたる当局の秕政をあげ、「我々は世に如何なる法律ありとするも、官吏が人民の家屋を破り、田圃を奪うに至りては最早や生命を奪わるるの外なしとの決心に候間然るべく御計いの程願上候」という長文の願書を提出した。

不当価格の訴訟を提起

一方、救済会は前項の村民の願書とは別に、救済会独自の立場から、買収価格に関する訴訟問題、残留民の居住問題、政治問題、救済資金の造成などを取り上げ、まず期限切迫のため、県庁に対して価格不当に関する訴訟を提起すべく、同じ二十一日、法曹家信岡雄四郎氏らの一行は谷中へ出張した。

けれども、みな家屋を破壊されて相談する場所もないため、已むを得ず堤外（谷中村は戸数四百五十余戸のうち三百八十余戸が堤防を以て囲まれていたので、これを堤内と呼び、その他の七十余戸が河川に近く、堤防の外になっていたので堤外といっていた。すなわち、河川から見れば内外は逆になる）の同志鶴見平五郎の家を借りて、そこに集まった。鉱毒事件以来、篤志を以て尽力してきた信岡弁護士は、救済会一行の来意を述べたのち、「今日は田中さんには御遠慮して頂いて、直接に村の方がたと相談したい」と前置《まえおき》して、

弁護士「土地収用法によりますと、補償金額すなわち買収価格に不服あるものは通常裁判所に出訴することを得、という規定がありますから、この安い価格につき知事を相手どって訴訟をすることにしたい」

村民甲「御親切は忝ないが、私たちは谷中村の回復を希望して、いろいろな困難と戦ってきたのですから、買収金についての訴訟でお骨折を願うかわりに、谷中回復のため御尽力を願いたいと思うが、皆様如何でしょうか」

村民乙「それがよかろうと思います」

弁護士「勿論、谷中回復については政治問題として大いにやるつもりですが、価格の一点だけでも黒白を明らかにするということは必要なことでしょう」

村民「買収格価に不服なことは勿論ですが、私共が今日まで県の買収に反対してきたのは価格が安いばかりではなく、谷中を買収することが無益有害なため、これを回復するのが目的ですから、今更価格のために費用をかけて訴訟するのは面白くないと思います」

弁護士「費用は東京の救済会で負担しますから、決して諸君に御心配をかけません」

村民「お骨折りをかけた上に、費用を出して頂いて、たとえ訴訟に勝って買収金を多く取っても、谷中村が回復すればその金は返さなければなりませんから、別に多くする必要はないと思います。そ

れに価格のことをいうと、何だが私欲にからむように見られて残念です」

弁護士「買収価格の安いということが公明正大な裁判で明らかになれば、それだけでも政治問題——即ち谷中村の復活——を有利に導くことができますし、また買収金を多くすることが私欲にからむように見られてまずいとすれば、学校かまたはその他の公共事業に寄附でもしたらよいでしょう。当然取れる金を取らずにおくということは、与えられた権利を粗末にすることにもなりますから……」

田中翁は、傍で終始この会談を聞いていて歯痒《はがゆ》く思っていたが、前以て遠慮して欲しいと断わられているし、鉱毒事件のため多年親切に無報酬で尽力された弁護士諸氏の言葉でもあり、また一般法律家として已むを得ない見解であろうが、買収ということを根本から否認してきた残留民が買収金増額の訴えを起すことは、すなわち買収を認めたことにもなるので、内心困ったものと思うていたが、容喙《ようかい》するのも失礼と考えて意見を述べなかった、と後日聞かされた。

残留民たちも、「おまかせ申すことはできません」と断わるのは却って失礼のようにも思ったので、この日は結論を出さずに閉会した。

越えて二十七日、再び鶴見平五郎方に弁護士諸士が見えたが、村民是非をいうものもなく、勧められるままに訴訟提起の委任状に調印して、訴訟費用は一時供託してある田中翁の土村買収金を以てこれに充てることとなった。そのため、翁にかわって信岡・星野の両氏が宇都宮に行って供託金を受取った。

翌々二十九日、東京の石山・今村・花井・小川(平吉)・川島・卜部・信岡・近藤(定喜)・新井・桜井・塩谷、栃木の茂木各弁護士が地区外在住の所有者(金融の関係や権利主張のため谷中村の土地を便宜上買受けた人びと)のうち、安倍磯雄・石川ゆき(雪)・石川三四郎・小野吉勝《よしかつ》・福田英(福田英子の戸籍名は英であった。ここでは訴訟記録を写したため英とする）・幸徳千代（秋水夫人）・宮崎ツチ・逸見斧吉・近藤政平諸氏（堺為子その他の諸氏などは、委任状をとりまとめる余暇がなかった）および田中翁が残留民ら三十二名の代理人となって、「土地収用補償金額裁決不服の訴」を宇都宮地方裁判所栃木支部へ提起した。

請求の原因は、

一、被告（栃木県）は栃木県下都賀郡旧谷中村を瀦水池と為さんことを企て原告等所有の地所を其敷地と為さんが為めにこれを収用し、建物其他の工作物の移転を強要したり。

一、土地収用審査会の裁決したる補償金額は頗る低廉に失し、原告の服従する能はざる所にして、原告は請求の目的に掲げたる不足金の弁償を得るも尚ほ一大譲歩なりと信ず。

一、土地収用審査会の裁決書は、明治四十年五月一日若くは二日に送達せられたり。

其他詳細なる事実理由及計算書は追て提出すべし。

というのであった。

洪水のなかの仮小屋残留民

強制破壊の終った翌八月の半ば過ぎから、再び雨が降り出し、二十四、五日には東北よりの暴風雨となり、各河川増水、殊に利根川からの逆流甚だしく、谷中村附近に於ては明治三十五年以来初めての大洪水となり、渡良瀬川沿岸の堤防は次からつぎへと欠壊して、東西十里・南北六里にわたる一大湖と化してしまった。

田中翁は古河町の出先でこの洪水に遭い、時々刻々と増水してくる状況を、三国橋附近で調査していたが、谷中の仮小屋の人たちを思うと居ても立ってもいられず、また古河町には水害被害民雑踏のため宿るところもなく、翁は濡れた着物を着のみ着のままで移住民の家や船中に仮寝して東奔西走、二十六日には、病をおして野木村野渡《のわた》の川島という船問屋（回漕業者）で高瀬船（米・味噌・醬油・建築材料などの荷物を運搬専用の船で、浅瀬でも航行可能なように底が平。渡良瀬川の同船は京都などのそれと異り、大型であった）を雇い、水と米を用意して、萬朝報の記者と同乗して谷中村に入り、恵下野から北古川へと向った。（編者注、木下尚江編輯国民図書版、昭和三年発行『田中正造之生涯』四六八頁、八月二十四日逸見氏あて書翰参照）

恵下野に行き着いてみると、仮小屋もろとも流れてしまったかと憂慮していた残留民は、堤外の同志島田栄蔵の家に元気で避難していた。

北古川の人びとは、何れも仮小屋の中に小舟を浮かべ、あるいは木につかまって激浪に揺られながら、案外平然としていた。殊に、水野常三郎の如きは病体を小舟に横たえ、浪の寄せるたびに、しぶきを頭から顔から一杯に浴びて、全身ズブ濡れとなっているにもかかわらず、翁の好意を固辞して避難しない。翁は涙を呑んで水野と別れ、外野の染宮与三郎を訪れたが、仮小屋も人影も何もなく、屋敷跡の竹や木の梢に無数の鼠がよじのぼっているばかり。どうしたのか様子を聞く家もないのでそのまま南進して、古川の水野彦市の屋敷に漕ぎ着けた。

この家もまた染宮と同様人影もなく、尖端ばかり見える竹と梢まで浸った樹木のみ水中に立っていた。翁はいよいよ不安に襲われながら西進して高沙の茂呂宅を見舞い、島田政五郎、同じく熊吉の両家と渡辺長輔の家のものは、旧榎店近傍の堤防の上に避難したことがわかり、船上からその安否を問うて、赤麻沼に近い横堤《よこずつみ》の宮内勇次を訪ねたが、主人が留守居して、家族は藤岡町篠山方面に避難したことを確かめた。また行方不明ではないかと心配していた染宮と水野（彦）は、南方渡良瀬川沿いの花立《はなたて》の堤防が浸水を免かれていたので、そこに避難して戸板をかざして減水するのを待っていた。

明治四十年七月，強制破壊された、水野彦市の仮小屋

島田両家と渡辺の家が避難した先は、藤岡・古河間の県道から堤内の高沙に入る道ばた、三峯《みつみね》神社の小さな石祠の傍であった。筆者の一家は、避難する際に持参した雨戸二枚を斜めに立てて屋根とし六尺平方の物置の板一枚を床板にかえて、ここに上半身だけを入れて一夜を明かすこととした。

ところが、折悪しく夜半暴風雨が襲い、風向きが西に変ったため戸板を吹きまくられて、全身ズブ濡れ、真ッ暗のなかに動く渡辺の家族も政五郎一家もみな同様の騒ぎであった。こうした困難と危険に直面しながら、ひとりも居村を離れようとしない残留民の決意を、翁は激賞した。

その翌日、荒畑寒村著『谷中村滅亡史』が田中翁宛ての小包便で、筆者の避難先に配達された。発禁直前に送られたものである。

その頃、下都賀郡役所の吏員と藤岡町役場員が、「焚き出し飯」のかわりに米を持って恵下野の島田栄蔵方に到り、県の臨時救済米持参の来意を告げた。島田老人はこれに答えて、

救済米、硬骨の正論

「この水害の中、はるばる救済米を御持参下さるのは有難いことですが、考えてみるとヘンなものではありませんか。一体この水害はあなたがた、すなわちお上の方がたが、故意に瀦水池という水溜りを作ったために増大した洪水です。御自分らで殊更水害を作ってわれわれを苦しめておきながら、救済米を出すとは人を馬鹿にするのも程がある。われわれはたとえ餓え死するともそんなものなど貰《もら》って食べることはできませぬから、早速持って帰ってくれ」

と断わった。すると吏員は、

「これは地方費の中から当然すべきものを出したもので、これを受けたからとて別に権利に傷つくものではありませんから、お受け願いたい」

と繰返したが、島田老人は避難している佐山・小川・川島などと相談した上、

「片手で撲り殺しながら、片手で末期の水をやるというような扱い方は真ッ平御免であります」

と言い切って、さっさと物置の階段を昇ってしまった。

翁はこの話を聞いて、かかる危険の際にアアいう正論は容易に出ないものですが、水害激浪の中に立ちながらよく実行したものだ、と後のちまで感服していた。

第三章　谷中村復活闘争の出発

明治四十年九月〜明治四十一年

一　再建へ一筋の道

買収真最中の明治三十九年七月十六日の洪水で、谷中はすでに潴水池となっていたにもかかわらず、隣接町村は何れも破堤浸水の憂《う》き目にあい、更に翌四十年八月二十五日の大洪水によって、潴水池が無効であるとの現実を一層強く天が証明した。

谷中潴水池の無効性を天が証明

そのため翁は、四十年九月三日、「利根川洪水激流区域関係町村有志」の名を以て、「利根川逆流水害善後治水策項目」と題し、「関宿・江戸川水門を狭めた事は流勢を阻むものなるにより之を原形に復すること」以下九項目にわたる被害の原因と、これが除害の方法を列挙した印刷物を、貴衆両院以下各方面に頒布し、次いで九月十一日「利根川逆流地方有志」の名を以て、左の檄文をとばした。

邑楽《おうら》郡西谷田《にしやだ》村（群馬県）の水害が館林《たてばやし》の西方二十一丁に達し、その水害は利根川の逆流水なることを発見しては又前代未聞なり。回顧三十五年、鉱毒地方有志、銅山附近の山々を調べてその瓦解に驚きて曰く、他年に必ず邑楽郡一円泥中埋む《（め）》られん云々と。之は渡良瀬川を論じたるものなりき。然り而して本年は幸い二十九年の洪水より五、六尺低く、佐野の南、堺村辺に来るも尚二尺低きに拘らず、利根川の水勢、川辺、新郷の中流を逆りて海老瀬村を突き、西谷田村を破り、その勢い館林以上に達すとせば、如何に山河の荒亡せるかはこれを判するに苦しまん。若し今渡良瀬川の大洪水併せ至らんか、今回よりは一層甚大なり。今回は思川の水も低きに古河町悪戸《あくと》及び新郷は破られたり。その水量は二十九年よりほぼ一尺四寸高かりし。これ皆利根川の逆流なり。これに加うるに千葉県関宿の水門を狭《せば》め、つとめて流勢を阻《はば》ましめ、また埼玉県川辺村の境を西に移して逆流の関門を広げ、谷中の境を開放してより逆流は前に数倍し、その水勢は西に邑楽郡十一ヶ町村、東に猿《さ》島《しま》二十四ヶ町村に及び、下都賀郡南部七ヶ町村もまた同一の結果なり。谷中村の如きは六ヶ年にわたりて水害を継続す。今回の洪水によりて何人も利根川の逆流を招きたるるものなりということを知れり。谷中村は已に六年間無堤地同然、すなわち堤を砕きて開放し、逆流を迎えて四隣の災害を致したるものにあらずや。之をしも四隣町村のためなりなぞとせば、これ無稽の揣言をつくり尚過ちを顧みざるものなり。見よ、下流は利根の水勢を阻み、一方上流は山岳を崩壊し、洪水を激大にし、或は逆流口を広げて故《こと》さらに瀦水池を造り終いに四県四十ヶ町村を残害せしものなり。而も天は事実の証明を為せり。

見よ、利根川逆流によれる四県の災害を見よ。苟しくも国を思い民を思い、社会を思いその身を思うものは、今回の洪水を見て已往の誤りを改めざるべからず。（草稿）

以上の如く、翁は生《なま》なましい洪水の現実をとらえて、当局の誤策を更改するよう、ここに第一声をあげたのである。

悲惨な谷中水中の墓地

これより先、東京の谷中村救済会は、神田乗物町の田中弘之氏方に事務所を置き、残留民の居住地問題に乗り出した。

目前に雨露を凌ぐことさえできない網代小屋や、戸板の蔭に麦藁を敷いて起臥する残留民の、あるいは病人となりあるいは洪水に襲われる悲惨の状態を見聞している救済会は、この残留民を一日も早く安全地帯に移さねばならぬという同情心から、しばしば栃木県庁に中山知事を訪ねて、買収の不当は勿論、強制破壊に当り前以て適当な立退き先を選定しなかったこと、および祖先の墓地に対する改葬料もなく、そのまま濁水に没して顧みないのは、人道上失当も甚だしいと論難抗議した。

すなわち、田中弘之氏は同年九月二十日の『東亜の光』誌上に、「悲惨なる谷中水中の墓地」と題して、

谷中村の墓地は谷中村民が数百年以来祖先祖父母を埋葬し、子々孫々年忌追善の弔祭を営み、報恩追孝の誠を捧げつつありしなり。

然も全村は瀦水池たるべく定められ、土地買収と同時に四百五十戸数百年来の墳墓地は一坪三銭三厘てふ価格を以て収用され、今や濁水の浸すところとなり、葭芦《よしあし》・真菰の如き雑草は繁茂して俄かに墓碑の存在すら見分け難きに至れり。

村民が祖先の霊に対する哀情や果して如何ならん。死すとも祖先墳墓の地を去らずとの覚悟を懐くに至る。その憂愁や察すべきにあらずや。これを中山知事に質《ただ》せば、曰く、墳墓は買収したり、土地の枯骨は法律上一個の器物同様なり、村民のこれを発掘して持ち去ると持ち去らざるとは一に彼らの随意にして、県庁の敢えて関するところにあらずと。予曰く、予輩は法律を知らざるも、法律上墓地はその埋骨と共に買収するを得るや否やを疑えり。

と、内務省令を引用して、

彼等は刑法にいわゆる墓地発掘云々の箇条は単に死者を一塊の器物視し、衣服その他の追葬品を盗むもののために設けたる如く解しておれり。予輩は断じてかかる不倫の邪想を排す。

と、古事記・日本書紀における祭祀の例をあげ、
谷中村民の墳墓を水中に遺棄せしむるが如き、不親切なる行為を悔い改めざるべからず。
と論じているが、県当局も亦これには抗弁の余地なく、これを認めざるを得なかった。

救済会と居住地問題

しかし、前代未聞の強制破壊を断行した手前、そのまま放任しておいては理屈がたたない。そこで県当局は救済会を通じて立退き問題を円満に解決しようとした。

田中翁もその他の有志者も、谷中を離れずに適当なところがあれば、一時転居するほかなかろうかとも思った。が、肝腎な残留民は、家屋を破壊され、あまつさえ家財道具まで腐らし、老若男女皆雨露に曝されたのであるから、いまになって立退くという如きことは思いもよらぬところである。もし、いまごろ易々と立退くことができるほどならば、むしろ強制破壊前に立退くべきであった。

農民が住居を移すということは生活問題であるが、この実状を知らぬ救済会の方がたは、東京に於てしばしば会合の上、県当局に交渉して、はじめは県で不可能だと主張した恵下野堤外地の居住期間を六ヵ月とし、ついで一ヵ年としたが、残留民としては仮小屋を掛け、農道具の運搬などをしている間に、半年位は過ぎてしまう。のみならず、これまで県のために何回となく欺されてきた苦い経験があるために、救済会を通じ体裁よく本籍地から追い出されてしまうのではないか、との疑念を抱いていた。

ところが、九月十五日、救済会は神田錦輝館にまたまた協議会を開き、左の如く決定して、菊地茂氏から谷中残留民へ照会して来た。

現在居住の堤内地は必ず再び県庁より立退きの命令あるものなれば、他に居住する必要あり。堤上、堤外地は居住期間最長を一年とす。これにては仮居住なり、むしろ永久の居住地を此際選定を可とす。幸い野木村字野渡《のわた》満福寺境内に貸与すべき見込みの地あり。本会は之れを以て選定地となす。もし村民にして不同意ならば各自任意選択されたし、また断然谷中村堤内を去らずとならば、これまた各自随意とす。右の回答を二十五日までになされたし。

以上を以て本会は谷中村民居住地問題を解決したるものとし、これより引きつづき法律問題（島田注、裁判問題）、政治問題の運動開始の事。

この照会に対して、残留民は救済会の満足すべき回答ができなかった。殊に恵下野の堤外地は一カ年の期間であるから、むしろ野渡の満福寺の境内に永久的居住を定めてはどうかということは、却って残留民に大きな不安を与えた。すなわち、それは生活の根拠を棄てろ、というにひとしかったのである。

不当価格訴訟事件第一回の口頭弁論

村民は洪水で流れた跡を片付けて、再び仮小屋を作らねばならず、また魚取りなどをしてその日その日の生活を立てなければならないので、立退き問題を落ち着いて考える心身の余裕もなかった。

その上、信岡弁護士からは裁判に関する準備書面の作製を申し越されたが、書くところもないので、筆者は雨天のあい間あい間に机もない仮小屋にうずくまって、いろいろな書き物をしたり、東京への往復もしなければならなかった。

こうした慌しい中に、十月七日となり、先に提起した土地収用補償金額裁決不服事件の第一回口頭弁論が、宇都宮地方裁判所栃木支部に開かれた。
裁判長住谷《すみや》毅、判事古市哲・同宮沢清作、書記河野通彦列席、検事加藤正彦立会。原告すなわち谷中の土地物件所有者の代理として東京から信岡雄四郎・新井要太郎両弁護士、栃木から茂木弁護士。被告栃木県知事代理として柴田四郎県属が出廷した。田中翁や星野氏をはじめ、残留民はみな傍聴に出かけた。

原告代理人は訴状の記載にもとづき、一定の申立てをなし、更に本件の補償金額は審査会に於て起業者たる被告栃木県の申立てを相当となしたるもの、換言すれば起業者も審査会長も同一人が担当したものにして、もともと同審査会が独自の立場で決定したものではないから不当の決定である、と主張し、被告代理人はその定めた補償金は相当である旨答弁した。

原告代理人は、井戸並びに樹木の移転料計算の根拠を糺《ただ》したのち、土地価格の鑑定を申請して許可され、次回期日は鑑定人確定の上、指定することに決定した。

利根川逆流問題政談大演説会

翁は已に明治三十九年一月二十八日、栃木県会を督励し、議長関田嘉《か》七郎《しちろう》氏の名を以て「利根川河身改良の速成、関宿水門口の復旧、栗橋鉄橋の左右拡大、山林乱伐の厳禁、水源の涵養及び之が工費の国庫支弁等」を内務大臣に要求せしめたが、当四十年は残留民の居住地問題の折衝に当る一方、谷中村救済会とは別に、元新紀元社およびその他の有志を迎えて、政談大演説会を開催することに決し、十二月十六日「関宿以西治水問題有志」の名を以て、被害地方へ左の案内を発送した。

二十五日には帝国議会も開会となることとて非常に切迫いたし候間来る十九日古河町に集会して四

隣県請願の方針を打合せ度、当日は東京より利根川逆流原因調査視察人も古河辺に来られ候。この期を利して、治水問題大演説会をも開くことに致し候。出演者は安部、木下その他学者連に候。これ水害事情陳情の好機にて幾分の勢力に相違なく候へばできるだけ多くの人々に通報出席されんことを希望いたし候。尤も各自多少事情を異にし候へば、俄に一通の書に調印を成すほどには至り申すまじきながら、東西智識の交換は、好個の参考として必要のことと存じ候。場所は、古河町鍜冶町宝輪寺にて十九日午後三時より開会のことに決定いたし候。是非御出席有之ようお待ち申上候。御出席の方はなるべく参考書類御携帯を乞ふ。なお会期ははなはだ遅れ候こと故万障御繰合せを切望いたし候。

当日は、栃木県の部屋《へや》村・生井《なまい》村・堺村・植野村、群馬県の海老瀬村・西谷田《にしやだ》村・大島村・大箇野《おおがの》村、茨城県の古河町・新郷村・勝鹿《かつしか》村およびその他の被害地有志数百名が参加し、東京の安部磯雄・木下尚江・逸見斧吉・小野吉勝・赤羽一・菊地茂・柴田三郎の諸氏は、翁と共に谷中村を訪ね、かねて旧新紀元社同志間で集めた慰問品を残留民に贈ったのち演説会場に到り、午後三時から星野氏の司会で、

水害・地勢・水勢・風波論　田中正造
利根川の減水を期せ　大出嘉平（群馬県大島村の人）
谷中外十四ケ町村の新瀦水池を廃すべし　荒川久三郎（栃木県部屋村の人）
利根・渡良瀬沿岸の運命　菊地　茂
関東五州の妨害を退治す　碓井要作（栃木県生井村の人）

逆流被害地視察　　　　　　　　　　　　安部磯雄
目を醒せ　　　　　　　　　　　　　　　木下尚江
と、それぞれ題して、いずれも火を吐くような熱弁をふるい、終って左の宣言決議を決定して六時半頃閉会した。

宣　言

四隣県の治水問題は生命問題なり、利害の問題にあらず。之れ直接生命の分岐点にして、焦頭爛額の急を意味すればなり。起てよ有志！

決　議

第一に関宿の石堤取払ひを政府に請願し、若し政府顧みざれば自衛行動を採ること。

なお、宝輪寺（古河町）に四隣県治水有志交換仮事務所を置き、二十五日に再会することを申し合わせた。翁および菊地・星野・大沢新八郎の諸氏は、古河町田町の角屋《かど》という一泊二十五銭の行商人宿に泊り込んで残務を執り、二十五日には関係者再会協議の結果、仮事務所を次回まで継続することに決し、

「諸願書は、茨城のを本として各所の悲惨・損害・生命・権利・歴史の大要、将来の予防見込等を記し、各部より郡衙を経て内務・大蔵・農商三大臣の責任を異にせる文章として提出。県庁にはその写一通を添えて出すよう、また請願書はおよそ一千枚ずつ印刷して互いに交換し、なお社会の公共に告げること至急を要す。」

という書面を発送して、実際運動を展開した。

これに応じ翌四十一年一月、群馬県の被害地から「渡良瀬川水害救治の請願書」、埼玉県利島・川辺両村民から「利根川流域の治水の統一を期し、流水の妨害を取去り逆流を除くべき請願書」(翁のいわゆる地勢・水勢・風波論)、群馬県海老瀬村有志から「自治破滅の復活を期すべき請願書」、藤岡町有志から「旧谷中村の復活を期する請願書」、古河町有志から「谷中村を復活して古河町繁栄に関する請願書」、谷中残留民から「谷中村土地人民復活請願書」、谷中村婦人から「谷中村復活請願書」等々をはじめ、各地から各種の請願書が続々と提出されるに至った。

救済会の自然解消

明治四十年の十月七日、宇都宮地方裁判所栃木支部で第一回口頭弁論が終ったのち、栃木駅前の角屋という茶亭にて残留民と会同した信岡・新井両弁護士は、この訴訟事件を示談で解決してはどうか、と残留民に諮った。

居合わせた田中翁も残留民も、話の意外なのに驚いたが、「いずれよく相談して御返事申し上げます」と答えた、「照会の手紙は何処に出せばよいか」との問いに対して、茂呂吉松が不用意にも、「島田熊吉方にお願いします」と答えてしまった。

その後、東京では十月十六日、田中弘之氏方に第八回谷中村救済会を開き、居住地問題について島田熊吉方宛に書面を送られたが、残留民と田中翁との連絡が円滑に行かず、応答が遅れがちであった。ところが、村の実情を理解されぬ救済会では、翁や残留民に誠意がないものと誤解して、四十一年二月二十五日、信岡弁護士から田中翁に宛てて左記の手紙が届いた。

(前略)恵下野移住地希望の方は無之候や。栃木県庁より屢々督促致し来り候に付、若し移住希望の方無之候時は、已むを得ず手を引くの外之無候に付、至急その後の模様御一報下され度候。

昨年七月、栃木県庁に交渉以来已に多くの日子を費しおり候に付、県庁に於て督促致し候も無理ならぬ次第と存じ候。去りとて吾々が居中調停の労を執らんとせしは残留民救済の趣旨に出しものに候へば、一人も恵下野へ移住希望者なしとすれば致し方之無候故断然手を引くの外これなく、手も引かず進行もせずとありては甚だ困却致し候間、何卒その後の模様御一報下され候様願い上げ候。若し場合によりては小生御地に出張し、残留民諸君に御話致し候上、成否相定め候ても宜しく候。左様の必要これあり候はば、来る三月一日出張致すべく候に付、残留民諸君を何処かへ御集め下され候様御取計い下され度候。併し残留民諸君の意向相分り居り候へば出張致候にも及び申すまじく候故、御返事の模様により出張すると否とを取極め申すべしと存じ候。

去る十七日の栃木裁判は、鑑定人だけの事故、出張致さず候。（後略）

これに対し、星野孝四郎氏は田中翁と相談の上、残留民にかわって次のような返事を出した。

（前略）前略我々は移転の地なきに苦しみ、余儀なく本籍地の仮小屋に雨露を凌げども、生活の困窮筆舌すべからず、この他国民として受けたる侮辱虐待は古今未曾有の苦となりたる折柄、昨年以来貴下および諸君は眼中人類ありとして、仲裁として特に移住地に対する調停を取らる。

右収用法の処分を受けたる十九戸の内家屋を破壊されたるもの十六戸、この内の過半を同村字恵下野の堤外堤防一間を隔りたる地位の私有地に移すことを以てせられたり。然れども、その期間僅か六ケ月と制限せられたるはそもそも何んの故なりや、但し自然永住さするものにや左もなくして仮りに一時のものたらんには、むしろ瀦水地区域範囲等確定せらるるまで今の仮小屋にいて一方移住地を選ぶの余地を与へられたし。

我々は数百年の永住者につき、恵下野堤外永住のことならば不完全ながらも忍んで収用法の施行にまかせ引移らんというもの過半、なかには法律が家屋を破壊せしのち尚県税、戸数割をも上納しておるものなれば、このまま本籍地に永住を許されたしというものありて、意志一定し難しと雖ども、およそ右に御含みの上、官民双方千万偽りなく信実と懇篤とにもとづき、我々人類の生命保安の道相立つよう御仲裁を賜らば、我々また幾重にも貴意に従い申すべく候。（後略）

これは、残留民がハッキリ辞退すれば救済会は手を引き、救済会が手を引けば、県庁は再び立退命令を出す、それに従わなければ官命抗拒罪で処分するというような話もあり、また残留民の動かないのは、田中翁の煽動によるものと見られていたため、翁も星野氏も村民の去就について何らの指示を与えなかったので、残留民もまた決しがたく、ついにこうした返事を出したわけである。

このような事情から、居住地選定問題が不調に終ったため、救済会はついに政治問題・募金問題にもふれず、立消え同様となって訴訟事件のみが翁の没後まで残った。

不当価格訴訟事件はその控訴審の段階から、田中翁の親友新井《あらい》奥邃《おうすい》先生の紹介の中村秋三郎氏のほか、久須美幸松・狩野《かの》山義《やまぎ》一《いち》・横山勝太郎諸氏の援助により、起訴以来十三年目の大正八年八月十八日、東京控訴院に於て勝訴の判決を得たが、この間、翁の労苦と残留民の負担は実に多大であった。

そもそも、この訴訟事件については、はじめから救済会員中にも異論があり、花井・今村両氏はもっぱら政治問題で解決すべき方針であったという噂もあった。いずれにせよ、田中翁は救済会の自然解散後は再び無援孤立、無智無力の谷中残留民を抱えて、ひとり苦心奮闘しなければならぬ境遇となった。

しかし、破屋材は先に逸見斧吉氏の篤志を以て、古河駅前の田中助次氏の協力により、これを積み直して雨除けをつくり、幾分かの腐朽を防ぐことができた。

谷中への復帰者、漸増

その後、残留民は明治四十一年三月三日から数日にわたって、逸見氏の義金を以て水防の畦畔を修築し、仮小屋も次第に建て直し、半農半漁を以て自活の途を立てながら、亡村の回復に努力していた。そして、先に県の買収に応じて立退いた者のなかにも、ひそかに復帰する人があって、住んではならぬという谷中村には却って住む人が漸増して、自然の自治体を形成する状態であった。

田中翁は、これらの人びとをわが子のように愛し、かつ憐み励ましながら、当局の無謀を責め、その反省を求めつつ、関東五県にわたる治山治水、その源たる人心の革正運動に日夜精進したのである。

鑑定人選定までの経過と実地検証

既述の如く、残留民の居住地問題に関しては、谷中村救済会のねんごろな斡旋があったが、谷中村を去ることは、すなわち生活から離れることである。

国民の無いところに国家は起らないことはいうまでもない。国民の生命財産を保護すべき国家がかえって国民の生命財産を奪うというこの不合理に対しては、どうしても応じることができなかったので、田中翁も村民も天涯孤独の境遇に陥るべきことを覚悟の上、最後の生活権を擁護するため、ついに涙をのんで救済会――鉱毒事件以来十余年にわたる大恩人――の好意を辞拒した次第であったが、先に救済会のたっての勧めによって提起した土地収用補償金額裁決不服事件は、それがたとえ田中翁や残留民の本意ではなかったとはいえ、すでに訴訟となってそれが現に進行中である以上、これを投げ出すわけにはいかなかった。

しかし、第一回口頭弁論の決定にもとづき、まず土地物件の価格鑑定人を選定することになったが、官権の誘惑と圧迫に堪えうる剛直の人物を得ることは容易ではなかった。翁が東奔西走の結果、漸く信頼しうる勇者をさがし求めて、代理弁護士から明治四十一年二月七日と十七日の二回、法廷で折衝したが、県はいつも不服を唱えて同意しないため、住谷《すみや》裁判長は合議の上、まず以て土地に対する鑑定を行うため、三月十日までに費用を予納すべきことを告げた。残留民は苦しい懐から金を出し合って期日までにこれを納めた。

次いで三月二十三日、古河町松井直哉、利島村野中広助両氏を鑑定人として申請したところ、これは本人が辞退するという始末、已むを得ず裁判所に人選を一任した結果、裁判所は隣県（群馬と茨城だったと思うが、記憶さだかでないため隣県とした）の郡吏、佐治友輔・森鉱十郎の両氏、および栃木県会議員船田三四郎氏を選んだ。

こうして五月二日、住谷裁判長ならびに古市哲・宮沢清作両陪席判事および同書記河野通彦係りが、栃木支部法廷に於て各鑑定人を訊問した。ついで同日午後三時から現場（ただし、この日は古河町）に出張、翌三日には各裁判官および三鑑定人ならびに原告代理として東京の新井要太郎、栃木の茂木清の両弁護士、被告栃木県代理の柴田四郎氏などが谷中の現場に出張、つづく四日、五日の合計三日間にわたって、かねて村民の表示した地番地積にもとづいて四百七筆の係争地を各筆ごとに実地検証した。大字内野方面の、比較的高い土地は徒歩で現場をみることができたが、大字下宮および恵下野方面の低地は、四月十一日の雪解水《ゆきどけみず》が浸入したまま減水しなかったので、辛うじて村民の漕ぐ小舟に便乗して検分する始末であった。

すでに明治三十五年以来の洪水で荒廃したとはいえ、原野には長い葭《よし》・萱《かや》・真菰《まこも》などが生え茂り、田には短い雑草が生えている程度だったので、田と原野との区別はおおむね判った。ところが、県の

買収調書に田や畑を原野としたものがしばしばあるので問題となり、住谷裁判長から問われると、柴田県属は、

「あの頃は村民が反対して県の調査を妨害するため、実は遠見で判定したところもありますので」

などと弁解していた。

一行は、最後に下宮・稲荷森《とうか》の堤上にひきあげた。この時、新井弁護士は、柴田県属に対し憤然として県の調査の粗漏を難詰したのち、村民に向い、

「今回は土地だけであるが次回は家屋や立木を鑑定することになる。その時はたとえ棒一本と雖も誤りだというて見逃がすことはしない。徹底的に県を追究して塵ひとつに対しても補償せしめることにするから、諸君は最後まで奮闘するように」

と激励した。村民は感謝の挨拶を述べ、田中翁と共に古河駅まで見送って別れた。

なお、翁はこの実地検証については、裁判官および鑑定人・弁護士の人格を尊重して、直接陳述することや県を攻撃することを差し控えたようであった。

しかし最終の五日、谷中の破堤所に案内した時、翁は、

「県が収用審査会に先立つ五年、すなわち明治三十五年からこの堤防の復旧を怠り、あるいは堅牢な旧堤および村民の築いた仮りの堤防までを破壊し、その他あらゆる耕作妨害を加え、土地物件の価格をわざと暴落せしめ、その暴落した価格で収用した。――収用というよりは略奪したものであるが、行政庁たるものがこんな乱暴を働いて申し訳があるのか。いま陛下の御代理たる裁判長閣下がわざわざこの現場を御覧下さったのを幸いとして、この事実を御訴え申し上げると共に公平な御判定を下さるよう、私は村民にかわって心からお願い申し上げるものです」

と、熱誠をこめて陳述した。

因みに、この三鑑定人は、後日、県の補償金と同額または一反歩につき五円高、十円高と三人三様の鑑定書を提出したが、当時、茂木清弁護士夫人は、

「郡のお役人は自由がきかないかもしれませんが、県会時代から谷中の買収に反対してきた船田さんは、県の買収価格の七倍から八倍くらいが適当だと思うとおっしゃっていたのに、いよいよ提出した鑑定書を見ると、僅かに十円高と聞き、変な気がしました」

と筆者に語った。これは県が干渉して、あらかじめ三人三様の鑑定書を出さしめ、これを平均して五円高で解決を図ろうと策謀したとの風評であった。

二　河川法適用反対の闘い

河川法適用の県知事公告に驚く

当時、翁はつとめて谷中の仮小屋に残留村民と共に起居して、できるだけ同志を慰めかつ結束を図ることにしていたが、前年八月の関東の大洪水で、利根川逆流被害の予想外であることを知ってからは、谷中を回復するにはまずこの逆流排除の問題を解決しなければならぬとして、その被害の程度および影響した地域などを明確にするため、関東各地方の要所要所に赴き、貧富官民の区別なく、農家・商店・漁夫・船頭・車夫・馬丁など誰からでもその実情を聞きただして、被害の裏づけをすることに忙しかった。

そして、行き暮れれば、快よく迎えてくれるどこの家にも喜んで泊って、鉱毒や水害の調査のこと

ばかりでなく、政治・経済・宗教・教育その他、社会の生きた話を交換して、相互の知識の向上を図ることに努めた。そのため翁の心をよく知らない一部の残留民からは、

「田中さんは谷中のことを忘れて外ばかりまわっている」

と不平がもらされる始末であった。翁はそれを察知して、時どき「何々方面より——正造」と、手紙を認めて便りをするのが常であった
こうした行脚中、翁はたまたま藤岡町に来て町の掲示板を見ると、明治四十一年七月二十一日付栃木県告示二百八十八号を以て、一、思川　二、巴波川　三、須戸川　四、赤麻沼　五、瀦水池（元谷中堤内一円）に河川法の規定を準用すべきものと認定し、同月二十五日より施行するとあり、なお同年七月二十八日付で、栃木県令第五十八号を以て右河川および水面の区域内に於て、敷地に固着して現に工作物を施設し又は敷地を占用せるものは本年九月十日までに本庁の許可を受くべし、違背したものは罰金拘留に処す、という中山栃木県知事の命令の出ているのを初めて発見した。

翁は、留守中不意をつかれたと直感して、ただちに谷中に帰り、各戸を訪ねて北古川に残留民を集め、これらの人びとに対し、

「これは、土地収用法を濫用して村民の家を叩き壊しても貴方がたが動かない、救済会の手を以て体よく追い出そうとしたがそれにも失敗して他に打つ手がないため、河川法を準用して、この法規に従って県庁の許可を得なければ罰金拘留に処すという、たとえば短刀を抜いて最後のトドメを刺し、鉱毒や水害の問題を葬ろうとするものであるから、安閑としてはいられない。罰金や拘留など、この正造ならなんとも思わないが、その経験乏しい貴方がたとしては大変な事件だ。それを貴方がたがいままで僕に知らせないというのは、あまりにも呑気すぎる」

と、半ば憤慨の態度で警告した。残留民のなかには、

「罰金や拘留などなんとも思わない。そんなことはかねて覚悟の上ですから、県の勝手の処分に任せよう」

という者もあったが、協議の結果、田中翁にお願いして対策を講ずることに決定し、翁はただちに筆者を伴い、古河駅から夜半上京、その夜は上野駅前の定宿上野屋に泊った。宿に着いて床に就くと、夜間の冷え込みが甚だしい。翁は、河川法のことなど忘れたかのように、

「九月に入ったばかりで、この寒さでは稲が実るまい」

と、農作の被害と農民の苦労を案じて、しきりに筆者に話しかけていた。

書簡にうかがえる翁の心労

翌日、翁は埼玉県出身の代議士で弁護士の卜部《うらべ》喜太郎氏を訪問して、河川法準用に関する対策を練るため東京に残ったが、留守中を案じて左記の書簡を筆者に託して谷中の島田栄蔵翁に送った。書中「河川法は却て谷中復活の端縮となるべし」とあるのは、谷中の移住民や村外の旧地主たちが、この河川法準用の栃木県令に依り九月十日迄に許可を受くべしとあるのを見て、急に耕作または水面使用許可願（主に漁業用）の運動が起ったためである。

〔翁の書簡〕

○翁（島田注、島田栄蔵翁をさす）七十余歳にして炎天を犯して日本一の高山富士の秀麗に登れりと。生、年六十八、渡良瀬川利根川の沿岸をめぐる、共に人民のために祈るので、本年の大炎暑の土用中にあり。翁の建全を祝すと同時に生の幸に無事なるを告げん、御休神あれよ。

○河川法は却て谷中復活の端緒となるべし。其幕は開けそめたり。今秋は麦蒔に喜び、鼠いたち狐

狸も亦子孫繁昌せん。但し堤内正義の諸氏及十九名の精神貫徹総体に付ては来る十日前までに御協議を尽し御意見を御伺可申上候。久々奔走中御無音いたし候。ただし生事、五六日前より東京にも二回目、藤岡町へんにも三日間、諸般最大混同、日夜多忙に候。先日北古川集会は諸氏の精神論ありしも、急場にて恵下野に御通知届き兼ねたり。旁々《かたがた》に付今度は其間に恵下野の集会に参り度、宮内勇次君にも先日は通知届かず候。此点は翁にてよろしく御まとめの上、以来とも気脈は時々必ず相貫き候よう念入御下命被下度候。右御伺且急御頼みで急早々。尚々昨日或る人の通告に加藤安世谷中に入り候間千万御用心せよと字々《あざあざ》御一同御注意御願です。

戊申九月三日、東京より　正造。

また、その前日、木下尚江氏に訴えた田中翁の書簡に曰く、

○逸見君も一寸御旅行なり。柴田君御病後に付急ぎ貴下に。石川君には先頃一寸逸見君方にて御面会せしも汽車急ぎにて何んにも御話しするひまなしです、此度の困却は俄然で非常です。いずれにもト部君にたのみました。早く一先《ひとまず》訴願書を十日前に出したいのです。いよいよ来る十日を以て谷中人民拘留せらるべし、県は無法にも河川法を谷中に持ち込みての上に候。夫に付一昨日突然出京、即日用弁昨日帰り又々一両日中は出京いたします。本日は部屋警部（島田注、部屋分署の警部）より正造に用ありとて藤岡に来り面会申し込みあり、諸用取込み中に候。実は此河川法は七月二十一日付けなるに正造は新聞も見ず人民も見ず、町長が八月四日の夕に至りて張り出した告示を見て驚きたり。○今度は直ちに施行せらるべし、但し訴願書を出さんとす（十日前迄に）傍々取込みに候、尚出張中はいろいろ御厄介不尠、御序《おついで》に島田先生にもよろしく。第一旅費の欠乏、俄然の衝突、此一事何よりの狼狽に候。事件多忙でなければ何とも彼《か》ともするにせよ、多忙と無銭と俄然に打合せ

来りたので殆《ほと》んど狼狽《ろうばい》にて法律の解釈や深き考察は何んにも出来不申候。今度は品川や麹町に参るひまもあるまじく、何様《なにさま》来る十日までに進退を定むるので、定めざれば人民に拘留か罰金です。但し人民は最早自覚と見へて十中の九人は声色動きませんとのよし。兎に角憐れに堪ぬ、好んで為すにあらず誣《し》られて生命を奪わるゝものなりとせば同情に不堪候。老朽力足らず有志顧る者少しとせば、之れ誠に社会の真相として悲痛に不堪候。クレクレも日本人道は疾く亡びたり。近年又更に兵火に焼けたり。今は焼跡の炎始末たる財政上の上にも相見へ候。何んとも彼ともです。
○本年は足尾銅山より多量の毒を放流したり、八月十二日頃より五日間斗《ばか》り。官民は恬《てん》として愧《は》じず而して一方谷中新設の鉱毒沈澱池よりは人民を拘留して引き出す。可憐《あわれむべし》人民は此深き悪計をばさとらざるもの多し。知りても知らざるまねするものあります。嗚呼《ああ》此悪党悪魔の毒舌毒手が同胞を殺すこと尚良農が害虫を殺すが如し。
と。

県知事、翁らの届書を却下

その後、翁は東京と藤岡の間をしばしば往復して、東京の卜部弁護士方に於て訴願書の起草にあたる一方、先ず中山栃木県知事に対する届書を提出すべき必要を感じたるも、谷中の仮小屋では書き物もできないので、藤岡町篠山に於て茂呂《もろ》多重《たじゅう》氏などの協力により、その草案に着手した。「栃木県告示第二百八十八号及県令第五十八号に付御届書」と題し、千葉県関宿《せきやど》石堤による利根川逆流問題より説き起し、さらに治水および谷中買収に関する従来の経過、すなわち県の非行を略叙したのち、

我々は雨露をも凌ぐ能はざる仮小屋に本籍祖先の墓地、地下の位霊其他重要物件は勿論、窮乏を忍

んで廃村を守護するに過ぎず、我々亡民の仮小屋よりは本年も県税戸数割及町村税戸数割を納めたり。我々は弱しと雖も兵役の義務を勤めつゝあり。我々の行跡事業弥々《いよいよ》明確にして已に善良なる官民の公認せる所、又一点の罪なきこと天神必ずこれに組する所あらん。県庁は我々の本籍に工作居住を許し、我々をして枕する所あらしめよ、これ我々の切望止まざる所なり。

と、不服の意志表示を美濃紙二枚半に書き上げたが、なお文意を尽すことができなかったため、三十七ヵ所に修正加除を施し、残留民宮内勇次外十四名連署の上、県令最終期限の九月十日、藤岡町役場を経由して提出した。

しかし、県は同月十七日付を以て「本件は受理すべき限にあらず」と符箋して却下してきた。

一方、土地収用補償金額裁決不服事件の第六回口頭弁論は、同月十六日、住谷裁判長係りで栃木支部法廷に開かれ、東京から原告代理新井・塩谷両弁護士、栃木から茂木弁護士、被告代理柴田県属などそれぞれ出席。裁判長は、陪席判事のうち宮沢清作が岩田唯雄と更迭したため、弁論を更新する旨を告げ、各証拠の認否を終ったのち、原告代理弁護士から土地以外の物件に対する鑑定を申し立て、裁判長は合議の上これを許可、次回期日は追って指定することに決定して閉廷した。

このめまぐるしい二十日の間、六十八歳の翁が東奔西走不眠不休で、残留民と共に、平田内務大臣に対して瀦水池認定河川法準用不当処分取消の訴願を提出したその顚末と苦心について、次に紹介したい。

河川法準用取消訴願とその運動

田中翁は、知事から却下された届書とは別に、時の内務大臣平田東助氏へ訴願書を提出するため、卜部弁護士に訴状の文案を依頼したが、単なる法律論に終らないようにと、翁はその文案に翁自身の見識を加え、「瀦水池認定河川法準用不当処分取消の訴願」と題し、一定の申立として不当処分の取消しを求めた。

その事実および理由は、十八カ条であるが、先ずその第一条に於て、

足尾銅山の鉱毒流出し、関東の沃野を不毛の地と化せしめんとするや、被害民憤然立つて之が救治の策を講じ天下の志士相尽す所あり、而かも遂に其美果を収むる能はず、元谷中村は曖昧なる名義の下に土地収用法により強制徴収の不運を免れず、住民其の拠る処を失ひ、離散し残る者僅々数十名に過ぎざるに今亦該土地を瀦水池とし、之に河川法を準用すべきものとすと栃木県告示二百八十八号を以て達せられたり。斯くの如く、陛下の赤子たる国民、住するに所なく耕すに其地を失はしめ、我々国民社会同胞の生命を絶たんとするの状態を現出せしめしは其罪何人にありや、敢て曰はず。元来法は死物なり、法自ら活動して社会の秩序を維持し、国民の権利義務を確保し得べきにあらず、必ずや之を解釈し、適用する人に待たざるべからず。如何に至善至美を尽せる法令存するも、其適用の任に当るもの其人を得ざれば、法令の目的は遂に達する能はざるなり。之がために害毒を流すは今日に始まらざることは青史に徴して明かなり。司直の士慎まざるべけんや。土地収用法如何に完美なるも、河川法如何に善美なるも之が解釈適用を誤り其宜しきを得ざるに於ては害又知るべからず

と、法の運用に関する基本的概念を論じ、以下第二条ないし第十七条に於て、利根・渡良瀬両川およ

び関係河川の沿革および地理、鉱毒水害の歴史、谷中買収に関する罪跡、殊に谷中堤内には未収用の民有地があって、いわゆる瀦水池の区画が判然としないこと、および従来未だ洪水の浸入しない高層地までを瀦水池と認定して河川法を準用した不当の実例を指摘し、更に第十八条に於て、

此如き大胆なる行為は決して一人の専行に出たるものにあらず、是れ必ずや国家の中央部若くは当年の敵たる露国若くは同国に同情せる敵意国の秘密の依託を受けて然るものかと思はるゝ程なり。（中略）元来、谷中村に河川法を入るゝや偶然の事にあらざるなり。即ち其母ありて其子を産めり。瀦水池は河川法を産み、遊水池は鉱毒沈澱地の仮名にして足尾銅山の鉱毒内閣調査会（編者注、内閣鉱毒調査会とおなじ）之を産む。此内閣鉱毒調査会は足尾銅山の鉱毒問題之を産めり。今回の河川法も亦足尾銅山の産む所なり。是れ我々止むなく已往の原因に遡りて河川法準用の不当を述べざるを得ざる要点なり

と断じ、最後に、

畢竟此問題は東西七十里に渉り期日切迫文中前後重複、言は規を逸し文は法を越ゆるあるも歴史の実情を明かにせんため某要の一二を述べたり。国務多端の折たりとも詳細取調の上公明なる裁決を願ふ

と結んだ、半紙二十四枚の長文であった。

昼夜不眠不休で訴願書作成

当時の翁の日記を見ると、

○九月十八日夜一時、卜部氏の家神田台所町を出でゝ、三河島村の柴田、中山（島田注、中山友子氏のこと）両氏の家に至る。二時に戸を叩き実を告ぐ。去て逸見氏に至る、三時、又語り五時、氏と共に日暮里停車場に行く。七時、谷中島田栄蔵氏に達し、直に藤岡に舟を以てし、衆を藤岡に同行し、訴願に着手す。十九日正午也。柴田氏至る、島田宗三、柿沼吉二氏至る。役場員懇切、夜食乏し。十九日后十一時卅分、訴願書を助役田名《たな》網政吉《あみまさきち》氏に呈す、受理す。但し十八日後十二時卅分に至りて廿一日の十九日に縮《ちぢま》る日割の差異を覚知す、予茲に決する所あり、終に柴田氏の助力によりて神の命を果せり。精神一到何事不成《なにごとかならざらん》、云々

とあるが、実に悲壮であった。

すなわち、翁は訴願書の草稿推敲中、たまたま九月二十一日を最後の訴願期日と心得ていたが、七、八月の各三十一日を加算すると、九月十九日が最終期限であることを十八日の夜半に至って気づき、十九日午前一時、未完の草稿を携えて卜部氏方を出て、三河島の柴田氏および日暮里金杉の逸見氏を訪ね、日暮里駅から乗車して古河駅に下車、それから谷中に到り順次残留民をかりたてて船または徒歩で藤岡町役場に赴き、控所を借りて訴状の添削に手をつけると、時計の針はグングンと進んで浄書する暇なく、手わけして副本を作り、修正加除八十余ヵ所という草稿同様のまま宮内勇次ほか十五名調印、田中翁・宮内勇次・間明田粂次郎を総代に選定して、藤岡町役場を経由するため田名網助役が受付けた。時まさに夜の十一時三十分。しかし、その時計は止まっていた（おそらく田名網氏が止めておいたもの）。このことは、のちになって気がついた。

いずれも空腹に堪えかねて、夜半近所の三河屋から手打の饂飩《うどん》を役場の控所にとりよせて誠に遅い昼食というか晩食というべきかにあてたが、少量にして腹を満たすに足らず、翁および二、三の人が残って各々帰途についたのは二十日の朝であった。

もしあの時、時計が止まっておらず、あるいは田名網助役が定時に退庁していたとすれば、訴願は遂に期限を経過して、卜部・柴田両氏の協力も翁の苦心も水泡に帰し、かねて翁の憂慮したように、残留民はみな罰金拘留の処分を受け、村から追い出されるところであったが、時計がとまっていたのと田名網助役が待機していてくれたので、辛うじて訴願書を提出することができたのである。

筆者は、卜部氏およびその事務員各位ならびに柴田氏の二昼夜にわたる不眠不休の義挙と共に、勧進帳の安宅の関守にも似た田名網助役の義俠を長く忘れることができない。

十月十日、翁は、神田青年会館の一室に集まった島田三郎・鵜沢聡明両氏をはじめ、その他の有力者に対して、東京以北諸河川の荒廃の情況および現在・未来にわたる考察を説明した。なお、憲政本党の政務調査会の人びとからも翁の話を聞きたいとの交渉があった。

河川法を準用して耕作妨害

谷中堤内に河川法を準用したのは、残留村民追放の目的から出たことは明らかであるが、更に同法による占用出願に対する不許可によって耕作を禁じ、残留民のみならず周囲各町村に在来する移住民および旧土地所有者の生活をおびやかすものであることがわかった。

そこで翁は、これらの人びとに警告して奮起を促す一方、その恐るべき事実を書簡を以て木下尚江氏とその同志へ訴えた。

拝啓　急謹御訴へ申上候　元谷中人民戸数四百五十戸のうち堤内三百八十六戸を追はんため堤内十六戸堤外三戸の所有を奪へり。今又河川法を持込んで追へ（ママ）立てんとす。嗚呼、正造等法律に暗く法律嫌ひの性にて常に人造法律を見ざるよりして、此河川法律を見ざるよりして、此河川法に更に深き罪悪の伏在せるを知らざりしが、昨日以来いろ〳〵考察いたし候へば満身又粟を生じ来れり。それは三百八十六戸二千五六百の人口を飢さんとの計に出たり。彼れ悪魔等は河川法を以て残留民十九戸一百人を飢さん事を図るものならんも、麦蒔を妨害せば二千五六百人の飢となり申候。三百八十六戸悉く飢んとす。目下も飢つゝあるのです。三年前に得たる少々の補償金は食尽したり。今正に食糧に困りつゝあり。然るに河川法は何事も許可を得よとあり（全文は柴田君御所持）、畦畔大の堤みを築くにも許可を要する規定なれば請願の必要は来れり。不許可は知れた事で、是正に麦蒔妨害唯一の河川法である。此深き点にまでは心付かざりしも今にして漸く覚めたり。（中略）東京の救済会、よく県吏に欺かれたり。残念。法律なりと欺かれたり。法律家も欺かれたり。何卒已往の迷夢を覚まして初一念の真に人民救済の術を挙られ度候。孔子曰く慧（ママ）して費《つい》えず（編者注、論語、堯曰第二十「子曰、君子恵而不費」、普通は恵シテ費サズと読んでいる）。其手段は、当路に口頭にてせまり或いは手紙にてせまり、谷中の天産地をして空しからしむるの愚策たるを説くにあり。若し万一官吏等が谷中の人民を憎みて谷中人民の耕作を忌むなら、イツソ谷中十九人の人びとには少しも耕させずともよろし。何人にても結局耕せばよろし。日本人でもよい、米国人でも支那人でもよい、耕すは天理です。谷中人民の口に入らぬともよろし。実りたる穀類は鳥が食ふもよろし。猪、鹿来て食ふもよろし。皆天理です。極端を云はば盗賊来て盗んで稲を刈り取り行くもよろし。天然天与の食料は人類及動物の口に入りて一日の生命を長ふせば天理なり。神は此飢を救ふに同意せん。否是誠に神の教なればなりと確信致し候。
嗚呼五千万の同胞は暫らく、近き救済会と称する人々に早く貴下諸君の御口より早く麦蒙の妨害除きの御尽力ありたき事を御忠告相願度候。老生は諸方に渉り、昨夜も後一時四十分品川より帰り上野館に泊りました。昨夜は電車徹夜でした。それは池上日蓮上人の日に当るので品川なぞは雑踏でした。信仰深きものの此くの如きかと感じ入りました。我々が夜遅くまで歩行位は何んでもないとおもひます。急乱筆の長文、乍御迷惑御推読を御煩はし申上候。頓首。戊申十月十三日前十時。卜部喜太郎氏方にて筆紙をかりて書、正造

三　谷中瀦水池の欺瞞

占用願の運動拡がる

こうして翁が河川法準用不当処分取消運動に没頭している最中、一方で私利追及に余念のない隣村、野木村野渡《のわた》の下野《しもつけ》煉瓦会社は、機に乗じて窃かに谷中の土壌払下げを出願、また谷中堤外の古沢繁治の如きは、全村を独占して赤麻《あかま》沼境の破堤所に鉄網を張って養漁場にしようとの計画を以て占用願を提出していた。

こうなると、かつて県のいうままに買収され、隣町村へ移住した人びと、および村外の旧地主等は一大事件として占用運動に乗り出した。すなわち、藤岡町篠山の旧地主茂呂多重氏等をはじめ多数の移住民は、十月二十八日付陳情書を以て、

已に栃木県の補償を受けた旧谷中村の土地を占用致度に依り、縁故拝借願書捧呈のため本年九月八

日出県し、知事閣下御不在に付一部長殿に面会を申請候処、柴田四郎殿代理として御応接被下候に依り、第一に右願本日捧呈候処、此願書に就ては御前方は自体本県告示二百八十八号の趣旨を誤解して居るならん。該告示は谷中残留民を逐い払いの目的にして他に聊か関係なきものなりと宣言せられたり。（中略）第二に吾々出願の主因は一は縁故により二は補償処分の当時出張官吏と予約に基き出願致すものに有之候も近来無縁故者数件出願相成たる趣きに御座候へば斯如場合には御庁の御処置は如何成候やとの御伺いに対し、補償地を貸下さる以上は無論縁故者なりと宣言せられたり。（中略）然るに豈計らんや本年九月廿六日、下野煉瓦会社へ元谷中村の一部を払下げに相成りたり。（後略）

と県の処置を難詰し、すなわち田中翁がすでに予想した如く、河川法を準用したのは谷中残留民追放が目的であり、またその耕土を一営利会社に払い下げて旧所有者の営農の途を絶つのが目的であることが明らかとなった。

よって、十一月四日、藤岡町の旧地主、岩崎為三郎・田口佐平・島村島三郎・小倉亀三郎・茂呂多重・落合勇助・田名網重太《たなあみじゅうた》・三ツ井与七《みいよしち》・三ツ井判右衛門《はんえもん》・川島子《ね》之助・川島熊蔵・茂呂常《つね》吉・茂呂要蔵・茂呂豊治・小倉弥七・小倉宇吉・小倉清次氏らをはじめ、移住民本島剛《もとしまつよし》ほか数十名から、

元谷中村堤内土地は瀦水池設置公益のためなりとして栃木県より下附せる下書に基き、相場の高低を論ぜず補償に応じ、県に其設備中に候処、元谷中村堤内土地を煉瓦営業人に売渡したりといふ。果して然らば先般公益のためなりとして収用せしは殆んど無用に帰したるは今更明かにして、右土地は全く公益上無必用に帰したるを確信せり。已に廃物に至り候はば元地主の我々に於て買戻し得べきものに付我々に御下げ戻し相成度、尤も僅少なる補償金は已に費消し尽したるを以て五十ケ年

賦償還とせられ度
との願書が提出せられ、群馬県海老瀬村の旧地主、佐藤仁平・増保《ますぼ》金蔵・増保与十《よじゅう》その他数十名からも続々提出された。田中翁は、これを啓蒙または応援激励するため、日も足りない状態であった。

聖人、娼妓店の火災眼中になし

当時、翁が木下・逸見・安部・石川・柴田(三)・横田・小野(新紀元社関係の人)諸氏に送った手紙は、翁の苦境と不満が言外に溢れている。

多忙疲労、脳裡メチャ〳〵、論は出来ません。けれども谷中問題は政治に関するから社会党主義の大旦那方は此五ヵ年に一回も来ぬ。実に感服です。社会主義か党か、何れでも社会は何事も国家に用なしとせば聖人の眼中娼妓店の火災は眼中になし。彼れは罪人たり、焼けるは却てよろしとするか、聖人決してかゝる冷眼なし、聖人は一視同仁ならん。況んや此愚にして頑鈍の細民が詐欺者のために伝来の財産を奪はる、而も其詐欺師は組織上に成立せる、政府議員の人々なりとせば奈何《いかん》。已往我々の不徳は別として苟くも正理の存ずる此窮民を。十一月十日、古河町投函。　正造

未収用地買収に対する翁の訴願

県は、さきに買収反対者の所有地――未浸水の水塚および無代献納または無償貸与希望地――をば強制買収して家屋まで破壊し、更に河川法を準用して居住者を処罰しようと企てながら、一方に於ては一部の土地所有者と談合して、谷中堤内赤麻沼辺の池沼を堤外地と偽わり、または北海老瀬・篠山附近の浸水地を高台の傾斜地と装い、あるいは調査洩れとして堤内地を未収用のままにしておいた。

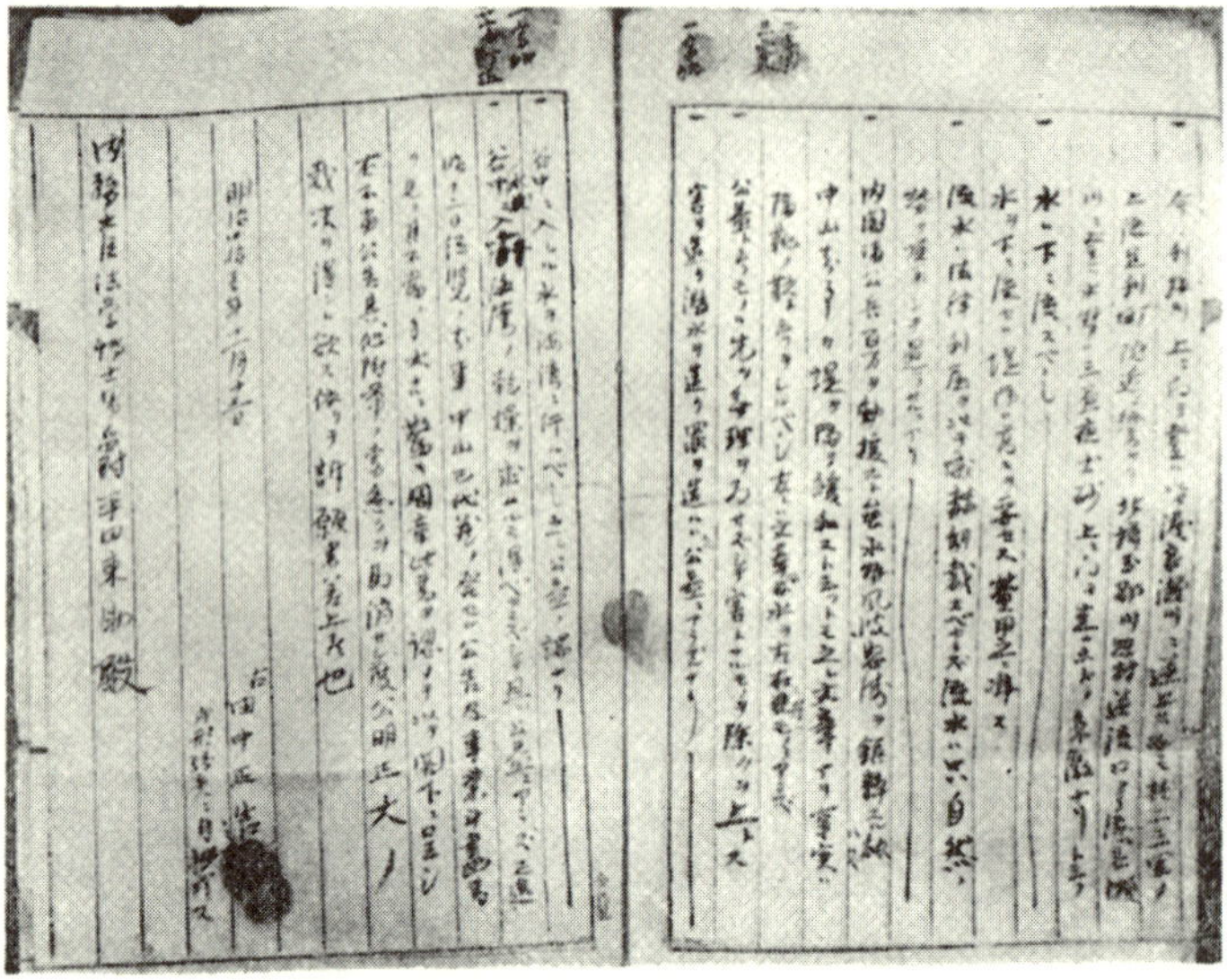

明治41年11月13日，谷中村堤内買収洩れの土地に対する土地収用法適用を不当とした翁の訴願書（翁の筆蹟）

故に、翁が、県のいわゆる潴水池の区域はまったく明白でないことを、河川法準用不当取消の訴願によって指摘したところ、県はあわてて藤岡町篠山の茂呂多重の未収用地を買収すべく収用審査会の裁決を求める旨、本人へ通知してきた。そこで茂呂は、十一月十二日、翁の指導による、というよりも翁自身の執筆にかかる「法律上に正文なき潴水池、事実上必要なき有害、公益にあらざる土地収用法及堤内地に河川法施行の不当取消の訴願」を平田内務大臣に提出した。

続いて翌十三日、翁は、翁の名を以て「法律に正条なき潴水池否認及土地収用中の良土を個人に販売し、一方土地収用の継続否認及其公告の別紙事業計画者は堤防を無視せる不当取消に付取消訴願書」を内務大臣に提出した。それは、まずその一定の申立に於て、官の公文書は特に正道明白なるを要す。公益の名を飾り私利を図る今回の土地収用法公告の如きは天下未曾有の大怪事。前に公益と偽り、法律になき文字までも利用し、今は窃かにその土地を個人に販売す。然り以て暗黒なり

と論じ、その堤防の如き、

随て築けば随て破れ云々は偽りにして、県が故意に谷中の堤防を破りたること、谷中は厳存せる堤防を無視して逆流の緩和を図ると偽ること、藤岡町の外廓ともいうべき天賦の宝土を空うするは経済上の大罪人たること、隣県隣村の義人、谷中人民と合して堤防を築き年々夏作の収入あるにも拘らず之に着眼せずして已往の失態を遂行する等、中山栃木県知事の事業計画書は堤防無視に帰着せる不当の甚だしきものなれば速に取消を急がれ度

と述べ、その事実および理由として、

（第一）前内閣が法律になき瀦水の文字を産み出し、収用法の適用を認定した事は明治四十年一月廿六日なりといふ。左れば其以前卅八年卅九年は時の知事白仁武等が日露戦争壮丁の不在、人無きに乗じ、瀦水の文字を法律と叫びたるは明らかなり。後四十年一月の閣議以来此文字の勢力は急流直下終には憲法を無視するに至れり。人民の悲惨名状すべ《（ママ）》からず。

（第二）救済公益の言は時の内務大臣芳川顕正の衆議院公会の演説にあり。其救済公益は変更して所有権を奪い良民の家屋を毀損し、救済は人民を家屋より引ずり出して雨露に暴らし、公益は人民を飢し病ましめたり。破憲にあらずして何んぞ。

（第三）四十年八月の洪水は関宿に於ける江戸川口狭窄のため東西数十里一面大湖の状を呈し、谷中一小地の瀦水何の見る所なかりしは明らかなり。

（第四）知事中山巳代蔵の公告及事業計画書に曰く「谷中の四面殆んど水を以て囲繞《いぎよう》せり」云々と。これ今日にして谷中の四面に水あり、河川、池沼、あるにあらず、数百年の以前より水あり川あり池沼あり、往年は無堤地の時すらあり。然れども往年は政治たとえ愚なりと雖も堤を築き民を養う。今の政治は智なれども堤を砕き地を荒し河川を荒し山を荒し、洪水を過大にして民を飢し民を追ひ古村を潰したり。農民の生命は土地にあり、農民土地を失へば生命を失ふなり。堤防を失ふも亦生命を失ふなり。彼《か》の智識生活の軽便者流が農民の生活の実情に暗く、動《やや》もすれば霹靂一声罪なき農民の頭上を砕く、栃木県は何を苦みて谷中にのみ固着せるか。何故根本的加害を除かざりしか。栃木県は何故に関宿の流水妨害を除くことを叫ばざるか、何故に沈澱池仮名貯水池設備の無必要を絶叫せざりしか。栃木県は何故に利根川水源地の伐木禁制と鉱山借区の濫許の不当を叫ばざるか、何故に其勇気なきか。行政権の発達は独り谷中人民の如き弱き者の頭上にのみ響かせて快とするものなるや。

（第五）水は低きに行くものなり。然るに利根川の水は上に向つて登り、以て渡良瀬川に逆流す。而かも関宿より川路十二三里の上流地足利町の附近に響けり。見よ、北埼玉郡川辺村の逆流口より渡良瀬川に登る水勢は三昼夜上に向つて走る勢の急激なるを。

（第六）水は下に流すべし、水は下に流せば堤防の高きを要せず、費用之に順ず。

（第七）流水は法律理屈を以て威赫制裁すべからず。流水は只自然の勢を順行して過らざるにあり。内閣諸公兵百万を動員すと雖も、水勢風波怒濤を鎮静するを得ず。

（第八）中山知事が堤を隔てゝ水勢を緩和すと云ふと雖も、之れ文章なり、事実は全く隔靴の嘆と云ふを知るべし。左れば文章も亦水を左右し得ざるなり。

（第九）公益と云ふものは先ず無理を為さずして、害となるべきものを除くを上とす。害を造り瀦水を造り罪を造るは公益にあらざるなり。
（第十）谷中に入る水を海に行《や》るべし。是れ公益の端なり。水を谷中に入れて海湾の乾燥を求むるを得べからず、且公益にあらず。正造昨十二日縦覧の、知事中山巳代蔵の発せる公告及事業計画書を見て其不当の多大なるに驚き、周章此書を認め以て閣下に呈し、右不当公告其他附帯の書悉く取消され度、公明正大の裁決を得んと欲し此訴願書を差出す（以下略）。

という趣旨であった。

読者は、この平凡な、そして奇抜な翁の文章に、奇異を感ずることと思うが、爾来半世紀を経た今日もなお、この奇異の事実は厳存するのである。

「瀦水池」の文字は法文にはない

古来の自治村を潰すにあたり、政府も県庁も、その用途を貯水池または瀦水池、瀦溜地区あるいは遊水池と呼んでいるが、前者は水を貯えて必要の場合に放出するところとして、やや類似するといえども、後者は読んで字の如く水の自由に出入するところであって、全然その目的を異にするものである。これは、まったく当局に真の必要にもとづく一貫した方針のないことを自ら表現するものである。

翁は、なおこの「瀦水池」の文字が法文にないことを知らなかったが、一ヵ年半の後になってようやくこれを発見したところから、宗教・教育・政治・法律および治水に関する所懐を、明治四十一年十一月十九日付の手紙で、藤岡町から東京の木下氏へ書き送った。

筆は宿屋のもの、紙は我れのもの。此不文下手の長文句を読むは、此日短かに御迷惑千万なり。去りながら作りたる菊見るひまのある人々は読んでも分らぬから、其菊の花見るひまなき人々に申上げます。読んで下さい。嗚呼間違ひです、東京の学者は正造を見るも少しはものを知つて居るとおもふより、正造のために幾分油断して、今日まで瀦水の文字の法文に断然ない、なければ断然行政権の侵撃は出来ぬと云ふ法義の解釈を正造に教へてくれないで、一ケ年半の後正造が発見したので、此間の月日苦心実に非常の苦痛でした。只間明田仙弥、島田栄蔵、宮内勇次の三君と染宮与三郎君に励まされて正造等もひそかに喜んでやつたのです。実に右四人の哲学的法律無視は自然的法律であつた。之に付熟考せば感泣的で哲学的真理的を解するはよろしくないと云ふ事を発明いたしました。遅い遅い、又遠慮は御互に損する事があります。諸君は何故に学文《(ママ)》上の文義に付正造に教へる事の割合に少ないか。正造は老人なりとして御遠慮のあるためならんかと存じます。正造はもと非常の無学ですから御教示を願ひたいので諸君に参り、諸君の御厄介御助けを仰ぐのです。老人たりともドシドシ教へて下さい。私も実践上の事は遠慮なく申上げたい。

夫に付ては石川君の無遠慮にものを云ふのを見て、私は此一事に服します。逸見君の宗教は感情が少ないので弊が多く見えぬ。宗教は感情で読んでは狭くなる。宗教は無意味淡泊、誠に神となつて見るので解せるものと存じます。けれども逸見君は此老人に教へてくれるが御遠慮があるので控目です。此教へとは書類の上の事です。実行上の教へでないのです。文字を知らぬ者に文字的に教へて下さるは、銭なき人に金を与ふると同じ愛の道かと存じます。如何、瀦水の文字を谷中に教へたる政治の悪魔を顧みもせぬのにこれは干渉の悪教育でした。教育は自家の見を加へてはいけない。教育は只聖人若くは神の教へのまゝを其のまゝに教へざれば弊多し。聖人長命せば門人に偉いのが出来て門人自家の考へを加へるのでいけなくなる。キリストは門人乏しく且つ門人日浅く、キリストの言葉の分るものは一人もないので少しも蛇足がない。瀦水池と云ふような蛇足は少しもない。予等の政治は小石川の石塚《いしつか》先生流で、薬を可成《なるべく》呑ませずに病気をいやす。日本も利根川も谷中も薬代なしで全快の道は充分あります。然るに今人は此薬毒に病める日本政治で、病人却て馬車で狂ひ奔走す。

瀦水池の件は学者間の問題として頂きたい。正造は政治家中の旧友に向つてせめるけれども、諸君は学者間に縁故気脈に富める位置にあります故、是非々々学者間の問題に願ひたい。但し政治法義経済歴史を重んずるにあらざれば政治家も法律家も政治上の用に足らず。就中今の普通の法律家は小利屈《ママ》で、とてもです。

昨日召喚されたのは大沢（注、新八郎氏）氏、只今代つて正造召喚です。

逸見君へも申上げましたが、昔秋箱根を通るときトンネル多くて紅葉見る邪間《ママ》なれば、

トンネルは箱根の旅のうらみかな

鹿の声絶へて箱根の山奥に　紅葉ふみわけ気笛鳴くなり

新聞記事の抜粋で
出版法違反の嫌疑

田中翁は、栃木県会開会中いつも宇都宮に滞在して、それとなく議員の指導監督をつとめるのが近年の慣習となっていた。特に当年は河川法準用の告示がいろいろな重大問題をひき起しているため、万障繰合わせて県会に出かけなければならぬという多忙な矢先、十一月十九日、栃木検事局に召喚された。

それは、去る九月二十四日の国民新聞に掲載された「境に於て・玖川生」（編者注、境は茨城県関宿の北隣りの村、現在は町。玖川生については不明）という署名の「利根川治水帰着点」と題する、関宿堰堤を

実見して、河川の歴史を叙したのち、利根川治水問題の帰着点は関宿の堰の川幅を復旧することが急務である、という意味の記事を翁が抜萃して、「利根川逆流一百五十ヵ町村の同志に分つ、下野国谷中村一農夫」として半紙半分くらいに印刷したものが出版法違反の嫌疑となり、その前日はこれを取扱った大沢新八郎氏が召喚され、翌日翁が召喚、その後もしばしば取調べを受けたのである。

杓子定規を以て律すれば、出版法によって届出てないことは手落ちかも知らぬが、一旦新聞に発表された普通の記事の抜萃を違法扱いにするなど、嘘のようなことで処罰しようとしたのである。これは、栃木県会に対する翁の運動を牽制する一手段であったが、翁はそんな事件にへこたれる筈もなく、十一月三十日には「渡良瀬川本流妨害問題」と題する長文の治水論を印刷して、県会議員および主なる関係者に頒布し、以てその覚醒を促したのであった。

四　碓井要作氏と谷中村問題

碓井要作氏出でて谷中村問題甦える　このような情勢のもと、明治四十一年九月、初めて栃木県会議員に選出された碓井《うすい》要作《ようさく》氏は、多年田中翁が心血をそそいで戦っていた谷中問題に関し、わが県政史上未曾有の大質問演説を行なった。

氏は県南生井《なまい》村に養蚕業を営み、父の代には生井の銀行と呼ばれるほどの資産家で、かつて藤岡町の大儒森鷗村《もりおうそん》に学び、あるいは東都に遊学して当時の碩学と交わり、漢詩漢文を能くし、地方稀れにみる学者であった。

田中翁との交際は、明治三十一年春、栃木町に於ける進歩党支部発会式の時からと聞いたが、四十年八月の大洪水後に於ける関東治水問題に関し、田中翁と意気投合するところあり、県会議員となるや翁と互いに相謀って、谷中事件をして再び栃木県政上の大問題として甦らせ、世人をして栃木県会の碓井要作か、碓井要作の栃木県会かと感嘆せしめるほどであった。

田中翁が碓井氏にどれほど期待したかは『義人全集第五編（自叙伝書簡集）』に収録された碓井氏宛の田中翁の書簡百八十余通、および碓井氏の追悼録『香夢録』を見れば、自《おのず》から了解されることであろう。

谷中村問題に関する碓井県議の質問演説

明治四十一年末の通常栃木県会の開かれるや、ひそかに待機していた碓井県議は、十二月九日、歳入歳出追加予算土木費第一読会に於て特に中山知事の出席を求め、

「谷中問題が続々出ましたに就て、本員も一応大体に就て質問致します。全体弓を引いて鳥を射りますには狙いを定めて的を外れぬやうにするのであります。本員も本質問をするに当つて狙ひを定めて成るべく質問の矢の外れぬやうにする積りである」

と前提して、谷中村が滅亡した原因から説き起し、谷中村買収を決定した明治三十七年十二月十日の県会に言及、

「委員会と云ふ秘密会に於て谷中村を毒殺せんとした計画が成立した。其策《（ママ）》戦が成つたに就て本会を開いた。開いた所が県当局者は此案を提出したることに就ては一言も言はぬ。又之を賛成したる所の議員も一言も言はぬ、唯之に反対する為に当時の議員、今日も此所に三十四番の席に居られる所の大

久保君などは熱心に反対論を唱へたのである。鯉沼君も反対論を唱へた。船田三四郎君も反対論を唱へた。此三名が唱へたのみで、賛成したものは一言も言はぬ。当局者も一言も言はぬ。此時若し反対者が議論を言はなかつたならばどう云ふ風であつたかと言ふと、此反対論をされたのは甚だ迷惑であつた。黙つて通過すれば立派な堤防修築費で通つたのである。買収と云ふことは宜くないと云ふ議論をしたればこそ、買収と云ふ内意があつたのであらうとは思はれる。寧ろ無言の儘起立して仕舞へば買収と云ふ言葉が現れませぬで、従てあれは立派な堤防修築費と云ふもので可決せられたのではないか、事実に於て堤防修築費を以て可決されて居る。然るに堤防修築費と云ふ立派な名義の下に毒を盛つて谷中に飲ましたのである。谷中の者は四十八万円の修築費だから悦んで飲んだ所が此中には自分が殺される毒が入つて居た。諸君どうです、斯う云ふ神聖なる栃木県会に於て、卅七年に谷中毒殺の計画が成立したのである。恐るべきじやアありませぬか、議員を選挙する選挙民に於ては己等《おのれら》の利益を思ふ為に選出したのである。議員としても県の利益は勿論、人民の安寧を計る為に出て来たのである。然るに選出されたる議員が人民を毒殺せんとする所の計《はかりごと》をすると云ふことは、殆ど天下に其類例がなからうと思ふのである」

と責め、こうした不当曖昧の決議によって谷中村は日露戦争中に毒殺され、出征軍人が凱旋しても、わが家の行方さえわからなかった当時の惨状を語った。

帰るに家もなき
凱旋兵士の悲哀

「共に凱旋したる他郷の軍人は其郷里の人に停車場に迎へられて、実に林の如く旗を樹て、幾百の人に歓迎せられて、意気揚々として戦勝の名誉を担うて帰るのに、谷中村より出征したる軍人は、どう云ふ有様であつたか。己れを迎へて呉れた者は役場の通知に依て村の者が五、六人、殆ど十人ばかりの人に迎へられて谷中村の役場に引上げて来て、さうして一つの豆腐で一本の酒を酌んで此凱旋を終つたのである。然るに其軍人は嘗《かつ》て自分が住んで居つた家が何処にあるか知らない、彼等は帰るに家がないのである。自分の旧い友達は皆東西に離散して仕舞つて、已れの耕した田は草茫々として何処に宿ろうと云ふ所もない、聞けば皆那須の方に移住していると云ふ有様である。夜になつても帰る所がない、それが為に役場に一夜を泣き明かしたといふ有様であつた。他の者は国民歓呼して歓迎された中に戦勝を誇つて居るのに独り谷中の出征軍人は斯の如き有様であつたと云ふことは、たとえ沙翁《シエクスピア》の筆を藉《か》り来ると雖も、斯の如き悲劇は写し出されまい」

と述べれば、議場はあだかも水を打った如く静まりかえり、なかにはハンカチでそっと顔を拭く議員もあった。

更に碓井氏は議論を進め、県の事業計画書の虚偽を突いた後、憲法第九条および第二十七条を援用して、第一に栃木県会は谷中村を変じて瀦水池と為す決議をせしことありや否や、第二に行政処分を以て憲法の保証している人民の権利を奪うことを得るや否や、第三に谷中の瀦水池なるものは果して公益と認むるを得るや否や、また谷中村の堤防はひとり栃木県のみでなく群馬県海老瀬村にまたがっているが、栃木県のためすでにその土地を買収されて不必要となったこの堤防をそのままにして、もしこれが破壊したとすると、渡良瀬川の洪水は従来より六尺以上高くなり、下都賀南部一帯の堤防は水底に没するが、その対策をどうするのか。なお、谷中人民が死を決して憲法を擁護するため、これを追い払うことができず、遂に河川法を準用して処分しようとするのは法の精神に違背するものではないか、とあらゆる角度から肉迫し、知事以下所管役人の答弁を再三追究してその心胆を寒からしめ、これがきっかけとなって、谷中問題は俄然再び世人の注目をひくに至った。

ここに於て田中翁は、大いに我が意を得たるが如く、しばしば碓井氏に書を寄せたが、その一通に曰く、

諸君の敵は諸君の熱誠を毒殺する

貴下が先日の質問は誠心誠意貫徹して申分なし。直に御答礼可申上筈、然れども誉めるは毒、誉められると何人でも幾分の安心を為し油断に傾くもの故、生は容易に誉める事を謹みます。あとから見ると植松を嘲弄せしはやはり自身も軽くなりはせぬかとの憂が湧き起りました。議論の全体の重要であるのに此滑稽は玉に疵であつた。飽迄真面目にやらねばならぬ処である。然れども其次に直に谷中人民はサーベルに怖れぬ憲法擁護者云々に至つて誠に針はきいた。此一言が全体を活躍せしめたのです。予等も常に此心はありしも未だこの言葉を発するを知らざりし、実に真理を此一言に尽くされたと存じます。尚此言を幾重にも御主張の方法をさへ考究被下候へば恨みなしです。

三十七年の栃木県の進歩党のウジムシメラ〇〇〇〇〇〇の（欠字を明らかにする原本の入手不能）三派相合して誠に谷中を毒殺せしものなり。当年の政友会は大久保、船田三四郎、鯉沼三人は兎に角反対の議論を為した。此人々力量と熱心の足らざる処ありとするも、此するに進歩党のウジ虫に優る数百等、今朝貴下の質議によりて正に醜党の汚名は其半《なかば》以上を救はれたり。幸い荒《（ママ）》（新《あら》）手《て》の木塚、白石、湧井、内田の諸氏あり。青柳氏の温良にして方正なるあり、三十七年の進歩にて芳賀の鶴見君が独り卓然横尾等に反対せるの外は明に認得《みとめえ》たるほどの者なし。石川氏と雖も大久保氏に反対すとの一言あり、議長発言を許さず速記録に乗せざるかは知らず。予は正に傍聴して居れり。鯉沼氏

の反対論は名のみ。泣くが如く訴ふるが如きで片腕なしの気焔は見へんでした。只船田三四郎氏と大久保氏はマジメであった。卅六年に谷中が毒殺を免れたのは小峯新太郎、村山半、萩野万太郎三氏の智識なり。いずれにも○○（原本入手不能のため不明）は飽まで下野《しもつけ》一番の悪魔であるウジ虫の大将である。

一、破るものは事業と云ふ意義なし。

一、破りては公益の意義なし、況んや四隣県より水害増加の苦情は昨年の県会に請願出でたり。よつて全然公益の意義なし。

一、たとへ憲法法律に触れずとするも、栃木県が谷中の行動は全然の暴なり詐なり。之れ憲法法律を使用する権利なき窃盗強盗詐欺師の行動なり。犯罪者は法律を云々する権利なきものなればなり。

此場合の立法は議員にあり、議員の職権にあり、能力にあり、正しき精神にあり。毫厘彼等に口嘴を容るゝを許さざるなり。議員の威風凛然として存立せざるべからず、之れ実に我七十万蒼生の代表たる所以なりと信ず。

但し先方は邪脳あり、悪智恵あり、陰謀至らざるなし。俄に田中正造にも巡査引添急々迫り来る知るべし。諸君の周囲には百鬼取巻き諸君の隙を窺ふなり。諸君は火中に働く者の如し、寸分油断のなるものにあらず。但し熱誠なきものは敵もなく安心なり、馬鹿の安全なり。実に諸君の敵は諸君の熱誠を毒殺するの敵となり居れり。酒も多く呑《のま》ば危し、食物も飽くほどは害あり、酒を好み色を好む如く飽まで尽さむことを欲するは之れ熱誠貫徹の一つのみ。御多用中へ愚かな長文句、恐縮頓首。

戊申十二月十三日　藤岡途上、あその山人

理想画に見る火中の不動尊か

碓井雅兄様

尚々この歳の暮、

飢に泣く民の涙の露ほども　なさけしらずのみつき（ぎ）取り来ぬ

すなわち、わが子の試験の答案を見るような温情と親切とを以て、当時の県政の実状を告げ、熱誠貫徹のため一層警戒努力すべきことを伝えたものである。

河川法準用告示取消しと治水に関する県会意見書

次いで十二月十四日の県会には、

「旧谷中村買収以来何らの施設なく、放任し置くがために、渡良瀬川の逆流益ゝ多くして下都賀南部の水害はいよいよ甚しい故、急《すみや》かに適当の計画を立てゝ逆流を除くこと、および群馬県海老瀬村の堤防修築の急務、旧谷中村の土地物件の売払い若くは貸下げは断じて黙許しないこと、また河川法準用の結果、知事の職権を以て処分するとせば、公益を害するの憂いがある故、速にその告示を取消すべし。」

という大意の碓井要作・木塚貞治・湧井彦太郎・阿由葉勝作・内田卯三郎の五県議の提出にかかる意見書が、出席議員三十三名中三十一名の大多数を以て可決された。

更に同日、碓井要作・関田嘉七郎・阿由葉勝作三県議の提出にかかる左記治水に関する意見書が、全会一致の決議を以て平田内務大臣へ提出されるに至った。この意見書は、田中翁の原稿を碓井氏が添削したものである。

意見書

我栃木県下に足尾銅山の存在するが為めに鉱毒の流出は日夜絶へず、渡良瀬川沿岸一帯の地は早早其害を被れり。而して銅山を包繞して鬱蒼たりし林樹は濫伐し去て片影を残すなく、雨毎に山膚剝落し、游泥流れて河底日に埋り、脆弱なる堤塘は年々増進する所の洪水を防禦するに耐へず、濁流氾濫して粒々辛苦の農功は一朝忽ち烏有に帰し、田園の荒廃生民の困憊実に筆舌の得て状すべきにあらず。而して今や又山林乱伐の勢は利根川の水源を襲ふて洪水の激変其極に達し、人畜の流亡家宅の漂失を見るに至る、何ぞ其惨なるや。

図を案ずるに利根川の海に注ぐや江戸川を以て第一流域となす。然るに江戸川の河口千葉県関宿に於てセメント工事を以て堰堤を築き、河口を狭窄《きょうさく》にして以て流水を妨害したるが為めに利根川の洪水は此《ここ》に丈余の水層を湛へるに至る。且つ関宿以西権現堂の阻害工事及栗橋鉄橋柱脚の障害等に因て却て思川、渡良瀬川に逆流し、我栃木県南部の水量は普通洪水の上に尚六七尺を嵩め、沿岸村落の堤塘は或は破壊し或は沈没して河伯の暴逆を逞《たくまし》ふするは近年の変状なり。

是を以て県下納税地の頽廃は勿論、治水費は往年に十倍して毫も其効を奏せず、随て築けば随て水を増し、堤塘は其名ありて其実無からんとす。独り我栃木県下のみならず、隣県茨城、群馬、埼玉の如きも亦其惨禍を同ふす。

政府は此の如く人為的洪水を大ならしめて恬《てん》として顧みざるは何ぞ、我等之れが原因を憶測して思らく、一二資本家の相連絡して以て金権力を用いて官権を利使し、組織的罪悪を逞ふし、陽に潴水池の必要を唱ひて土地を滅亡し、陰に私腹を肥しつゝありしが為めなり。

嘗て聞く、関宿河口を狭窄にしたる原因は、去る明治十三年の洪水に足尾銅山の鉱毒流れて江戸川沿岸の地に伝播し、俄かに地方人心の一大恐怖を惹起し、彼等新たに説を造りて曰く、利根川は銚子港に注ぐを以て本流と為すと。更に巧みに言を作りて曰く、禁城の水害を予防するが為めなりと、当時政府の官僚は地理的歴史を知らざるを以て之を聴きて信なりとせるか、専ら関宿の河口を狭隘にすることを是れ努め、遂に今日の如く其間隔僅かに九間余とし、全く利根川の流勢を阻止するに至る。夫れ利根川を銚子港に注がしめたるものは決して治水の本旨にあらず、実に徳川幕府の江戸城要塞の設備なり。利根川を引て下総常陸の国境を劃し、下総を以て江戸城下の属地となし、其咽喉たる関宿に藩を置きて之を守らしめたるは封建時代の軍備としては地上止むを得ざるに出ず。其れ此の如く利根川は江戸城東北の一大外湟《がいこう》にして江戸川之に次ぐ。江戸川の河口を狭窄にして水量を減殺するは却て防備を薄弱ならしむるを以て、其間隔五十間余、両岸の堤塘を保護するには専ら杭木を用ひたり。然るに昌平三百年上下軍備の必要を忘れて徒らに杭数の増加を見る。而も尚杭間隔つること三十余間なり。今や僅かに九間余、工事の堅牢なる左右一滴の水を漏さず、流勢の勾配急なること瀑の如く、船舶の往還に危難を及ぼすに至る。

其経営の無謀にして施設の乱暴なる実に言語に絶す。而して政府は其流勢の迂なる銚子流域を以て利根川の本流なりと称し、無智の民之に雷同し、其河底の游泥を浚渫《しゅんせつ》すれば洪水の害を免るべしと誤信し、既に六百五十万円の巨資を費したるも果して何等の効を得たりや。

予期の浚渫工事一期にして全部竣成すれば必ずして其効なきにあらざるも、遅々として歳月を費さば随て渫ふも随て塞がり、何を以てか其労と費とを償はん。若し夫れ江戸川なるものが利根川の本流なることを知りて断じて関宿の河口を濶ふせば、洪水は滔々として東京湾に注流し、関東の洪水は復た見んと欲するも得べからず。是れ地勢の然らしむる所にして治水の道を得たるものと謂ふべし。

我栃木県の東南、海を距ること十五里、広濶たる平野にして毫も目を遮るの丘岡なく、下都賀南部の海面を抜くこと殆ど四十尺、乃至五十尺而して年々洪水の惨禍を被むるものは何ぞ、他なし人為的妨害を以て利根川の水流を妨害し逆流氾濫せしむるが為めのみ。誠に見よ、関宿以西沿岸の堤防費は年々一百万円内外を投じて曾て其功なし。今若し是等の妨害物を除去せば、ただに堤塘費の要せざるのみならず、被害地と称する田園より収穫すべき利益は実に幾百万円なるを知らざる也。

関宿河口を濶ふして江戸川下流の地、洪水の杞憂を抱くとせば予《あらかじ》め之が完全の策を講ずべし。即ち堤防を拡大にして尚足らずんば東方に向て新たに一の分岐川を開鑿し水勢を減殺するも可なり。其費たるや巨額を要せず、国家は此の如く必要なる放資に吝ならざるも人為的妨害の為めに損失する所の治水費の負担に堪えざる也。

既往十数年来利根川に施せる諸工事を見る、治水上何等の方針なく、徒らに地方局部の利を是れ謀りて利根川統一の本義に背き、其天然の瀦水池たるべき口を塞ぎて故《ことさ》らに上流に向て瀦水池を新設するが如きは殆ど児戯に異らず、否、児戯的瀦水池を新設せざるも今や四県下四十余ケ町村は瀦水池の悲境に沈淪し、居住民みな饑渇に迫りつゝあり。

之を要するに洪水の惨禍を防ぎ、生民の饑渇を救はんには利根川統一の本義を明かにし、速かに流域に横はる総ての障害を除却し、山林の濫伐を厳禁し、力めて水源を涵養するより急なるはなし。仰ぎ望む、閣下本県民の哀願する所を採納して現下の窮苦を救済し、均《ひと》しく聖代の雨露に浴せしめられんことを。

右本会一致の決議を以て意見書提出候也。

栃木県会議長　関田嘉七郎
（あて名および提出者名省略）

このように栃木県会がその権能を発揮したので、知事はその勢いに押されて谷中村民追放の暴威をやめ、下野煉瓦会社に対する土壌払い下げも取消すことになった。

碓井氏と翁の協力関係

それには安蘇の木塚貞治・湧井彦太郎、足利の笠原直次郎、下都賀の船田定四郎・白石荘蔵、上都賀の高橋元四郎・鬼平伊芸松、那須の高田耘平《うんぺい》、芳賀の大和《やまと》尚一《しょういち》・和田大三郎、塩谷《しおや》の矢坂忠吾、河内《かわち》の石川玄三（兼県補佐）の各議員の活発な発言があったからであるが、その主動力は碓井氏の大質問によるところが大きかったので、翁は碓井氏を促してその質問と答弁を一小冊子にまとめ、これを代議士その他各方面に頒布して谷中問題の真相を訴えると共に、碓井氏の実行に伴う信望の高まるのをまって代議士に選出し、以て関東五州にわたる治水の目的を達成しようと、ひそかに期待していた。

先ず下都賀南部各町村から谷中村の瀦水池を廃して周囲各町村の被害を回復せられたしとの請願を、政府および議会に提出するよう碓井氏に勧告し、或いは周囲各町村に散在する谷中の旧地主および移住民の堤内地占用運動助勢のため東西奔走中、翁は、十二月二十三日には例の出版法違反事件でまた栃木検事局に呼び出されるなど、多忙のうちに明治四十一年は暮れた。

第四章　渡良瀬川の治水問題

明治四十二年

一　破憲破道への糺弾

明けて明治四十二年の元旦谷中残留民は破壊後第二回の新年を迎え、恵下野の島田栄蔵方に初めてささやかな新年会を開催した。鶴見平五郎・水野彦市の二人は欠席したが、復帰者の神原《かんばら》宇三郎や古河町に仮住いしていた大沢新八郎氏も来会して、総勢十九名、なごやかな一日を送った。

憲法擁護・自治村回復の請願書

翁は昨年来からの経過報告をかねて上京、逸見斧吉家で越年したが、席のあたたまる余裕もなく古河に帰り、谷中の仮小屋または生井村の碓井氏方に泊って、国会に対する請願のことを図っていたが、十五日には足利の愛甥原田定助氏方に至り虱《しらみ》退治をしなければならなかった。しかも昨秋以来の無理な運動が障《さわ》って、眼病や感冒におかされ不健康つづきであった。

一月下旬、翁は病をおして北海老瀬の増保《ますほ》金蔵氏方に滞在、二十八日には北古川の人々が翁の病気を見舞った。しかし、翌二十九日には翁は筆者を助手として、北海老瀬人民から貴衆両院に提出すべき「憲法制度法律を正当に順用(ママ)して破滅せる自治村回復を期する請願書」の起草に着手。

翌三十日、藤岡町篠山の茂呂多重・川島子之助の両氏が相談して、翁を川島熊蔵氏方に移した。熊蔵氏は川魚の行商から身を立て、第二次大戦後藤岡の治水町長とよばれた川島角之助氏の父君である。その家は篠山の東端谷中境の高台にあった。朝起きて庭前から少し東進すると、元谷中の廃村をはじめ赤麻・部屋・生井・野木および茨城の古河・新郷、埼玉の利島《としま》・川辺などの各水害地が、一望の裡《うち》におさまり、遙か向うには筑波山、またはその左手には太平山《おおひらさん》や日光連峯がそびえ、その間から大きな太陽の昇るのがよく見えた。

翁の書斎にあてられたのは、母屋に向って左側の茶屋風の離れ家で、庭には若木の植込みがあった。翁は此室と庭が大変な気に入りようで、

「ここは私共にふさわしいところだ。島田君、のちに庭を造るときにはこのように造るとよい。金をたくさんかけずに、何年何十年と楽しみながら庭木を世話すると自然によい木ができますから」

と、筆者のような無能の者にも庭を造るときがあるものと翁は期待してくれたらしい。

折柄《おりから》旧暦の正月なので、蕎麦や汁粉《しるこ》をこしらえ、一家こぞって厚くもてなされ、主人の熊蔵氏は庭木や盆栽好きの風流人で、時々自作の歌や俳句をきかせ、いろいろな掛軸などを見せてくれた。名は忘れたが、誰か有名な方の書いたという、葦と蟹の画の上の、

見る人の笑うもよしやあしの筆　なるものになれ行くままに行け

という狂歌を、翁が興味深そうに読みかえしたのが印象に残っている。

上京、人道と憲法の破壊を訴う

翁はこのような雰囲気のなかに滞在しながら、筆者のほか、篠山の川島弥吉、恵下野の川島要次郎たちを助手として、谷中縁故民から県に提出すべき「元谷中村堤内農耕許可請願の事実及理由書」並びに「追伸参照」と題する半紙数十枚の原稿、残留民から貴衆両院に提出すべき「憲法擁護の請願書」の起草推敲に当ったが、まもなく下宮の茂呂近助《ちかすけ》氏に移り、これらを寒夜を徹して書き上げ各関係者の調印を揃え、二月七日、筆者を伴うて上京、各所訪問、十一日には早稲田大学の憲法発布二十周年記念に参列した後、島田三郎氏方に至り、

各請願書提出の紹介を依頼、翁はなお東京に滞在して各代議士および有志間を運動訪問のかたわら、前年十一月頃から起草した「渡良瀬川流域復旧請願書」を推敲し、美濃紙二十三枚に浄書した。

ほかに、前年沿岸各町村から政府および議会に提出した請願および陳述書の写しを添え、翁と当時平民倶楽部の寮生足利郡久野村の阿部米造、同北郷《きたごう》村の阿由葉正一郎、足利町の原田好三《こうぞう》、群馬県館林町の堀内基一《もといち》諸氏連署して、二月中旬、貴衆両院議長に提出した。この請願書は、その後再三訂正増補の上、書店金尾文淵堂の原稿用紙を用いて逸見氏の加筆したものが現存している。その内容は、利根・渡良瀬両川水系の歴史を説き、その回復を論じた長文のものであるが、紙面の関係でここに掲げることのできないのを遺憾とする。

次いで翁は、代議士津久居彦七氏の定宿なる日本橋新葭町の上総屋をはじめ、在京代議士や有志家のところを根城として「破憲破道に関する請願書」を起草して、大成社の筆耕をして代筆させ、三月二十日、翁単独の名義を以て両院議長に提出した。本書はその初めに、

「凡そ憲法なるものは人道を破れば即ち破れ、天地の公道を破れば即ち破る。憲法は人道及び天地間に行はるゝ渾《すべ》ての正理と公道とに基きて初めて過《あやま》ち尠《すくな》きを得べし。現政府が栃木県下都賀郡元谷中村に対する行動は日本開国以来未曾有の珍事にして人道の破壊憲法の破壊蓋《けだ》し之れより甚だしきはあらざるべし」

と書き出した、美濃紙十四枚にわたるもので、その内容は主として谷中買収に関する政府および県当局の無法乱暴を叙して、破憲破道を論じたものである、

当時、翁はこれを島田三郎氏のもとへ持参したところ、島田氏は「一応内容を調べてから」云々といわれたので、更に花井卓蔵氏のところへ持参して、

「島田さんはこのように申しておりますが、それでは時期に遅れてしまいますから、取急ぎお願いに出ました」

と懇請すると、花井氏は、

「田中君の憲法論は、私の所論よりも確かで何の顧慮する必要はありませんからお引き受けします」

と答えて、すぐ議会に紹介し、さらに島田三郎・大竹貫一・花井卓蔵・卜部喜太郎の名義を以て、そのまま内務大臣に対する質問書として責任を問うたものである。翁は、

「島田氏の細心、花井氏の大胆、およそかくの通りでした」

と感心しておった。

高木正年・花井卓蔵氏らの議会質問と政府答弁

これより先、三月十一日、高木正年・花井卓蔵・卜部喜太郎の三氏は「栃木県谷中村民の居住に関する質問書」を提出し、高木氏が演壇に立って、盲目の身を以て谷中の現場を二回視察したその実感をこめ、あらゆる角度から情理を尽して質問の矢を放ち、最後に、

「政府の答弁の要領を得ざる間は、幾度も此叫びを当議場に現はし、此谷中村民の今日の状態を回復するまでは続ける考へでありますが、まず第一声として私が玆に此叫びを為すものであります」

と結んで降壇した。

前年（四十一年）三月二十二日、翁が花井卓蔵ほか一名の名を以て議会に提出した「利根川流域の被害に関する質問（三十項目）」に対する同年三月二十五日の原内務大臣の答弁書は、例によって例の如くその第六項に於て、

江戸川入口は往時の施設に係る水量規定の設計の外、近時之を狭めたることなく、従つて流水を阻碍したることとなし。右入口の上下に於ける水位の差は低水時にあつては二寸五厘にて云々と、平水時の水位を以て胡魔化し、また第十二項では、「利根川の洪水に於て渡良瀬川の逆流は約二里にして思川は約一里なり」と誣《し》い、第十五項に至っては、「埼玉、群馬、茨城及び栃木四県の被害は逆流のみに起因するにあらず」と殊更に自明の理を並べた。

同様に、本年（四十二年）の質問に対しても、治水上瀦溜地区の必要を認め、災害工事善後策として堤防破損箇所の復旧に代《か》えてその計画を立てたものであるから適法であるとか、関宿の棒出《ぼうだし》（石材・木材等を用いて河底や河岸を埋め流勢を制圧する工事）は、明治十年、オランダ工法により改築し、その後損害を受くる毎に復旧工事を施したものであるとか、要するに虚偽と弁解と抗弁とにすぎなかった。そして、何故かこの頃から、谷中村を瀦水池といわずに「瀦溜区域」といい出した。

しかし、議会の会期が切れたので、前述の破憲破道に関する質問書は書面で出したまま、花井氏が演壇に立って糺弾する暇のなかったことを、翁は非常に残念がっていた。

公娼廃止演説と江戸川沿岸視察

四月十一日、翁は木下氏の意を承け、前橋の弁護士徳江亥之助氏を訪ね、同地矯風会主催の公娼新設反対演説会に臨んで公娼を廃止すべきことを提唱した。

同二十四日には、古河から船で渡良瀬川および利根川を経て関宿から江戸川を下り、宝珠花《ほうしばな》・流山《ながれやま》・松戸・鴻の台《こうのだい》・市川など、河川の両沿岸各地の地勢地理を視察して東京の深川に入り両国橋に至ったことが、翁の書簡や日記に見えているが、筆者は同行しなかったので、その詳細を知らない。

演説は見るものなり

五日十六日、大沢新八郎氏の奔走により、藤岡町慈福院に於て、治水問題演説会が開催された。演題と弁士名を墨書する適当な人がいないので、翁が自分の演題および各弁士の演題を書いた。その時、ついでに翁が「猛虎一声山月高」と書いたところ、木下尚江氏がこれを所望して持ち帰り、いまなお同家に所蔵されている。

この日は風雨が烈しく、聴衆は三百人ばかりであった。午後二時半、大沢氏が会主として開会の辞を述べ、次に木下尚江氏は「富」と題して富に関する一般世人の錯覚について話した。たとえば寺や神社の寄附金のようなものを見ても、十銭ずつの千人は眼につかないが、十円の一人は大きく見える。それと同じく、貧しい百万人の富よりは資本家一人の富が重くかつ大きく見えるが、これは大いなる錯覚であって、実は一人の千円よりは千人の十銭ずつ、資本家一人の富よりは貧者百万の富が遙かに重くかつ大きい。この長い間の弊風からきた観念が錯覚であると了解すれば、鉱毒問題も、また谷中問題も直ちに解決することを強調したのである。

次に星野孝四郎氏は、谷中村の「食糧工事実行論」、県議白石荘蔵氏は「治水の根本」、同碓井要作氏は「谷中問題の誤解」と題してそれぞれ熱弁をふるい、最後に田中翁が立った。

翁は鉱毒問題から谷中事件の歴史を述べ、河川法を逆用して残留民を追放しても関東の水害は除かれぬばかりか却って増大する。要するに治水の根本は封建的わがまま根性を棄てて、関宿および利根川各所の流水妨害施設を取払うと共に、この妨害工事をつくらせるところの足尾銅山の鉱業を停止させるのが最大急務である。然るに被害民諸君は治水問題の演説など聴きに来ない人も少くないが、来れば今日のように各弁士の有益な演説を聴くことができる。しかし聴いても自分からその通りに実行しなければ何にもならない。聴いて実行するために、演説は来て、見るものです、今日、私の演題を「演説は見るものなり」としたのは、即ち来て・見て・実行するためです、と結んで六時頃閉会した。

その後、木下・星野両氏と共に来場された逸見氏および碓井・白石両氏はそれぞれ帰宅。翁および大沢と筆者の三人は、町の河内屋に泊って残務を整理、翌日は西からの大風の吹き荒れるなかを篠山の茂呂多重氏方に到り、谷中の諸問題に関する運動方法の打合せを行なった。

なおこの二、三日来の暴風雨で、渡良瀬川が増水して赤麻沼から迂回浸水したため、谷中の堤防の内側や、残留民の水塚は予想外に崩し落され、非常な危険状態となった。

水野彦市の死

田中翁は、同じ東京にいながら入院中の勝子夫人の病気をさえ見舞えぬほどの多忙のなかでも、ひとたび関係者の不幸や災難をみると、すぐ慰問・救済の方法を講ずるのが常であった。

かつて、公益のためその所有地が必要ならば貸与しようと申し出て県の買収に応じなかった残留民水野彦市が、多年の水害や仮小屋生活が障《さわ》って病臥の身となったことを筆者が伝えると、翁はただちに水野をその仮小屋に見舞うた。水野は生活の不如意と交通不便のため、医師の往診さえ受けずに、ただ生死を天に任せるよりほかないという悲境にあった。翁は大いに憂慮して、五月二十五日わざわざ上京、以前鉱毒被害民多数の施療を担当された京橋越前堀の医師和田剣之助氏を訪ね、事情を訴えて谷中村への往診を懇請した。

和田氏も大いに同情して、翌二十六日の夕刻往診することを快諾されたので、翁は一泊して帰村。

当日は風波が高くて谷中へ船を出せるかどうかと案じながら、古河駅前の田中屋で和田院長を待ったところが、六時五十分、谷中から使いが来て、「水野が今日午後四時半ついに亡くなりました。亡くなる時に、谷中事件の解決を見ずに死ぬのは実に残念だといわれたそうです」云々と悲報を伝えた。翁は愁傷落胆涙潸々《さんさん》として答える言葉もなかった。

それとも知らぬ和田院長は、七時四十分古河駅に着き、翁からその由を聞いて只黙々。わずかに田中屋で一杯の茶を飲み、哀悼の情にみたされながら次の上り列車で空しく帰途に就いた。

以上はその翌日、筆者が翁から直接聞いた事実であるが、翁はこの水野ばかりでなく、翌六月中旬、残留民染宮与三郎の長女いちが古河町の親戚に於て急病に罹った時も、十三日、わざわざ東京から帰ってその病床を見舞い、町の竹沢医師を訪ねて療養がた万端を懇請して再び東京に戻った。

茂呂松右衛門の動揺と脱落

過ぐる強制破壊の時、質朴な悲劇の家として傍人を感泣せしめた残留民のひとり茂呂松右衛門は、去年九月河川法準用の告示の出た頃から動揺していたが、元買収勧誘員宮内喜平氏の勧誘によって、僅かに家屋破壊費の免除と移転料支給程度の条件で、六月二十六日、ひそかに訴訟を取下げ、他に移住することとなった。

これを知った翁は、二十九日、わざわざ松右衛門を訪ねて慰留に努めたが、父松右衛門は残留を欲しながらも、前々から移住を望んでいた伜吉松のために負けてしまって、如何とも翻意させる仕様がなかった。そして、松右衛門は七月一日、シブシブ同志の家々に別れの挨拶をして、翌二日、仮小屋を取壊し、ついに古河町宮内喜平氏の東方に引越してしまった。しかし、父子の間の「行くの帰るの」という家庭争議は、後のちまで尾をひいて解決しなかったので、翁は松右衛門のため特に同情を寄せていた。

中山知事喚問決定　これより先、六月四日、土地収用補償金額裁決不服事件の第七回口頭弁論が栃木支部（宇都宮地方裁判所）に開廷され、住谷裁判長係、原告側茂木弁護士、被告側柴田県属それぞれ出席、判事の更迭があったため弁論を更新、各証拠認否ののち、土地収用審査会長の資格を以て、中山栃木県知事を証人として喚問することに決定して閉廷した。

二　渡良瀬川改修の賛否

渡良瀬川改修の政府案出る　明治四十二年九月、政府は渡良瀬川改修工事を計画して、群馬・栃木・埼玉・茨城の四県に諮問した。よって各県とも相前後して臨時県会を召集、栃木県では十日から開会となった。

その内容は、渡良瀬川の途中、足利郡岩井山から下都賀郡三鴨《みかも》村までの河身の屈曲を直し、両岸の堤防を改築し、主なる枝川は樋門を以て洪水を調整し、同村大字甲以下を変更して思川合流点（古河町悪戸《あくと》新田と元谷中村下宮間の三国《みくに》橋）までを廃川として、甲から新たに約一千間にわたる藤岡町北端の高台を開鑿して、赤麻沼（この沼は従来群馬・埼玉・茨城の各県境を経て思・巴波の両川を北上逆流し、三里以上迂回しなければ渡良瀬の鉱毒水の浸入しなかった流域外）へ新川を直下せしめよう（すなわち鉱毒水直流入）とするのである。また思川は野木村友沼の高座口から生井村下生井に直通し、巴波川は部屋村大字部屋の地先から赤麻沼に入れ、ここに三千数百町歩の遊水池を造り、遊水池と利根川間の渡良瀬川の河幅を三百間に広げてその疎遠を自由ならしめ、以て沿岸の水害を除去しようとの計画であった。

なお当局は、これが成功の暁は、堤防の総延長七万千二百余間は約四割減となって四万二千八百余間に短縮、また従来自然の冠水地および廃河川敷三千二百余町歩のうち、新屋敷あるいは堤外地となるべき五百余町歩を差引いても三千二百町歩の益地を生ずると説明しているが、遊水池の三千三百町歩を控除すると却って百町歩の減積となる計算である。もっとも、従来堤内地にして治水のため破堤破害を免れなかった八千余町歩を加算すると、一万千二百町歩が助かることになる。そのため、総工費七百五十万円のうち百三十万三千円を栃木県、三十九万六千円を茨城県、二十六万九千円を埼玉県、三十八万八千円を群馬県で各々分担せよ、というのであった。

渡良瀬川改修――これこそ実に田中翁が沿岸被害民と共に二十余年間の生命財産を賭けて戦った結果ようやくかち得た代償である。いいかえれば、田中翁の明治天皇に対する決死の直訴によって喚起された世論に動かされて、第二次内閣鉱毒調査会が六年の歳月を費してようやく結論を出したものである。これが明治三十六年六月三日、島田三郎氏の質問に対する答弁書によって発表されたとき、翁はこれを鉱毒問題を治水問題に転嫁した不当の計画であるとして反対した。だから、この改修案が、もし藤岡町北端の高台を開鑿したり、百害あって一益もない遊水池を設置するような施策でなくて、足尾の鉱毒と関宿の逆流を除くための真の河川改修であったなら、あるいはそうでなくとも、もし翁が通り一遍の政治家であったならば、この改修工事実現をわが功成れりとして誇ったかも知れない。

だが、実際は原爆禁止を叫んで水爆を投下されたようなものであった。ある羊飼が一匹の迷える羊を探すために、九十九匹の羊を措いて探し求めたというが如く、たとえ一人といえども故なく神聖な人民を見殺しにすることは忍びなかった。まして、つねに一視同仁憂国愛民を念願とする翁は、根本的治水を確立して沿岸の被害民を均しく救済せんがため、敢然として反対の血戦に立たなければならなかったのである。

臨時県会に反対運動

これよりさき九月五日、翁は谷中の島田栄蔵宅において、例の訴訟事件や治水に関する対策を相談していたところ、柴田三郎氏が弟の五郎氏同伴で、畔尾《あぜお》梅子さんという同志の病気のためわざわざ東京から迎えに来たので、翁はただちに畔尾さんの入院やその金策等のため上京した。

滞京中、たまたま逸見氏から渡良瀬川改修案の出たことを初めて聞き、その突然なのに驚き、各関係方面へ手紙を以て注意を喚起すると共に、とりあえず柴田三郎氏に陳情書の草案を託して、臨時県会開会の前日、すなわち九日に生井村に帰り、碓井氏宅に泊った。

十日には竹沢勇吉、十一日には島田平次がそれぞれ残留民を代表して県会の傍聴に出かけた。その夜、翁は古河駅前の田中屋に泊っていたが、十二日の未明二時、恵下野の佐山梅吉を使いとして筆者の県会運動を促してきた。よって筆者は早朝、島田平次と共に宇都宮の猪熊国三郎氏方に至り、翁および東京から来援した柴田氏と会談ののち、下都賀南部から反対運動のため宇都宮に出て来た次の諸氏を訪問した。

部屋村蛭沼《ひるぬま》の荒川久三郎・長島三郎次・島田常右衛門・五家一二、同緑川の佐山孫惣・佐山周助・条谷彦七、同部屋の田熊寅吉・葛生《くずう》定三郎・神原《かんばら》六平・山中三十郎、同日波《にっぱ》の田中森之進・吉沢一郎、生井村の中野忠右衛門・須田久五郎・荒籾《あらもみ》善太郎・大橋代蔵・渡辺喜四郎・渡辺良助（以上、丸治旅館

止宿）、同下生井の小川吉右衛門・荒川勝助、同白鳥《しろとり》の金沢鷲太郎、同生良《きら》の館野勇次、同楢木《ならき》の白上《しらかみ》惣兵衛・海老沼春吉・野口重右衛門（以上河内屋旅館止宿）、野木村野渡《のわた》の前沢森右衛門、同野木の熊倉徳一郎・知久《ちく》徳次郎、同友沼の菅野茂・菅谷丑蔵・三森《みもり》三次郎、赤麻村の五十畑《いかばた》幸作・池沼仙次郎・河島条作・石川藤作・石川清次（以上宿所を忘る。これは当日筆者の訪ねた人びとのみで、他に三鴨村高取河岸の小曾根太郎右衛門、同唯木の上岡啓三郎諸氏その他、各村々から交代または波状的に多数出県陳情者があったと記憶するが、氏名不詳のため掲記できないのを遺憾とする）。

　以上の諸氏を訪問ののち再び猪熊氏方に帰り、陳情書認めに従事、その夜は同氏方の附近の手塚屋という小さな行商人宿に泊り、翌十三日はまた猪熊氏方に於て陳情書認めを続行したが、翁他三人とも石田仁太郎氏方へ移った。

　その途中、雑貨店で鼻紙と歯磨楊子《ブラシ》を買い求めようとすると、五十歳位の店主が翁の顔ばかり見ていて、なかなか品物を出さない。翁の去ったあと、「アノ先生は何流ですか」と問う。「あの方は剣道の師匠ではなく田中正造翁です」と答えるとビックリして、「そうですか、どうも申し訳ないことをしました」といっていた。

　これを翁に告げると、

「乞食と間違えたかと思うたら剣道の師匠か、アハハハ」

と笑ったのち、

「まだそれはよい方です。乞食と間違われて『出ませんよ』と断わられたことがありました」云々と、意にも介せぬようであった。

　その日の夕刻、石田氏方に到り、翁は常子夫人に挨拶して、「これは谷中の人々ですが、少々書きものがありますから一晩泊めていただきたい」と申し入れたところ、さっそく快諾されたので、二階の事務室を借り受け、石田氏の事務員安生《あんじょう》某氏の援助を求め（柴田三郎氏はこの夜帰京）、その日もその翌日も毎日翁自ら陳情書を起草し、紙面が真ッ黒になると私たちに渡して一行おきに書き直させる。

翁は、その合間に議員を個別訪問して問題の利害得失正邪曲直を説明し、帰ってまたまた原稿を推敲し、これを幾度か繰返してようやく書き上げると、「元谷中村現在居住民七十六戸の内土地収用強制執行を受けたる堤上三戸堤内十三戸堤外三戸の代表者」（編者注、茂呂松右衛門の脱落により実は堤内十二戸）として、私たち両名（島田平次と筆者）の名で栃木県会議長の大和尚一《やまとしょういち》氏に提出、その写しを碓井氏やその他の議員に手渡して「反対」の協力を求めたが、議員はいずれも賛否の策戦に熱狂して、われわれの陳情に耳を藉《か》す余裕のない状態であった。故に、われわれはまったく不眠不休で、僅かに椅子によりかかって居眠りしながら陳情書を認める始末であった。翁は老いたりとはいえ、多年の鍛錬と不断の気魄とによっていささかも疲労の色を見せなかった。未熟な筆者は、睡眠不足と過労のため、便秘はする、眩暈《めまい》はする、ある朝の如きは鼻血さえ出すという醜態を演じた。これを見た翁は大いに同情して、この状況を東京有志へ報告するとともに、

「牛乳か卵でも買っておあがりなさい」

と、懐から二十銭出してくれた。筆者はその愛情に感激しながら仕事をつづけた。

この家の主人石田氏は、本県政界の重鎮で、栃木県会をまとめるにはこの人の力に俟《ま》たなければならなかった。そのため、かつては谷中買収反対の協力者で今は原案遂行派に転じた群馬県選出代議士武藤金吉は宇都宮に乗り入み、縦横無尽に活動、党派違いの石田氏をしばしば訪問して何事か密議を凝らしていた。しかし、常子夫人はそんなことには構わず、反対運動をしている翁や私たちのため、

婆やに指図して厚くもてなしてくれた。

洪水被害、地元民の利害相反す

渡良瀬川改修の名により、藤岡町の高台を開鑿して流域を異にする赤麻沼に切り落せば、藤岡町以西の被害を一時は軽減しうるであろうが、一方、藤岡町の高台によって渡良瀬川の洪水を避け、数百年の歴史を経て発達してきた下都賀南部の町村および埼玉の利島・川辺、茨城の古河・新郷以下の多数町村は、上流から無限に流下するダムの堰を破って頭から大洪水を浴びせられるのと異ならなかった。加うるに下流から利根川の逆流が押し寄せるので、藤岡町以東の各町村民は死活の大問題として蹶起、渡良瀬川改修反対の陳情書を携えて県会に押し出した。

陳情の要旨は、茨城県知事を会長とする同県治水調査会にかかる明治十八年以来の利根・渡良瀬川の出水表にもとづき、政府当局の設計の誤りを衝き、下流に分水の途を講ぜずして流域の中間にこの如き遊水池（明治四十二年秋、内務省の起案で谷中堤内地およびその周囲十一ヵ町村にまたがる三千三百町歩）を造ることは、谷中瀦水池（明治三十七年暮、栃木県の起案で谷中堤内一千町歩）の失敗の歴史を繰返すに至ることは火を見るよりも明らかであるから、今次の改修案を排して治水の本源に則り、沿岸共通の公益を全くして欲しいというのであった。

これに反し、藤岡町以西の被害民は改修案の通過を期待し、安蘇・足利両郡の被害民は、かつての鉱毒事件の闘将野口春蔵氏等を陣頭に立て、

「二十年間、生命財産を賭けた運動がようやく実ろうとするのだ。下都賀南部の方々にはお気の毒であるが、それはかつて鉱毒事件当時からろくろく運動もせずに懐手《ふところで》していたから、今になって災禍が

ふりかかって来たのだ。要するに自業自得というものだ」と、盛んに気勢をあげていた。

そのため議事堂の内外は、これら賛否両派の被害民が入り乱れて、喧々囂々《けんけんごうごう》、蜂の巣を突いたような騒ぎであった。しかし安蘇・足利の被害民は、いずれも千軍万馬の闘士で、すでにその場を圧していたのに対し、下都賀南部の被害民はほとんど処女のような低調ぶりであった。たとえば藤岡以西の賛成派は脚絆に草鞋穿きの闘争姿であるのに、藤岡以東の反対派は羽織袴の正装ぶりが多かった。

翁はこうした三ツ巴《どもえ》的紛争中、この案を歓迎する以西の被害民を心ひそかに憐みながら、連日連夜「正ヲ履《フ》ンデ懼《オソ》レズ」との態度を以て陳情書の起草に没頭していた。

局部の利害にとらわれ大局を誤るなかれ

九月十五日、県会は事重大なれば実地調査を要すとの理由で休会と決した。私たちは翌十六日、議長および議員を訪問して第五回の陳情書を提出し、午後帰途についた。

十七日、翁も宇都宮から帰村、北古川の水野常三郎方に残留民を集め、県会の報告を兼ねてその対策を協議した。なお翁はこの日、関宿石堤(江戸川入口)横断図面(水路六十尺)に「急ぎ草稿筆記に代う」と題して、

旧形に復するとは此図を稍々一倍に復するを云ふ。然るに近年利根川水源に濫伐の為め流量過大の増加あり、且つ河床急に埋没せるものなれば中利根川改修成功の日までは旧形の二倍即ち現形の四倍を目的として之を開築せざれば今来尚逆流氾濫の多大なるを知るべきのみ。

という印刷物を県会議員に送った。

十八日、議員は実地視察のために県南に出張、内務省の官船で渡良瀬川を下り、古河町に泊った。翁は「谷中残留民堤内麦蒔視察願」および「天与の救済谷中地麦蒔収穫方御計願」を認め、残留民総代または移住民代表の名を以て大和県会議長に提出した。

十九日、翁は部屋・生井辺を視察中の大和県会議長および議員に対し「大関係地点御検分願」という、関宿その他、逆流箇所を摘記した願書を、島田宗三の名で提出した。

この日、鉱毒事件の四天王の一人ともいうべき群馬県大島村の大出《おおいで》喜平氏は、栃木県会に陳情のためか、あるいは田中翁の諒解を得るためか、古河町村沢旅館に来訪したので、翁は国道をへだてた東側の大出氏の室で筆者をまじえて会見し、互いに渡良瀬川改修案について語った。

大出氏は、藤岡町以東の被害地を遊水池とすることは無益有害で最も不当な施策とは思うが、藤岡以西の被害民としては一日も早く多年の被害から免れたいという一心で、この不当で不安な政府案にも従わなければならないという自己の立場を訴えた。

翁は、一局部の利害に囚われて大局を誤ることの不利であることや、もし足元だけを考えて他方がどうなっても顧みないとなると、鉱毒も治水も解決せず、足尾銅山党の行動と異ならない結果となって、貴方がた多年の辛苦も水泡に帰しこの上もない損害である、と懇々と諭して反省を促したが、大出氏はただ首をうなだれて黙礼するのみであった。

渡良瀬改修案に対する翁の所信

翌二十日、翁は今次の渡良瀬川改修案に対する自己の所信を認め、東京の親友島田三郎氏へ送った。

渡良瀬川改修問題につき正造これに反対せざるを得ざるなり。已往小生の動作は常に世の人の誤解多きに更に又重ねての誤解を受けんこと明かなり。けれども予正造の精神はただ天の命ずるところに従うのみですから左様御承引相願い度、近々出京の機を得て細《こまか》に申し上げます。今回は稀有の義人、大出、野口両氏とも正造の反対です。けれども又此人としては鉱毒民救済の立場よりして事情止みなからん。人としては止みなからん。故か熱心猛烈の反対です。けれども普通無理なき事と存じます。此日忠良なる野口、大出両氏が、あの我欲なる武藤（武藤金吉）と提携を忍んで正造と絶対に反対する、其心中さぞやさぞや悲しからんと深く汲察仕候得ば涙の外なしであります。

混濁のこの世到底何人にも目出たく統一はだめだめ、乱筆に候、委細はあとで。

○河川は人心を治める如しであって利根川七十里中問題はおよそ四十五六里、渡良瀬川四十八里にして、問題は三十五里間、上下相通じてこそ統一は成るものなり。この山河の統一はとても素人の知るところにあらず、只局部々々の希望によりて大いに相反目す。畢竟治水は政治の如くならざるべからず。甲県を利して乙県を害さば不義なり。甲郡を利して乙郡を害さば失徳なり。政治治水相似たり、極言せば神にあらざれば治水の平を得るなし、いわんや偏頗偏見奸策私欲愛憎の治水は到底治水というべからずして害の最害たるにあるのみ。

○たまたまその喜ぶものは局部の悲惨を救うの人びとのみ、憐れなるかな渡良瀬沿岸の民よ、予は只泣いて書す。

九月十十（ママ）日　乱筆頓首　正造

島田三郎様

鉱業の停止と治水の本性を正す

この日、栃木県会一行は官船で利根川を下り、銚子方面に向った。翁は第六回陳情書を筆者の名で大和県会議長へ提出、次いで二十四日、次の如き第七回陳情書を提出した。

わが栃木県及郡会は関宿の罪悪工事を取払い、渡良瀬川流域を失はざる為め利根川改修の進行を督励して速かに渡良瀬川の被害を除き、然して渡良瀬川を四十年前の水源と四十年前の川躰に復すべし。

今回の如き流域変更遊水池瀦水池沈澱池等の罪悪を厳禁し、まず有害の根本たる鉱業を停止し、渡良瀬川の水を清めて治水の本性を正し、誠に渡良瀬川の改修の名にそむかざる様目的を明かにし、上下沿岸諸県人民田園の蘇生を図り、被害地数百町村復活の端を開くことを叫ばざるべからず。これわが県およびわが県会の権利なり。わが県会すでにこれを当路に上申したり。なお早く已往の過ちを正すことに努むるはその実状と民情にちかき地方の義務たるをまぬかれず。しかも県会これを為す易々の業たり。之誠に憲法のともに組するところなればなり。また天人のともに組するところなればなり。

これで翁の書いた遊水池反対の陳情書は紙数通計五十余枚となり、それまでの主なる項目をあげれば、次のような翁独特の意見であった。

〔緊急陳情書の一〕
渡良瀬河身改修の儀起る。
庶民醒むるの時。
鉱毒問題の始末。
足尾銅山の陰謀。
谷中村はまずその餌食となる。
組織的罪悪。
逆流を故意につくる。
一大鉱毒沈澱池。
関宿の河口を開放すれば、すべての問題は解決す。
二百余ヶ村を献上すると同じ。
〔再び陳情書〕
谷中村買収補償の事。
国家の基礎破壊の事。
人道破壊の事。
経済破壊の事。
人民無視の事。
谷中村現在七十六戸あり。
瀦水池の名称を河川に変更す。

政治の目的は民を治むるにあり、法律はその目的を保護するに止まる。
谷中問題は政府事業とすべきものなり。
渡良瀬川改修問題も谷中問題も同一。
沈澱池を造るにその費用をわれわれより要求する。
政府は何故に洪水を海湾に注がざるか。
強姦的切迫の問題。
要するに渡良瀬川改修問題は鉱毒問題。
〔三度び陳情書〕
谷中村は一千五百万円以上の村価。
県会は何故に谷中村堤防費の支出を止めたるか。
県会は村を潰して瀦水池を作る権利なし。
河川と瀦水は意義全く相反す。
日露戦争は国家のためにあらずして資本家鉱山師のためにせり。
〔四度び陳情書〕
関宿を開放せば東京市府を浸すと偽る。
足尾銅山によりて衣食する人びとといえども悉く《ことごと》悪人とはいうべからず。
一人の生命を軽んずるものは万人の生命を顧みざるの人。
われわれは先ず四県の被害を根絶して生命の保護を祈るなり。
他人の悪事を責めるにあらず。

わが生命の汚されぬよう努むるのみ。
〔五度び陳情書〕
甲県を利して乙県を害するは不義なり。
甲郡を利して乙郡を害するは不徳なり。
これを名づけて悪政という。
政治は一視同仁なり。
改修の名を以て流域を変更するなかれ。
鉄道と河川とは同一視すべからず。
渡良瀬川を浚って旧形に復活せよ。
政治は名を正しうすべし。国法を正しく実行すべし。
知らずして之を為すは悪人にあらずといえども悪事たり。
一村を亡ぼすは即ち一国の本を亡ぼすなり。
江戸川沿岸は高台多くして堤みを要せざる個所多し。
関宿開築は河川経済の上策。
〔六度び陳情書〕
内務省の官船二艘は江戸川に案内せず銚子方面に引廻す。
谷中を見せざるために藤岡町より船にて渡良瀬川を下る。
鉱毒は銅山派の嫌うところたらば治水のみを以て立つべし。
今月の栃木県は足尾銅山の事務所なり。

栃木県は自ら率先この悪弊の蟬脱《せんだつ》を謀るべし。

三　近県への改修反対働きかけ

改修案、栃木県会通過

九月二十三日、実地視察を終えて再び臨時県会が開かれた。

案そのものからいえば、改修後は利根川の洪水よりは渡良瀬川の出水が六時間ないし九時間早くなるから、洪水が緩和されて三千七百三十余町歩の生地ができるといっても、茨城県治水調査会が多年茨城県中田《なかだ》の利根川合流点に於て、実際に調査したところによれば、洪水時における利根川の出水は渡良瀬川より五時間ないし二十時間早かったのであるから、これが改修によって六時間ないし九時間遅くなるということは、常識上の算盤《そろばん》には出てこなかった。

のみならず、本川を変更して下都賀南部に三千数百町歩の遊水池を造る直接の被害と、更にそのために生ずる周囲各町村および下流利根川沿岸の被害を差引く時は、却って被害が増大すべきことは明らかである。然るに、僅かに堤敷または堤外地となるべき机上の潰地五百二十町歩のみを控除して、その余の土地は全部生地となるものの如く装い、甚だしきは最大の犠牲となるべき本県が最も利益ある群馬県の約四倍に相当する経費を負担するという不合理、あるいは谷中瀦水池の失敗を更に数倍する案件など、これを打破すべき反撃の材料は多々あったが、議員の多くはすでに中央の圧迫によって攻略され、あるいはその他の情実によって変節し、大勢は戦わずして決した。

その故に、反対派の県議石川玄三氏は発言の冒頭に、

「この場合において、仲間の拘束も受けずまた地方的利害に偏せず、何らの誘惑も受けずに、県百年の為めに遺憾なく忌憚なき意見を発表し得る者は、この三十四名中恐らくわれわれ二、三名のほかにあるまい」

と前置きして、経済的数字的理論を以て堂々と反対した。同じく碓井要作氏も、

「本問題の大勢は、すでに定まっております。本員はこの大勢の定まっている、いわゆる狂瀾のすでに頽《くず》れたる問題に向っては、到底微力の支え得るところではないことは知っております。けれども、とにかくこの問題について自分の信ずるところの主義主張を発表して重囲の裡に倒れるのが本員の最も名誉とするところ」云々

と背水の陣を布き、治水の実情を突きつけて、細大洩らさず痛烈な反対意見を絶叫し、大和議長から「なるべく言辞は慎みますように」との注意を受けるほどであった。

田中翁と多年親交のあった木塚貞治《ていじ》氏（安蘇郡）は居郡の関係により、また先に谷中買収事件に反対した大久保源吾（下都賀郡）、鯉沼九八郎（同）の両氏も原案に賛成。反対したのは、石川玄三（河内郡）、杉山新造（塩谷郡）、高田耘平《うんぺい》（那須郡）、碓井要作（下都賀郡）、箭内《やうち》源太郎（那須郡）、和田大三郎（芳賀郡）の六氏のみで、この画期的な渡良瀬川改修――遊水池設置――案は県会を通過したのである。但しその日が二十三日か、あるいはその後であったか、二十四日付の田中翁の第七回陳情書は出ているが県会を通過した日時が明らかでない。

二十八日午後四時、田中翁は宇都宮に行き、翌二十九日、碓井氏へ左記の感謝状を送った。

謹　言

なんにも不申上候、只々御丹誠御尽しあり感泣す、書外尚追て。

うつ（宇都宮）より　谷中民

その翌三十日、野木村有志、翁を訪問。

埼玉県会への運動

これより先、九月二十五日、茨城県会一行は渡良瀬川および新川開鑿の予定地たる藤岡町北端を視察帰県後、この改修案が実現すれば茨城県の被害は更に増大すべきことを確認して、これを否決した。

翁は栃木県会に敗れたので、今後は茨城・埼玉両県会に頼るほかないと決意し、十月一日、利島・川辺両村有志を訪問し、埼玉県会に提出すべき陳情書を認めた。翌二日、翁は碓井氏と運動上の打合せをした後、忙中の一刻をさき、かつて谷中村民家屋強制破壊の時、病床を警官に引きずり出された後の健康がすぐれず、ついに去月二十五日、谷中の仮小屋で没した間明田仙弥の妻たきの仏前を弔い、十月三日、埼玉県浦和に到り県会議員を歴訪した。

この日、埼玉県会はその権能を発揮して、渡良瀬川改修――遊水池設置――案を否決した。

十月八日、翁は先に渡良瀬川改修遊水池設置に反対した栃木県議碓井・石川・和田・箭内・杉山・高田の六氏の行動に敬意を表し、谷中の高田仙次郎方に於て左記の感謝状を認め、高田および筆者を残留民総代として贈呈した。

公敬書

貴下は天下の救済士なり、関東死夢の警醒者たり。近くは都賀南部の人権を愛養し、彼の偏重偏頗《へんちょうへんぱ》、人類の自由を妨害し千古の組織経営を破砕せんとする者を除かんため、即ち永遠の基礎を神聖に立てさせられ、悪案悪雷、四県ために狼狽せる渡良瀬川改修と偽る有害故造の遊水池は直径二里余に渉る一大毒海たり、この毒党が為せる奸悪の詐術を看破し、光輝ある六士と共に信義を正気歌中に則《のっと》り、精神一刀両断正路少数の貧弱を助け強大多数の横暴を懲らして、此不測の災を妨ぎたる、広き公正の御行動に感泣感謝す、尚参拝つかまるべきも先ず以て誠に愚意の一端を御訴へ申上候

謹　言

十月二十三日、翁は主催者の招きに応じ、島田三郎・村松恒一郎・大竹貫一諸氏と共に、佐野町春《かす》日《が》岡《おか》山（春日岡山は寺号）で営まれた故友五州逸人《ごしゆういつじん》矢部新作氏（大隈伯揮毫記念碑建立）の追悼会に参列して墓前講演をした。翁のことであるから、鉱毒や治水問題にも論及されたと思うが詳かでない。安蘇郡出身江森泰吉氏の談（柴田三郎著『義人田中正造翁』第一版七九頁参照）によると、この日、翁に対する郷土有志の冷遇はまことに気の毒に堪えなかったというが、これがもし事実とすれば、渡良瀬川改修案に関する意見対立の余燼だったかも知れないと思う。

東京における反対運動

十月二十四日、慶応大学講堂に三田帝国議会（擬国会）が開催され、翁は「保守党副総理」として出席した。

また、同三十日、神田錦輝館の日本老青協会に、大隈伯、三好退蔵博士等諸士と共に出演した。当時の翁の話によると、翁のように日本の現実をとらえてその危機を論断警告した論者はなかったとのことで、如何にも自信に満ちていたようであった。

十一月十三日、翁は神田青年会館に於ける日本婦人矯風会主催の演説会に出席して、渡良瀬川改修——遊水池設置——問題につき、利根川・渡良瀬両川の歴史から鉱毒事件、谷中事件の罪跡をあげ、今回の渡良瀬川改修案は実に鉱毒沈澱池をつくるもので、治水上却って無益有害である、然るにその

声の高くあがらないのは疾風迅雷的提案のため周章狼狽その対策に遑《いとま》がないのと、ひとつは上下人心の頽廃したためであるから、正義を以て立たれる諸君の御理解と御同情を以て根本的治水策の成立するよう御援助を願いたい、と演説して聴衆に感動を与えた（翁の直話）。

そして翌十四日から、市内の高木（正年）・卜部・島田（三郎）およびその他の代議士を歴訪して、渡良瀬川改修案の真相を訴え、これを阻止するために援助されたいと懇請した。

茨城県、通常県会で改修案可決

茨城県では、先の臨時県会で否決したばかりの渡良瀬川改修案を再び通常県会に附議することになったので、関係各町村からの県会議長長塚源次郎に宛てた「渡良瀬川改修に対する反対の陳情書」提出が相次いだ。

本県の碓井県議もまた、十一月十八日から栃木県通常県会が開かれているが、その議案調整の休会中、同志和田大三郎氏と共にこれを阻止するため茨城県会に運動する旨、十五日付で翁に書を送り、大いに奔走したが、却って官権および中央代議士の運動が強行され、臨時県会で否決後僅かに二ヵ月を出ずして遂に原案通過と急変化してしまった。

埼玉県会への結集

そこで翁は、十一月十九日に埼玉県川辺村、翌二十日には同利島村の各有志を歴訪、二十一日の利島村会で「渡良瀬改修工事の美名善なりと雖も隣県関係地に遊水池を造るは大々的有害なりと認む」と決議せしめた。

また二十七日には、部屋・生井・野木・古河各町村有志を訪問、夜十二時、川辺村喜左衛門河岸を渡り、小野袋の丈店《じょうだな》（片山丈吉経営のてんぷら屋）に泊り、「人民みな死せり、渡良瀬改修遊水池案を政府案なりという」（編者注、翁の日記）と嘆息、だが翌二十八日には谷中に到るという活動ぶりであった。

これに呼応して碓井県議も最後の力を埼玉県会に結集し、議長小林重三に対し、渡良瀬川改修反対の陳情書（十二月六日付）を提出した。稀な名文であるから全文を掲げたいが、『香夢録』（碓井要作追悼録）にも収録されてあり、しかも二千三百字の長文なれば、ここに少し抜萃してその趣旨をうかがうにとどめる。

渡良瀬川改修案は群馬県及びわが栃木県の足利安蘇二郡の小部落の賛成を除くの外、下流は利根沿岸に至るまで挙げて反対を絶叫せざるはなし。此叫びや即ち民の声なり。語に曰く「民の口を塞ぐは水を塞ぐよりも甚し」と。今の政府は民の口を塞ぎて且つ渡良瀬川の流尾を断ち、而して治水百年の計を立てんとす。乱と謂はざるべけんや。暴と言はざるべけんや。遙かに聴く貴県選出の代議士もまた来つて諸公の間に奔走勧説すと。たとへ代議士の盛名権勢を以てするも閣下並に諸公の意志を抑圧牽束するに足らざることは、前の臨時県会に視て天下みな之を知るを以て、茨城県会の如き反覆を学ばざるべきは不肖の固く信じて疑はざるところなり。

と所信を述べ、次いで被害の状況に言及して、

つねに渡良瀬の洪水量は三千三百町の区域に氾濫して余りあり。その漲溢《ちょういつ》する水量は三県幾十ヶ村の田園を浸し民屋を浮べたるなり。而して此案実施の後は上流数千町余に逸走氾濫したる水量は悉く集注し来つて已に充溢せる三千三百町の容器の面に層を作《な》さんとす。頽波漲浪《たいはちょうろう》滔々として防遏すべからずして渡良瀬下流に於ける洪水の激変けだし測知するべからざらんとす。あに虞《おそ》れて怖れざるべけんや。宜《むべ》なり、茨城県会に於て反対の囂然《ごうぜん》として鼎沸《ていふつ》したるも竟《つい》に一個の賛成の音を聞かざるなり。然るに茨城県会は殆ど聾者《ろうしゃ》の如く此喧噪せる民論を聴かずして遂に改修案を通過したり。

と嘆き、最後に、

改修案は更に谷中村滅亡史の続篇を編むものなることを知りて胸竹自ら決せるは不肖の信じて疑はざるところなるも、区々の情黙止することは能はず、敢へて学ばざるの文字を叙して誠悃を訴ふ。伏して願はくは理に明かに仁に深き埼玉県会議長閣下並に議員諸公、前議を重んじ三県瀕死の民を救ひ、不肖等をして一家団欒隣保倚頼永《とこしな》えに聖代の恩沢に浴するを得せしめよ。不肖疎(ママ)野にして礼をならはず乞ふ御察して罪を恕せ。

と誠意を披瀝して訴えた。

越えて九日には、部屋村小学校に下都賀南部の有志五十余名参集して今後の対策を協議した。席上、翁は改修案の素性とこれに対処すべき村民の決意を促し、以てその権利を尊重して素志を貫徹するように激励した。その演説の草稿が現存しているから、ここに掲げる。

改修は政府案、遊水足尾案。心次第。治水の名に胡魔(ママ)化さるゝなかれ。村会と県会との軽重。治水と鉱業と勧業、衛生、教育。治水は法律の要なし。国家人道の問題なり。議員の選挙と異なれり。会議の勝敗に論なし。一千町歩八十二万円。銅山年産六十万円。東京の費用予算の六年、運動費は精神にあり。金力の論は論外なり。地元村の尊厳なり。四県の集会は古河町に開くべし。その節は御出席を。国会以後売らぬこと。谷中の不出来は手本にならぬ。甲を利して乙に害を移すは悪し、甲を利して乙を利するを治水という。諸君の権利は誰がものでもない。

翌十日、翁は埼玉県会対策のため浦和に到り、東奔西走、議員有志を歴訪。さいわいに県会は諮問案提出のまま閉会となった。翁はこれを喜び、当分わが党の勝利としてその模様を関係者に報じた。

その頃、得体の知れぬ者が関係地方を馳けめぐり、「碓井県議は賄賂をとって身を隠した」とか「内務省の案に県会が反対してもダメだ」とか「反対者は売名の為にするのだ」とか、いろいろな離間中傷的流言を飛ばし、早くも碓井氏の居村には氏に反対する者さえ現われるという変態が起り始めた。

翁はこうした奸策に対しても、長文の手紙を出したり戸別訪問をして、その虚偽であることを諭さなければならなかった。

慌ただしい年末・年始

十三日には東京から木下尚江氏ほか一人が寒見舞として谷中村に来村、古河駅前の田中屋の娘おくにさんに託して残留民各戸へ薩摩芋一俵ずつを贈られた。翁はその方がたを東京まで見送り、一泊して帰る車中、渡良瀬川改修反対運動のため日夜活躍している碓井氏の身上が気遣われてたまらず、翌十五日、同氏に手紙を送って篤《とく》と警戒すべきことを勧告し、また、今朝谷中を見れば猟師が多く入り込んで奢侈的猟師の遊息地と化してしまったが、下野《しもつけ》人がこれを知らずにいるのは憤慨に堪えない、と訴えた。(『義人全集』書簡集、六六〇頁参照)

当時の翁の日記が欠けているのと、随時書き送った逸見斧吉氏や同志宛の書簡が、戦時中、逸見氏の釜石工場の疎開および艦砲射撃にあって焼失してしまったため、その当時の翁の消息を詳かにすることができない。殊に明治四十三年の正月を翁がどこで迎えたか、年末二十六日、筆者の旧宅に見えたのち、一月五日付筆者宛の手紙に、

明六、七、八日の朝までに船渡町(古河市)田島という荒物屋まで筆持参にて急ぎ御出くだされたく候〇九日には東京より一人は参るべし、御同道にて竹沢氏方(谷中・房蔵)に参りたく候。御序に中

しあげ候、車夫の竹沢氏（藤岡・角三郎）にも九日の事（編者注、この日に谷中残留民殉難者追悼会が開催されることになっていた。次章「谷中の追悼会」参照）を一寸お知らせ下されたく候。

古河町　村沢方より

とあるのみで、例年出席する谷中の島田栄蔵方における残留民および復帰者の合同新年会にも姿が見られなかった。

第五章　利根の逆流

明治四十三年

一　野木村の陳情書

谷中の追悼会

忽忙の裡にも、翁は谷中の仮小屋で不遇な死をとげた人びとを忘れることができず、明治四十二年の秋から木下氏や西田天香《てんこう》氏などと図り、逸見氏の援助を受け、一月九日、谷中残留民殉難者の追悼会を竹沢房蔵方に開催した。立てば頭がつかえるような仮小屋のなかに、十枚くらいの薄縁《うすべり》を敷いた狭い会場であった。

残留民のほかに、東京の逸見・木下両氏、野木村々会議員の萱谷丑蔵、藤岡町車夫の竹沢角三郎諸氏出席。古河町神宮寺、藤岡町宝光寺両住職の読経により、竹沢友弥・水野彦市・鶴見平五郎・間明田たき（仙弥妻）の諸霊を弔うこととなった。

この日は冬とも思われないほどの暖かな日で、遙か南方の空には鳶が大きく輪を描いて飛んでいた。式の始まる前、木下氏を中心に参会者の数名は、竹沢釣蔵の庭前の堀端で立ち話をしていた。萱谷氏は熱心な遊水池反対者の一人で、今日もそのためにわざわざ来会したのである。萱谷氏が木下氏に対して、

「どうすればこの目的を貫徹することができましょうか」

と訊ねた。木下氏は率直に、

「いまの世の中は金力か権力か暴力か、このなかのひとつがなければ駄目だ。あなた方はその何ひとつ持たないでしょう。たとえそれを持っているとしても、それで打ち克つことは僕は絶対に好まな

い」

と答えた。菅谷氏は、

「それではどうしたらばよいのでしょう」

と再び訊ねた。木下氏は、

「それは僕にもわからない。だから僕は今日も東京からわざわざ来たのだ」

といわれた。

そこへ田中翁も出て来た。熱心な菅谷氏は、

「すでに渡良瀬川改修案が栃木・群馬・茨城の三県で可決された以上は、議会に請願して食止めるよりほかありませんが、議員は誰にお願いしたらよいでしょうか」

と繰返し翁に問うた。翁は確答をしなかった。菅谷氏は恐る恐る、

「どなたにお願いするとしても、田中さんのような方がなければ到底貫徹できる見込みはないと思う。如何でしょう。この次の選挙には是非もう一度田中さんに出ていただいて、渡良瀬川沿岸の救済主となっていただくわけには参りませんでしょうか」

と哀願するように翁を見上げてお辞儀した。トタンに翁は声を励まして、

「いま一度代議士になれ、と。僕は政界を棄ててもう十年になる。貴方までが僕を泥棒の仲間に押し込めようとするのですか。そんな馬鹿なことはよしてもらいたい」

と一喝された。菅谷氏は次の語も出ず、黙ってしまった。次の選挙というのは、足利郡選出のある代議士が日糖事件に連座失格したので、その補欠選挙が執行されるものと予想した野木村有志を代表せる菅谷氏の念願であった。

そのうち、小屋の方から誰かが「読経が始まります」と呼びに来たので、いずれもだらだら坂を登って小高い水塚の上の仮小屋に入った。位牌があるわけでもなく、ただ古机の上に蠟燭と線香を立てて、屋敷の裏から手折ってきた椿の枝を空瓶に差し、その前に今日の御馳走を供えただけ。

一同は西向きに着座した。やがて両住職の読経が了り焼香も済んだのち、年々の水害でろくな養生もできなかったばかりか、住み馴れた家宅を破壊されて風雪に曝され、病床を横たえるところも医療の便もなくしてついにこの世を去り、しかもその死骸を葬る墓地もなく、親戚隣組相談の上、他人の墓地を借りて埋葬した悲惨を語り合った。

友弥は「仮小屋のなかで死ぬのは、せめてもの満足だ」と述べ、彦市は「谷中事件の解決を見ずに死ぬるのは残念だ」と遺言したなど、次からつぎへと憶い出話があり、最後に温飩と牡丹餅の会食をして、午後四時頃、閉会した。

それから筆者と釣蔵・次郎吉などは田中翁と共に、逸見・木下・菅谷三氏を古河駅前の田中屋まで見送った。

ここで翁と菅谷氏の話がまとまり、翌十日、翁は野木村役場に於て、役場の書記や有志の人たちを助手として、「足尾銅山鉱業停止憲法擁護栃木群馬茨城三県々会決議に対する陳情書」の起草にかかった。

思川沿岸肥沃の地、野木村悪戸

野木村は、東京奥州間の国道をはさんだ大村である。問題の土地は、思川沿岸の農耕地で、俗に熊沢蕃山の七曲りといわれる思川が、渡良瀬川に合流する上手一帯の厚い沖積土を以て形成した肥沃の土地であった。古老の話によると、昔は麦は無肥料でも出来すぎて倒れてしまうので、代作に菜種を播くと六、七尺を高く伸びて藪のようになり、小鳥が巣をつくり盗賊の隠れ場となるほどで、五、六月の黄熟した頃はその畑に茶碗を投げても菜種の枝につかえて地面に落ちないほど繁茂したという。

徳川末期から明治の初めまで、足尾の鉱毒が甚だしくない頃、ここに桑を植え付けたところ、その枝が年々一丈余に伸び、しかもその葉がきわめて蚕に適し、対岸の生井村と共に関東に於ける有名な養蚕＝蚕種業が発達して、内地はもちろん遠く海外までに輸出し、一方、湿地には肥料や飼料に要する雑草や網代・簾《すだれ》の原料となる葭あるいは屋根萱などが密生して、近県および東京都下にまで搬出されたものである。また河岸には何々問屋と称する回漕業が盛んであった。

川は屈曲の水勢によって自然に深く、鯉・鮒・鯰・鱒そのほかの雑魚を産し、当時なお天候の静かな日には舟を浮べてバカ釣をする大公望が、一日何百人というほど見えた。したがって、その生活は豊かであった。それが無益有害な遊水池のために永久になくされてしまうのであるから、大問題であった。

とくに野木村に於ては、その高台の瘠地に較べ、問題の悪戸《あくと》は肥沃で、村の栄養補給の役割をしていたので、その土地の貴重さが他の町村よりもよくわかっていた。そのため反対の熱意も強く、翁との話合いも早かったのである。

野木村の陳情書

「足尾銅山鉱業停止憲法擁護栃木茨城群馬三県々会の決議に対する陳情書」は、本文および追伸とも、昔の菊版にして二十八頁という長文であるが、その冒頭には、

一、国家を軽んじ鉱業を重んずるの政府は、足尾銅山会社の為に関宿其他流水妨害を庇護し、渡良瀬川の改修を兼ね、其名に混じて曖昧下民を愚弄し、一般国民を欺き、諸般工費其他を出さしめ、

甚だしく川幅を広げ、又其流域を変更して、遊水池といへる名義のもとに怖るべき足尾銅山鉱毒の大沈澱池を造らんとす、其内容察するに余りあり。

に始まり、

一、此遊水池とは、去る明治三十五年、内閣に開かれたる足尾銅山鉱毒調査会が名付けたるものにして、足尾銅山鉱毒沈澱池たること明かなり。

一、元来此河川復旧及び鉱毒除害工事は、足尾銅山鉱業廃止の後と雖も加害者たる会社が復旧すべき徳義の責任也。

一、鉱業に条例あり、国民は有害の鉱業を停止せしむるの権利を有せり。

一、府県会はその費目を廃するの権利なし、況んや自治町村の要素を毀損するに於てをや。

一、町村自治の制あり、町村の生命玆に存立す。後に妄《みだ》りに干渉を許さず、監督官庁は町村の法律を保護すべきもの、監督官庁其者と雖も行政権を唱へて之に干渉せざるを本義とす。

一、納税兵役の人民は憲法上神聖の臣民なり。軽蔑すべからず、犯す可からず。

一、今回の場合に於ける町村会決議及び協議会の意見に対し、地方県会は勿論、帝国議会と雖も、已に議したる町村の決議を蹂躙するの権利なし。先に某《それがし》等町村の決議は憲法を守り、町村の法律行為に成立せる権利なり。若し町村人民の重きを知らざるものは、明治以来の詔勅を拝読せよ。

一、遊水池其名も亦除害の義なり、除害の故を以て害を加ふべからず、況んや町村が危険有害と認むるものおや。

一、遊水池地元町村にて潰さるる面積を見よ、有名なる千葉県印旛沼《いんばぬま》の容積と伯仲せる程のものなるにあらずや。且つ印旛沼は今や開拓して田畑と為し、一方渡良瀬川流域は田畑を潰して四県に跨りて一大沼を造らんとせば、之れ治水の統一、一視同仁の政を顚倒せるものなり。

等々、数十項にわたる大論文にして、その結論に「国土の回復」として、

論より証拠、我国は正に西暦千五六百年代のイスパニヤに於ける鉱山の悪轍を履《ふ》みたるものにあらずや。閣下今遅れたりと雖も国家を軽んずるなく、足尾銅山鉱業をだに停止せば是れ鉱山亡国回復の一歩なり。早く農商務大臣の責任を正されよ。閣下は農民が被《こうむ》る損害を国家に報告するの必要あり。之れを怠らば内務省は常に農商務省の蹂躙に委して問はざるものとなるべし。閣下は内地信用回復のため全国山林濫伐に対し山岳に樹を茂らすことを督促して洪水を大減すべし。河川は汚すべからず。新に流毒を加ふべからず。新に古来の村を潰して加害の区域を拡張すべからず。鉱毒を流すべからず。断じて足尾銅山の鉱業を停止して流水を清潔にし、人民の衛生経済を復し、以て人心を清めよと同大臣に督責し之れを実行せしめよ。閣下渡良瀬川改修に対しては、先づ関宿其他の妨害を取払ひ、遊水池及び流域変更を撤回し、公私の名分を正し、足尾銅山鉱業停止の前後に於て憲法を楯とし、天然及び人民を愛し、人道を謹み、閣下厳重に之を監し、断じて国土の回復を期すべきなり。関東五州の民をして憲法治下の民たるを得せしめよ。某等国民の憤闘（ママ）又兹《ここ》にあり。某等は彼《か》の町村を侮辱せる破憲破道の悪事を敵として人道の為め之れと戦ふべし。以て国民（ママ）万分の一を報ひ、上下大小議員を翻弄し人道を破り、我々に無礼を加ふるものを敵とし、問題は名分区別を明かにし、加害を以て興益（ママ）と詐《いつわ》る人々を説諭し、政府は正しく憲法を清め、断じて国土の回復を期し、俯仰耻じざる行動を以て天然の地勢を守り、閣下と共に此社会の妨害と戦ひ、以て正しき公益を復せざれば止まず。閣下に於ても銅山党員の猛烈なる暴勢を排除し、誠に神聖の御実践あらんことを仰望し、不憚右条々緊急陳情す。

謹言

とあり、明治四十三年一月十九日、栃木県下都賀郡野木村々会議員菅谷丑蔵・同小林幸太郎・同熊倉徳太郎・同石川栄太郎・同加藤嘉《か》一郎《いちろう》・同前沢森右衛門・同川島伝蔵・同水森松五郎・同岩崎忠蔵・同老沼《おいぬま》藤之助・同大高喜兵衛、村長渡辺角次郎、助役中村直治・同老沼豊之助、収入役熊倉道次郎より、内務大臣法学博士男爵平田東助《とうすけ》に宛てである。

なお追伸あるいは補足として二十一項を加え、最後に、明治二十九年度に於ける茨城県鬼怒川および中利根川の洪水が利根川南の運河を南奔し、江戸川および中川を横切り、本所・深川を浸した例をあげ、これは関宿の江戸川河口をせばめたためであるから、これを撤回して旧形に復し、

多大の町村と共に青天白日、毛頭偽る処なくして、東京府下永遠の安全を保せざるべからず、仰ぎ願はくは閣下之れを実践して天地と共に立つ善政を以てせられん事を。

と結んである。

非政に対する抗議文

この陳情書はその後、生井・部屋・赤麻・三鴨各町村六百余名の連署を以て平田内務大臣に提出、更にその写しを逸見氏の特志を以て印刷に附し、貴衆両院議員およびその他の有志に差し出したものであるが、陳情書とは名のみで、実は非政に対する抗議文のようなものである。

翁はこの執筆に十余日間専念したことが、左記の筆者宛の手紙によって知ることができる。

〔その一〕先夜（一月九日）田中屋より船渡町に一泊して、翌日野木村に来り今日まで書きものにてひま取られたり○埼玉は一時のびたよし○一両日中、海老瀬か藤岡より御沙汰申上げたるときは是非々々御出被下度候。去年の昨日は篠山に居た日割です。本年もやはり後《（ママ）》れました。此まま後《（ママ）》れる

のは困りますけれども、村々飢へたる人民の行動はすべて此くの如し。衣食足りて礼節修る衣食足らざれば礼節修らずとは古人の言葉、一応の道理なり。然れども窮境の我々生等は衣食常に足らず、衣食足らずとて人生の礼節を忘るべからずと存候。　二十一日　野木村役場にて　正造

〔その二〕今夕まで野木村にて書物を頼み、自分も精々いたしました。周囲の村々よりもそろそろ谷中思いの人々も出来るのです。中々離間中傷沢山で六ヶ敷、周囲一巡りは十二三里になります。野木役場までは一里と二十丁許りあります。野木は菅谷丑蔵と申す肥料商御記憶。　二十四日　東京より　正造

〔その三〕一昨々夜出京、反対大勢にて当方予の外一両人あるのみ、万事御注意可被下候。中々運動骨折れ申候。御察し可被下候。但し谷中の事は大丈夫なり。あくまで正直に正直にです。　二十九日　東京神田より　正造

この神田というのは、神田三河町三丁目の救世軍労働宿舎で、翁は、ここの主任青木賢次郎氏の好意によって、労働者と共に宿泊して、議会方面を運動していたのである。

当時、無援孤立の翁に同情した石川三四郎氏は、同宿舎に滞在中の翁に宛て、

今晩は御同宿を願はんと思ひ立ち、寄宿舎に来りし処御就寝にて残念ながら帰ります。埼玉県会の新選出議員に福原幸太郎といふ人あり、極めて真面目の人なれば御序に御会ひなされては如何。浦和の埼玉新報社に居ります。一月二十九日。

という葉書を送った。

読者は田中翁の手になる陳情書の標題の「憲法の擁護」とか、文中の「明治天皇の詔勅を拝読せよ」とかいう文字を見て、「なんだ古臭い、専制政治の封建主義ではないか」と簡単に誤解、片づけないでほしい。

憲法の擁護とはなにか

翁の憲法観は、かつて破憲破道に関する質問書において、

およそ憲法なるものは人道を破れば即ち破れ、天地の公道を破れば即ち破る。憲法は人道及び天地間に行はるゝ正理と公道とに基きて初めて過尠《すくな》きを得べし。

と述べているように、その基本的精神、すなわち旧憲法発布の詔勅、

朕ハ我ガ臣民ノ権利及財産ノ安全ヲ貴重シ及之ヲ保護シ憲法及法律ノ範囲内ニ於テ其享有ヲ完全ナラシムベキコトヲ宣言ス

および同憲法第二十七条の、

日本臣民ハ所有権ヲ侵サザルコトナシ、公益ノタメ必要ナル処分ハ法律ノ定ムルトコロニ依ル

という正文、たとえそれが不完全のため、他日その憲法を改廃しなければならなくなったとしても、現にその憲法の存する間はこれを擁護しなければならぬという、憂国愛民の信念にもとづいたものであった。

単にこれを曲解し逆用する専制的為政者を憎むとか、あるいはかつての自由民権運動の執念のみから主張したものではなかった。

逸見氏は翁の請願陳情書の起草や印刷に助力し、また谷中へはその年も二月四日に、畦畔修築の弁当代を寄贈された。これを受けた村民は、十日からの旧正月を利用して、十二、十三両日協議と実地検分の上、十五日から工事に着手した。

利島村請願書、貴族院より却下

一方、去る一月二十五日、埼玉県利島村飯塚伊平ほか三名から貴族院議長公爵徳川家達宛に提出した三十七項目にわたる「憲法擁護栃木群馬茨城三県会の決議に対する請願書」は、翌二月十二日付を以て貴族院事務局から紹介者貴族院議員子爵曾我祐準氏に対し、

本請願書ハ哀願ノ形式ヲ用ヰザルヲ以テ議院第十八条ニ依リ受理難相成候ニ付及返却候。追テ同一趣旨ノ請願書呈出ノ場合ニハ成ルベク言辞ヲ慎ミ且ツ趣旨ヲ明瞭ニ記載候様被致度此段申添候也

と符箋して却下となった。

その後、翁はなるべく形式にとらわれることのない陳情書作製に努力することになった。請願書とすれば哀願の形式が必要だが、陳情書とすれば願うのではなく陳情するのだから、哀願の書式を必要としない陳情書ということになったのである。

雪中の野天風呂

翁は二月二十六日、東京から帰村、筆者の仮小屋に寝泊りして請願書や陳情書の起草に着手した。仮小屋はすでに数回つくり直して、八畳と六畳の床と二坪の土間、ほかに織機二台・麦俵・味噌樽、当座の家財道具などを入れる十五坪くらいの物置が一棟あって、辛うじて暮すことができたが、浴場がないので、常に水塚の前の柚《ゆず》の木と柿の木を背景とした崖下の野天に風呂を立てた。

ところが、十七日には雪が降り出して、風呂にさしかけた傘は真白になった。のみならず、仮小屋と風呂場とはすこし離れているので、入浴するには裸体に雪をかぶらなければならない。翁は毎日忙しくて入浴の余暇もなかったから、今晩は是非はいりたいといわれる。御覧の通り雪がひどいから明日になさっては如何ですか、というと、

「明日は何処でどうなるかわからない。なに、一刻《いっとき》くらいの雪はなんでもない。谷中の鶏は毎晩木の枝にとまっている。いつぞや雪の朝見たところ、鶏の頭から背中まで雪が真白にたまっていた。その時、僕は心の中で泣いた。それにくらべると僕は湯から上がれば仮小屋に眠ることができるから鶏よりも幸です」云々。

翁は、宿所に対する気兼ねや心の焦りから、同じところに長く留ることができなかった。

十九日の夕刻、筆者を伴って北海老瀬の佐藤仁平氏方に移って請願書の起草に従事、二十二日は古河町井上河岸（井上平兵衛方）に泊まり、「渡良瀬川改修とは何んぞや」という問答風の長い啓蒙文を起草、二十三日には再び北海老瀬に戻り、北村七郎兵衛氏方で書きもの、二十五日に海老瀬および谷中の調印を揃え、二十六日筆者および水野定吉（昨年定吉の父彦市病気に際して古河町まで往診された和田剣之助氏へ答礼のため）を連れて上京、芝口三丁目の信濃屋に同宿して書きもの。

三月二日、翁と共に神田の救世軍労働宿舎に移る。翌三日、翁は日本橋葭町の上総屋に愛甥原田勘七郎氏を訪ねて、運動費を調達した。

二　わが関東五州は既に死亡せり

渡良瀬川改修の政府原案、議会に提出さる

三月上旬、政府原案渡良瀬川改修費は、内務省所管明治四十三年度追加予算として議会に提出された。その説明および年割表は左の通りであった。

渡良瀬川、近年洪水其ノ度ヲ加ヘ沿岸ノ被害尠カラザルニ付目下施行中ニ属セル幹流利根川工事ト相待テ本川ヲ改修スルノ必要ニ依リ総額七百五拾万円ヲ十四箇年ニ割リ本年度ヨリ着手スル為其年割額拾七万四千円ヲ要ス。（中略）

四十三年度	一七万四〇〇〇円
四十四年度	一七万四〇〇〇円
四十五年度	一七万四〇〇〇円
四十六年度	二六万二〇〇〇円
四十七年度	二六万二〇〇〇円
四十八年度	二六万二〇〇〇円
四十九年度	二六万二〇〇〇円
五　十　年度	三九万三〇〇〇円
五十一年度	四二万二八〇六円
五十二年度	三八万六〇八八円

五十三年度　三八万六〇八八円
五十四年度　七〇万七九〇四円
五十五年度　一七一万六〇八八円
五十六年度　一九一万八〇二六円
計　七五〇万〇〇〇〇円

三月八日、筆者は翁の指図に従い、去月二十六日付、海老瀬村増保金蔵ほか四名から議会に提出した「憲法制度法律の破壊せる海老瀬村自治の回復請願書」および同二十八日付の元谷中村染宮与三郎ほか十七名から貴衆両院議長に提出した「足尾銅山鉱業停止関宿石堤取払憲法擁護元谷中村回復請願書」の各写しを添付した陳情書（本文は木下尚江『田中正造翁』新潮社版二三二頁およぴ山菅与一郎『義人田中正造翁之半面』水郷学会版一七三頁に所収につき省略）に、露店で十銭で買った認印を押して、筆者の名で平田内務大臣へ提出した。

寒夜

こうした運動に援助を与えてくれた神田の労働寄宿舎は、本所花町のそれよりは遥かに設備も夜具もよかったが、当時七十歳の翁は、

「青木さんの御好意で私たちを泊めてくださるのですから、他へ泊まるのはその御好意に背くようで申し訳ないけれども、私には夜間寒くて寝つかれませんので、止むを得ず他に泊まることにしますから、島田君だけ泊めていただくことにしてください。いうまでもなく普通の旅館と異なり収入の薄い救世軍の仕事をしている青木さんの窮屈な生活を割《さ》いて私たちを泊めてくださるのですから、よく慎

み、かつ感謝しなければなりません」
と低声で語り、また話題を一転して、
「この部屋に泊まっている方で絵の上手な方がありますが、いかに上手でも名が出なければその絵が売れないので、その名の出るまでこういうところに寝泊りして、労働しながら一生懸命に絵を研究しておられるのです。なにごとでもひとつの目的を達するということは容易なことではありません。まして足尾の鉱業を停止し、関宿の石堤を取払って利根・渡良瀬の水を治め、谷中村を復活するという我々の仕事は一朝一夕の談ではありません」
と、筆者を諭されたのであった。

関東各県選出議員への訴え

筆者は、村の仕事が山積しているので十一日にひとまず帰村、翌十二日、雪のなか水野常三郎方に残留民を集め、在京中の報告会を開いた。なお、東京に残った翁は、議会の会期切迫と共にますます多忙をきわめた。

筆者に対する翁の通信。

〔その一〕無人で御報告十一ヶ町村に及びがたく候、谷中はただ社会の仁人に訴ふる為め、毎年の請願書をクリ返し〳〵暗記するのが何より急中の急。先ず青年数人は特に急の大必用です。之より社会に訴ふるなり。此事を御はなしなさいよ。

三月十三日　在京人

〔その二〕一両日前より俄然取込多忙無限身体疲れて候。自由にならぬは光陰なり、最早二十五日閉会の日まで十日間です。谷中人民の陳情書は定めて御出しになりたるべし、付ては其文意は勿論その已前《（ママ）》の書類もよく御記憶の事。

十五日　東京より

〔その三〕手紙書くひまなし、御さつし可被下候。若し陳情書御出しならば谷中の分御早く、海老瀬にも出させる方万々よろし。
○周囲に歎願は尚四五月の後二十日頃着到の日割にて、生井、野木、部屋、赤麻、川辺、利島、新郷、海老瀬、古河、篠山の御心付の人々に。
○浅草への火事見舞状は連印で。（島田注、去る四十年春、谷中村畦畔修築費中全目標額の半額を寄贈された青木新九郎氏に対する分）

十六日　東京神田　青木氏方

筆者が感冒のため十四日から臥床したので、その回復を待ち、先に貴衆両院に提出した請願書と同文の陳情書を谷中残留民から平田内務大臣に提出。また、これより先、筆者の在京中、翁は隣県選出代議士に訴うべき左記の歎願書を印刷した。書中、「関東の議員中憲法を擁護して其権威を保障せんとするもの幾《ほと》んど之人あることなし」とあるので、筆者が、「島田三郎先生やその他正義の士もありましょうから」と翁に告げると、翁は、「では二三の外《ほか》、と加筆しよう」と一枚毎に訂正して発送したものである。

至急歎願書

一、我関東五州は既に死亡せり。五州の死活憲法の擁護に関して年々各県より議会に請願する処あれども憲法と豚一疋とは果して孰れを重しとするものぞ。関東の議員中二三の外憲法を擁護して其権威を保障せんとするもの幾んど之あることなし。昨年岩谷某の請願に係る豚問題（島田注、養豚の奨励策のこと）は県会を騒がしたるも憲法を叫ぶの声は低くして論議を賑わすに足らず。殆んど其存在をすら疑はしむ。而も若し之れありとせば職権上自らの議会の行動に現はすべきに反《かえつ》て杳《よう》として聴く所なし。今や所謂関東には豚一疋よりも人権を軽しとするもの、人を侮り自ら軽んずるものは多けれども、正しき人々は十が一にも及ばざらんとす。

一、関東八州中五州とは上野、下野、常陸、下総、武蔵を云ひ、安房、上総、相模の三国を除けり。

場而て貴下の本貫《ほんかん》〔本籍〕は我関東に隣接せる所謂地続の郡国にして、関東と最も密接なる利害、人情、伝染の近き国々なり。依て関東既に死せる今日関東救済の事は一に之を貴下等に訴へざるを得ず。希《こいねがわ》くば此死せる関東の為めに一滴の涙を垂れられ、我が関東を破道亡国の勢より救はれんことを、之れ多年水毒に悩まさるる二百有余の町村が疲弊困窮の余に堕落死に至れるものなれば頗《すこぶ》る至難の業なれども、然も国家憲法上人権及土地回復の為め貴方隣国の助力を乞はざるを得ず。貴下諸君の国々にも亦危害を加ふるもの多しとの風聞ある程の時勢なれば即ち貴方の多端諒とすべきものあれども、我関東の如く切迫甚だしく人心全く死亡せる程にあらざる由なれば、貴院に差出せる「足尾銅山鉱業停止、関宿流水妨害取払、憲法擁護、三県々会の決議に関する請願書」「足尾銅山鉱業停止、関宿流水妨害取払、憲法擁護、谷中村回復請願書」「利根渡良瀬両川治水に関する請願書」の三請願書其他利根渡良瀬両川沿岸町村よりせる治水に関する請願書とも御参照の上、目下病の重き関東より御着手あれば即ち利害人情伝染近き貴方国郡に対する警戒の一助ともなるべく、而て隣国互に相助くるの道に於て当然の事なりとせん。天下の為め敢て泣血歎願仕候也。

二伸、以上は困民たる我々少数の考へなれども、尚各県にも同一の希望者異口同音に付、議会閉会後更に各県委員を挙げて檄を天下に飛ばさんと欲し、其前提として此歎願書を以て御滞留中の諸君に御願申上げる次第なり。憐れ此亡国の有様を如何が観じ、如何が措置せんとはせらるるぞ、先づ真近き処より着々救済の手を下さるるの外あらざるべきなり、謹言。

明治四十三年三月　　日　　　　　　　　　在京有志

静岡、山梨、長野、新潟、福島各県議員御中

翁はこの在京中、「渡良瀬川改修中遊水池の儀に付質問書」「第二十五議会に於ける谷中村の破憲破道の質問に対する答弁要領を得ざる儀に付質問及今回改修中遊水池名義に付質問書」その他、同趣旨異文の質問書等々を起草して、知友の代議士を以て議会の問題にしようと、最後まで東奔西走して協力を求めたが、遂にこれを提出してくれる者がなかった。

提出されなかった質問書

それは、一般代議士が治水に暗く、かつ案の表面には藤岡の高台を開鑿して下都賀南部を遊水池にするという文字もなく、殊に渡良瀬川改修は沿岸被害民や田中翁が心血を注いでようやく闘いとった事業であるから、たとえその内容に不満があっても、これを排除するほどの自信も熱意もなく、この政府案に反対することは得策でないという消極的観念から不問にしたもののようであった。

しかし、翁としては納得できなかった。前項の隣県代議士に対する至急歎願書は、正にその憂国の歎声と見ることができる。

遊水池設置反対に命賭けの決意

これより先、翁は東京の島田三郎氏に対してすでにその所信を訴えておいたが、その後、四十二年十月二十一日、すなわち佐野町春日岡山における矢部新作氏の追悼会に出席する前日、木下氏へ左記の手紙を寄せて遊水池設置反対の決意を告げると共に、これがためかねて予定した鉱毒事件史を起草することができないような運命に陥るかも知れな

いからと、あたかも後事を託すようなことを述べている。
かつて石川三四郎氏は、「田中翁のように事件の一つ一つに生命を賭けて運動した人は世界の社会運動史上にも稀れである」と嘆称されたが、翁はこの渡良瀬川改修事件についても生命を賭ける決心であったことが、この短い手紙のなかに読みとることができる。

今朝逸見様に端書《はがき》にて申上候通り関東の此中央に二里余四方の毒海を新に造るの一大変態あるに付、大小議員は勿論、関東男女子の感動激動するものなしとせば、コレ日本皆毒海に至りたるを証せん。予老いたりとも黙止するを得ず、今より何会（ママ）にても機あれば此一事を叫ばんとす。又時として公園に路傍に叫ばんとす。されば先日御はなしきけありし鉱毒歴史を起草する余地なきに、或は又起草する能はざる運命に至らんかも知れ不申候。兎に角歳月我に仮さず（ママ）、以て已に決心致候に付内実御知らせ申上置候。頓首、己酉十月二十一日。

昨夜下野藤岡町に来り途上、今夜佐野行き　正造

国は既に亡びた、これからは社会に訴えよ

しかるに爾来半年にわたる奮闘の甲斐もなく、渡良瀬川改修案は残りの埼玉県会も中央の圧迫によって倒れ、最後に期待した中央議会はなんらの反響もなく通過してしまった。
かつて鉱毒事件・谷中事件に目的を貫徹しえなかった翁は、今度の遊水池反対運動もついに不成功に終った。それは翁がすでに予想したことであろうが、いまやいよいよ政治というものについて新たに考え直さなければならない境遇に到達した。私たち同志に送られた左記の手紙は、それを率直に表明している。

〔その一〕拝啓仕候　議会は明二十三日を以て議事終了すとの事、多分五百万円（島田注、総工費七百五十万円のうち国庫負担額）の詐欺的国費負担せられて、遊水池は出来て鉱毒沈澱池となり、毒水を飲みて魚も人も死する場合に至らん。但し数年間は余地あるものなれば我々諸君の決心、即ち憲法と人権とによりて前途ますます正しき道をふめば一同少しも困難なく却て浮き上る事に相違なし。然れども例の考もなく浅き心、小さな欲心より又々だまさるれば夫れ大へんな損となりて、此上生きる道なき深き地獄に落ち入るのですから、早々皆々に明日議会成行、明二十三日ののちに集会して御申合せ可被成、正造も帰ります。

○内務省への陳情書は最早とく御さし出しと存候。陳情書請願書は印刷に出来て二十部だけ本日逸見様より谷中に向けさし送る筈、正誤しての上に皆に御渡し可被下候。議会の方には昨日来百部ばかり配布いたしまして昨夜も十二時過ぎ、けさの一時に寝て候。老生も疲れました。

さてさて是よりは国家の方を心の内にすてゝ、すべて社会の人々に請願するの方針に改める事をよくよく御はなし可被下候。国家とは村役場、村会、郡役所、郡会、県及県会、政府及議会、此方面を国家と申しまして今は役に立たぬことになりました。社会とは此役人議員でない只の人の事です。近くは古河なり藤岡なり、役人議員の外、栃木県各郡村の内の有志と申すよふな人々、東京もその通り、議員と政府はうそ許り申して少しもあてにならぬ。却て双方共に盗賊の手助けのみするから此方面の厄介にならずに、其外の社会の人々と相談せねばならぬ。かねがね申上候、今日は日本全国、国家と申す方面は亡びてないのですとは此事に候。谷中の陳情書十ぺんも百ぺんもよむの大必用あります。右の方針に御相談可被成候。正造の帰るは遅くなるかも知れぬ、御相談は早く可被成候。

菅谷丑蔵氏の事（島田注、村長をしているころ悪いことをしたとの風説）を他の人より聞けば、菅谷氏は村長をしたことのない人である。何んの間違いに候や、多分其本家の菅谷氏であるかとたずねると、本家は役人した事はあるが、わるい事をしたはなしのない人である。凡そこんな間違いはどこから出たか調べねばならぬ。恵下野の方から出た間違いである。先頃は碓井氏が賄賂を取つたと風聞された。何んでも働く人に疵《きず》つけるは谷中問題に対する銅山党の流言離間ですから、此後は何事でも本人に相談すると分るから本人に聞合せるが第一正直です。過般島田政五郎殿が田中は古河の塩屋（島田注、翁に同情せる足袋商）から五円貰つた金を取込んだという事を正造に申した。政五郎殿は誰から聞いたのか厳重に調べる必用がある。聞すてにすると、いろいろの離間にやられる。流言は直に調べて根ほり葉ほり調べると流言は少くなるのです。ぼんやり聞き流しは甚だよくない。智恵のない事です。そして同志を疑ふのはあまりの馬鹿な事に陥るのです。そして何事もよく物を相談してやるのがよいのですと御はなし可被下候。

戌年三月二十二日　東京神田三河町三丁目　青木賢次郎氏方　谷中代人生

〔その二〕あまり久敷御目にかかり不申候得とも皆々様には不相変御元気にてありがたく候。当方も残務取片付次第帰村いたし申候。余り久しく相成候に付一寸。

〔その三〕御帰国後御奔走再三の御集会、雨雪暴風、風邪の折柄非常に御難儀且つ郵便税《（ママ）》にも差支たる云々、又通知せし人々の方面まで御知らせありがたく候。右は一昨日拝見いたし候。

○東京は一つの論もなく此大問題は通過せり。議員不残《のこらず》愚になり以上の如し。乍併本年より向十四ケ年計画にて七百五十万円の内本年より此三ケ年は十七万円づゝとあれば前途ゆるりとした事にも候。尚年々月々日々油断なくせば少しも怖るゝことなし。十四ケ年と申せば政府はどうなるか、議会はどうなるか、日本国はどうなるか、前途暗の如し。依て谷中なり、海老瀬なり、古河なり利島川辺なり、生井なり部屋なり、野木なり赤麻なり、自分〳〵の村の用心と地主本人の欺かれぬ心一つなりです。請願書類を暗記するまでに研究せねばならぬ。此一事、青年には心がけて勉強大急ぎです。尚書外追伸にて申上候。取込み中乱筆草々。

三月二十七日　　正造

こうして翁の運動は、国家より社会に傾注すると同時に、各個人の自守確立の啓蒙に専念するようになった。

平田内務大臣と会見

翁は、かねて平田内務大臣が報徳宗の人格者だと聞いていたので、会見を望んでいた。たまたま明治四十三年三月八日、筆者の氏名で提出した陳情書は、翁の草案を逸見氏が修正したもので、その第四項は、

谷中村は旧臘《きゅうろう》十一月より目下に至りて土地乾燥の期節《（ママ）》なれば、堤内は徒歩車行とも自由なり。幸に一目一千町歩の一大沃野の御見分を得ば堤防破砕、耕作妨害を敢てせし土地の状況に関して、多年銅山党の虚構偽称して自然的水害地の如く世人を欺きたること、其他渾《すべ》ての証拠露《あらわ》れて蔽ふべからず。云々

と実地の視察を懇請した、きわめて穏当切実な文章であったのが縁となり、かつ島田三郎氏の斡旋もあって、四月二日、初めて平田内務大臣と会見した。

どういう話をされたか、くわしいことは判らぬが、当時の翁の日記を見ると、「平田氏に面す。予曰く、欺かれて又欺く。又曰く、民の心を心とするのでなく、民となれよ。氏大いに喜ぶ」とある。

翁は、その後も平田氏としばしば会見して、

「平田さんは、僕が責任の位置（大臣の席）にある限りは藤岡の高台を切割って下都賀南部を遊水池にするというような馬鹿なことは断じてしない、といわれていた」

と筆者に語り、衷心から大きな期待をかけていた。

三　強制破壊三年目の谷中村

何年ぶりかの村祭

四月九日、翁は久しぶりで東京から谷中に帰り、島田栄蔵方で報告会を開催した。そして四月十四日には、またまた上京して左の葉書を寄せた。


あれから野木、古河、新郷に行き、藤岡町に来り、赤麻、部屋、生井、野木を経て二泊、昨日古河に帰り直に帰京。

今回河川法を寒川、穂積、部屋、生井一円に施行せり。右名儀は利根川支流との名儀なり。其他諸用あり、議会の残務続きにて候。北古川其他にも御序《おついで》々々可然。

十四日昨夕出京　正造

谷中の青年は、十六日から総出で畦畔の補強工事を施した。この頃、渡良瀬の河南海老瀬村では、各所に鎮守の祭礼が行なわれた。翁はこれを見て、渡良瀬川沿岸の村民が改修案の通過を喜ぶが如く、結局銅山党に躍らされているのだ、と憤慨していた。

四月二十三日、筆者の手紙を見て東京から帰った翁は、同志染宮与三郎が債権者の圧迫に耐えかねて、やむなく県の買収供託金を受取って処理したことを聞き、烈火のように怒り、

「つねに僕のうしろに悪魔がついていて、僕の仕事を裏切り、僕の生命をねらっている」と大音声で何回も繰返された。染宮の立場は万々やむをえなかったのであるが、ここに追い込んだ債権者の仕打、それを翁に図らずに処理した染宮の行為は、日夜寝食を忘れて東奔西走している翁に対する敵対行為にもひとしく、私はわが無力を顧みて、ただ慚愧の涙にくれるのみであった。

そうした日々であったが、仮小屋生活も三年あまりになると、毎日恨んだり悲しんだりばかりはしていられず、圧迫にも虐待にも不感性となり、自から新天地が開けてくるものである。

谷中の男女青年も、当時、毎晩村の中央の家に集まり「大杉ばやし」（笛・太鼓・鼓《つづみ》・鉦《しょう》などで合奏する郷土の演芸）を中老の人びとについて稽古して、或る日、古川部落にあった大杉神社の神輿を何年かぶりでかつぎ出し、道もないほど荒れ果てた村中を渡御した。

はじめは奇異の眼をみはっていた翁は、この青年男女の行動を二十五日付手紙にて、木下尚江氏に寄せた。

> 谷中の残留民飢へて食なきものあり。土地は水乾燥して魚居らず、雑草も少なくして徒らに空地の広きを見るなり。然れども此悲惨の中、春風はおもむろにありて神の造れる若き男女は夜る遊べり。是四面虐待の中に太鼓つづみの声すらあり、毎夜三更尚眠らず五更に及ぶ事多し。之れ恰《あた》かも小さな籠の中にてきりぎりすの声を立つる、うぐいす亦籠のなかに鳴く、皆妻を呼ぶ声なりと云ふ。夫れ虐待は野蛮の野蛮なり。而も此虐待中といへども万物発勢の勢いを止めず、曰く浩然、曰く塵芥を止めざるの精神の真髄にして人為の以て奈何ともすべからざるを覚ふ。

東京・労働寄宿舎の青木氏ら谷中を慰問

四月二十八日、翁は谷中の雑草保護方法につき、谷中および篠山・海老瀬方面を運動、同三十日は今春政府や議会に請願陳情書を提出した周囲各町村へ、谷中村民と共に答礼廻りに出かけた。

翁は五月六、七、八の三日間拙宅滞在。十日夜来風雨。十二日渡良瀬川一丈一尺の出水、利根の逆流甚だしく思川の流下を支えて赤麻沼が増水したため、青年一同出でて畦畔の水防に努めたが、ついに決壊されて麦作その他水浸しとなった。

五月十六日午前十一時、神田三河町労働宿舎の青木賢次郎氏が、縞の和服に鉄無地の羽織を着て、谷中視察のため来村されたので、筆者は船で移堤の破堤所をはじめ各所の仮小屋に案内、次いで恵下野の佐山梅吉宅へ向ったところ、反対方面から来た田中翁および逸見・木下・西田（天香師か令弟か忘る）の諸氏に逢うた。そこで引返して再び破堤所を見て、視察団の方がたは、その夕刻古河町に出て帰京した。

谷中村同志青年会結成

永い間辛酸をなめた谷中の青年が、近頃ややもすれば浮薄に流れ易い傾きが見えてきたのを案じ、田中翁の指導のもと、精神修養と谷中問題研究の目的を以て、元谷中村同志青年会を結成することとなり、五月二十五日、竹沢庄蔵方に於て発会式を挙行、夜八時に閉会となったが、雷雨のため風浪高くして帰宅し難く、一同竹沢宅に泊り、翌二十六日ふたたび語り合い、その夜十時に散会した。

その頃、ハレー彗星というのが見え、その尾が地球に触れると人の心が陽気になって自ら躍り出すようになるとか、もし衝突すれば地球が砕けてしまうとか、いろいろな憶測と流言がさかんに飛んでいた。その彗星を西の空に眺めながら、それぞれ帰途についた。

翁の継母逝去さる　郷里の小中から継母病気の報を受けた翁は、五月二十日、その病気見舞いに訪れ、二十二日には谷中村民もその病気を見舞ったが、二十五日逝去、二十六日葬儀。翁は二十九日まで小中の実家に滞在中、木下氏へ左の書簡を寄せた。

○小中に六日間滞留、継母昨日死去今日葬式に候、準備中々出来てありて正造は世話なしです。

○案外に下等社会が発明であるを見ました。貧乏だけ常に用心せるものと見へます。此個人個人の間に妙な組織ありて広き社会知らずの人びとの社会は妙に成立して居ります。社会知らずの社会中に於て、下級社会の広天地の大なるを見るなり。ああ神仏を知らぬ此人々にしてよくも神も仏も知りつつあるを見ました。

古来未曽有の偉人傑士とか叡智天才とよばれる人でも、意識的に或いは無意識の間に先進者の遺風とか時代の影響を受けることは免れないが、田中翁についても亦そうしたあとがうかがわれるようである。

左の一文は、翁が継母を失うた頃、往時を追想して古河町田中屋に於て、半紙を長く二つ折りにした仮帳に矢立の筆で書かれたものである。

○秋月種樹氏、明治十四年八月、寺岡にて予の容貌態度を賞す。

唐沢山上　故《いにしえ》の佐野郷氏長男佐野秀麿氏。

○予其後東西奔走して今日に至る。今や下総のさるしま〔猿島《さしま》〕にあり、而して佐野秀麿氏露軍と戦つて名誉の戦死を遂げらる。嗚呼蓋《けだ》し唐沢山の神霊秀郷公〔蒲生秀郷〕を慰むるの正道なり。君は已に戦つて任務を致せり。予は天平年間秀郷公の戦功を立てたる下総猿島を救、猿島人民の水害を救ふて人民を帰服せしめて猿島の国民を我ものとして秀郷公の霊を慰めんと欲するものに似たり。豈《あに》偶然ならんや。予年未だ若きとき県会の常置委員たるの日、唐沢山東明《とうめい》会の会長たらん事を、関口省三佐野郷の二氏よりススメラル、後年山岸佐平氏同断。山岸氏は予の系図を認め齎《もたら》し来つてススム、予之に答えて曰、遠き逢ふの事業はよし、然れども之消極なり。予が秀郷公を慰むるは積極にありて以て下野の基礎を堅めん事に努めたり。先づ西三郡及邑楽《おうら》、山田、新田は旧唐沢山の旧領なり。先づ之を得て今や漸く下都賀以東下総、常陸、武蔵に渉らんとす。予は此積極に八百年前の秀郷公の領せる国々を根拠とす。其山岸氏の携来りし予の系図を見ると近き先祖は上多田《かみただ》にありき。其他は記憶なし。此時予の答に此系図を得ば造意なりと誹《そし》らる、又予は尽力も之あるためとなるを恥じ、聊《いささ》か武士道を思ひて之を辞して他日功績を挙げてののちに貰ふべしと答へて受けず。これ必ず山岸佐平氏の家に保存しありと信ぜり。夫《それ》より下野に仇せる三島を追ひ、今又足尾征伐中にあり。徒らに虚名をはくするよりはむしろ実行をです。

以上佐野君を弔するのびい〔微意〕なり。

○さて秀郷公におゐては後世奇聞多し。人知を以て見へざる点ありしならん、神の見る、人の見る、山陽は人の見る目、山陽が秀郷公を見る将門を見る尚人物論に出でず。

古老の話によると、秋月氏は翁を見て実に感嘆激賞したという。また山岸氏は田沼町栃本《とちもと》の人で、遺族は東京に転居し、筆者も訪ねたが会えなかった。蓋《けだ》し、翁のいう山岸佐平氏は、山土家佐傳（下都賀郡藤岡町大字大前の郷土史家）の記憶違いではないかとの説もある。

訴訟消滅の危機

これより先、私は翁が小中へ出発の時の手紙により、五月二十二日、茂木弁護士を栃木町に訪ねたが、不在のため金半旅館《かなはん》に泊まり、翌朝再び茂木氏を訪ねたところ、茂木氏から左の通りの話があった。

一、現在裁判所に提出してある土地の見積り価格は過大のように見えるが、もしこれが栃木支部で認められなければ控訴しなければなるまい。その場合、控訴印紙のこともあるから再検討してはどうか。普通田畑の売価価格は小作料を標準としているから、この方面から計算してはどうか。

二、現在の請求金額は、所有者の見積り価格から県の補償金額を差引いた差額を請求しているが、これは不合理と思う故、全額を請求することに訂正してはどうか。

三、民事訴訟は、一ヵ年以上そのままにしておくと消滅してしまうので、六月十八日までに裁判を開廷するよう請求しなければならないから、右二ヵ条について今月末までに回答してほしい。

私は、田中翁および村民と相談の上回答することを約して同氏宅を辞し、帰途藤岡町役場に廻って、去る四月三十日に提出しておいた被害地反別調査の件を催促したが、ついに要領を得なかった。

五月三十日、田中翁が帰村したので、佐山梅吉宅に村民会合して、茂木弁護士から話のあった土地の見積り価格およびその他につき協議の結果、従来の収穫を基準とした価格は決して過大ではないが、小作料を標準としてもこうなるとの趣旨を以てその価格を調査することに決し、翌日より資料を集め、六月三日、茂木氏宅に標準価格表および費用を持参して、訴訟の消滅を防ぐため裁判の開廷を請求するよう依頼して帰った。

明治四十三年六月二十七日には、栃木支部裁判所に第八回口頭弁論が開かれた。起訴以来、谷中事件を担任された住谷毅裁判長は旧水戸藩士で、青年の頃に親の仇討をしたという有名な気骨のある人であったが、辞めて弁護士になってしまい、その日は生駒八十弥《いこまやそや》という新任裁判長と代わり、初審以来関係してきた判事は古市陪席判事のみとなった。

生駒裁判長は審理を更新して、物件計算書を提出すべき旨を命じ、次回期日を七月六日と定め、閉廷した。

谷中村強制破壊三周年の記念会

六月二十九日から七月五日は谷中村強制破壊三周年記念日である。世間では谷中村はとうになくなって、問題の残留民など一人もいないと思っているし、遊水池案の通過で萎縮してしまった被害民の奮起を促すために、田中翁は、この機会に三周年記念会を催して、遠近の関係者や恩人に谷中の消息を伝えて感謝の意を表したいと、かねがね村の人たちと語り合っていた。

よって六月二十五日午後八時から竹沢房蔵方に同志青年会を開き、その準備について協議の上、二十八日午前七時、私の家に一同会合した。

染宮政吉（与三郎長男）・間明田登一（仙弥長男）は古河町の油治印刷所へ葉書の挨拶状の印刷を注文に出かけ、その余の渡辺長太（長輔長男）・水野官次（常三郎養子）・間明田与四郎（粂次郎長男）・竹沢末吉（釣蔵弟）・竹沢庄蔵・竹沢房之進（房蔵長男）・水野定吉（故彦市長男）・佐山栄吉（梅吉養子）・島田熈市《きいち》（栄蔵養子）・川島要次郎（次郎吉次男）および私等は、海老瀬・藤岡・三鴨《みかも》の各有志を訪問して、「私共は谷中の残留民ですが、御懇情によりまして、家屋強制破壊後満三ヵ年を谷中の水村に暮すことができましたので、来る七月三日の日曜日に恵下野の佐山梅吉方に於て記念式を営みますから亡村の現状御視察かたがた御出席願います」

と述べて廻った。農繁期の梅雨中、菅笠に丹波茣蓙《ござ》を着た十余名の青年が、脚絆・草鞋の身なりで歩くので、農村の人びとは異様な目で見ていた。

出かける時は、毎日必ず日帰りにするという申合せであったが、雨が降って道は悪く、日は暮れて水村に帰るのも不便なために、夜半藤岡町の丸屋という商人宿まで引返して泊った。翌二十九日朝七時出発、赤麻を経て部屋・生井・野木各村有志を訪問して古河町に到り、駅前の田中屋に於て田中翁と落ち合い、たまたま破壊記念日を期して東京から視察に来た福田英子さんと同行の岩崎平造氏に会って挨拶、この日も夜遅くなり帰村不能、ついに古河町田町の角屋という商人宿に泊った。

第三日目の三十日、川島要次郎・渡辺長太・染宮政吉および私は、田中屋に於て田中翁が調べておいた恩人各位に挨拶状の宛名を記入して発送、その他の青年は古河・新郷・川辺・利島・海老瀬の有志を歴訪して、夕刻田中屋に戻り翁に報告、その夜また同町の小川旅館に泊った。いずれも商人宿で、宿代の安いかわりに御飯は盛りつけのどんぶり飯、農家の青年には足りよう筈もなく、二人分ずつ喰べて旅籠賃の割増をとられるという一幕もあった。

第四日目の七月一日、古河町から帰村、間明田（粂）方に於て廻礼中の諸費用精算。

第五日目の七月二日、青年会合して佐山梅吉の庭前に葭簀《よしず》張りの仮式場をつくるもの、古河町に買物に行くもの、それぞれ手分けして明日の準備に当った。

第六日目の七月三日、雨のち晴、また曇という天候。村の各世帯主、そのほかの男女青年総出動、来賓は東京の木下尚江、報知新聞宇都宮支局の宇賀神三郎《じんざぶろう》、佐野町堀米《ほりごめ》小学校の大沢ふみ子、海老瀬村戸井亀吉、藤岡町高間の竹沢角三郎、同篠山の茂呂多重、同佐山茂八、同渡辺豊吉、大島村大沢新

八郎、古河町多田与市、川辺村片山丈吉、館林町写真師某の諸氏、それに藤岡町駐在巡査二名、同刑事佐野秀澄臨席。

午後二時、島田平次が村民を代表して開式の辞を述べ、次いで地方の来賓代表茂呂氏の祝辞、田中翁の挨拶のあったのち、木下氏が立って次のような演説をした。

木下尚江氏の演説

「谷中村強制破壊後満三周年、私には夢のようですが、諸君にとっては実に長い三年であったと思う。しかし私はあの当時、三年後の今日こうして元気な諸君と再会できるとは夢にも思わなかった。土地を奪われ家を壊され生活を断たれ、かつ風雨と毒水にさらされて、来るものは餓死か溺死か或いは流離顛沛《てんぱい》して乞食となるか、私はひそかにこの恐怖を抱き、なんとかお尽ししたいと思い、いろいろと指図がましいことばかり申し上げて、なにひとつお役に立つことができなかったばかりか、かえって諸君にお邪魔したことを恥かしく思うと同時に、これが私の三ヵ年の苦悶でした。私は今日、人の力の恐るべきものを見せていただいた。三年前の七月五日、谷中村の民家は悉く破壊され、その後の谷中村には人ひとりなく、したがって麦一粒実らない筈であったが、事実は正反対で、破壊された残留民諸君はその跡へ平然と仮小屋を構えて住み、先に一旦立退いた人たちも生活の不如意から再び元の谷中へ帰って来る。屋敷の跡、堤防の裾、小高い畑などを耕して麦を穫る、水が出れば魚を獲る、海老を獲る、そしてなにものにも恐れない元気を以て生活している。これは決して我々有志——無責任な人びと——の力でもなければ、政府のお蔭でもない。否、田中翁のいわれる銅山党の暴力で潰そうとした谷中村は、かえって立派に復活の緒についたのである。これは全く諸君の力、自然の力即ち神の力である。然るにこの大自然の道理をわきまえず、かれこれと指図がましいことを申し上げて恩人顔してきたことは、なんとも申し訳ないことでした。今日ここに謹しんでお詫び申し上げて、私の御挨拶と致します」

木下氏が着席すると、田中はただちに立って次の謝辞を述べた。

田中翁の謝辞

「只今の木下さんの御演説は、あまりに御謙遜で有難過ぎて、そのままお受けすることはできません。銅山党のあらゆる圧迫と虐待を忍び、艱難辛苦に堪え、三ヵ年の露命をつないで、今日恩人各位に御挨拶を申し上げることができるのは、木下さんをはじめ今日此処に御参列下さった方々並びに社会の志士仁人の御救済の賜であります。すなわち銅山党がよってたかって放逐し謀殺しようとした谷中村残留民をいろいろと御救済して下さったお蔭であります。我々は今後とも如何なる困苦欠乏にも堪え、銅山党と戦って谷中を回復しなければならない。それには先決問題として関宿の河口を広げなければならない。またその原動力たる足尾銅山の鉱業を停止しなければならない。そして水源を涵養しなければならない。すなわち憲法を擁護して国土の安全を図らなければならない。これが我々谷中残留民の任務であり、恩人方に報ゆべき責任であります。銅山党がいろいろと迫害し邪魔しても、谷中は日一日と復活に向っているのであります。これは木下さんのお説の通りですが、指図がましいことをしたり恩人顔して申し訳ないとおっしゃる御謙遜なお言葉は、あまりにも勿体なく恐縮に堪えませんので、残留民に代わって一言申し上げて今日の御挨拶とする次第であります」

翁の謝辞ののち、壜酒に赤飯の折詰、川魚や海老やその他の手料理などを会食して、初夏の日のまだ照りつくなかを散会した。田中翁と私たち残留民数名は、恵下野地先の思川の渡船場を渡り、野渡《のわた》を通って木下氏の一行を古河駅に見送った。

お客様がこんな不便なところへお出で下さったのだから、酒の一本くらい出さなければ申し訳がない――という残留民の心組みから、木下氏やその他の客に酒を出したのだが、かえって失礼だったと翁がいって、私にお詫びの手紙を出すよう注意された。

この日、木下氏は東京から柴簑《しばみの》を持参して翁に贈った。翁はそれ以来天気のよい日でも、この簑と信玄袋を天秤棒の先に結びつけて歩くのが常となった。それまで翁は丹波蓙と菅笠を常用としていたのである。

第七日目の四日、村の青壮年総出で跡片づけや収支の精算をした。当時の物価は安く、正宗（清酒）二合瓶九銭、白米一升十五銭、醤油が一升十銭、晒木綿一反四十銭でその総支出が二十二円四十銭、そのうち翁から白米二斗、東京の無名氏（逸見氏か木下氏と思われる）から金三円をはじめ、各来賓のお包み等もあり、村民一戸の負担は僅かに九十六銭五厘ずつで済んだ。但し、ほかに青年会三泊四日の運動費は各自弁とした。

七月十五日、水野常三郎方に通常青年会を開き、古川雷電神社を修理して青年会の事務所とすること、田中翁から寄附された割麦を処分して青年会の費用にあてることなどを相談して閉会した。のち三年、翁が最後の病床につく前、ここで静養したいといわれたのは、以上の関係によるものである。

栃木県吏の疑獄事件

明治四十二年五月十二日、石川三四郎氏の紹介で来援した横浜の高鍋天統《てんとう》氏の経営する『統一新聞』が、田中翁および谷中事件等を連載して世論に訴えていたが、たまたま四十三年七月、本県々吏の疑獄事件が起り、各新聞とも連日これを報道した。

七月十六日の『国民新聞』栃木版は「県吏疑獄事件（続報）」として、三大事件——㈠谷中村買収、㈡県立病院不正工事、㈢並木大盗伐の発覚——を報道したが、その関係者はすこぶる多方面にわたり、県郡の職員多数が証人として喚問されるであろうと伝えられ、その中には植松金章、中津川秀太等、谷中村問題関係者の名も五名ほど見えていた。次いで七月二十九日の同紙は「官紀振粛を叫ぶ」「県会議員の大同団結」と題し、県参事会員高田耘平・碓井要作・青柳与平・木塚貞治・野沢近太郎諸氏の主唱で、平田内務大臣へ意見書を提出することとした旨、およびこれを聞いた他の議員は議員全員の連名で意見書呈出に呼応しようと叫ばれたことを報じている。

納涼の辞

つねに民衆擁護のため身命を賭して戦ってきた翁が、その難関を突破するごとに新天地へ飛躍していかれたことは、拙文を読まれた方はすでに了解されたこととは思うが、八月三日、翁が土用見舞状として木下氏に宛てた書簡は最もよくその思想を伝えるものと思うので、ここに掲出することとする。

拝啓　いつも同じよふな、唐人の寝言のよふな文句、もふ呆れられる頃。西田法師（島田注、一燈園の西田天香師のこと）は今何処に納涼して居られるか。法師の納涼はやゝ大なり。人は出るに車馬ありを、この人のは出れば必ず風あり、至る処風なきなし、至る処月なきなし、花なきなし、雲なきなし、天地山川皆我ものなり。世人の憐れなる、此大いなるを見すてゝ跼蹐《きょくせき》たる小天地に身を投じ、苟も金を懐中せざれば山に海に林に遊びにも行くの勇気なく、殆ど疲れたる老人の如し。苟も食なければ一日だも安んぜず。此人々の海辺へ山林に行かんか、先づ弁当と金とに腹一杯なるを以て、清涼の空気といへども容るゝの余地なきまでに奢りふけりては、又新鮮空気の必要なし。〇かの農民の田の面に腰休め、烟草《たばこ》一プク天地と共に立ちて自由の呼吸をなす、これ誠に納涼のやゝ大なるものなり。然れども習慣は、富より出でざれば楽みとせず。所有権より来る困難厄介の問題、いかに神聖の教ありとも、馬耳東風。狭き納涼に多大の金銭を失ふて得々たり。

四　天の警告、利根川の氾濫

明治四十三年の関東大洪水

明治四十三年八月十一日の関東の大洪水は、田中翁が叫びつづけた治水論を裏付ける天の警告ともいうべきものであった。

これより先、八月八日、翁は藤岡の竹沢角三郎さんの人力車に乗って足利へ行き、愛甥原田定助氏宅に泊った。翌九日朝起きてみると篠突くような豪雨、角さんは帰途を案じ、この雨では河川が氾濫して佐野・藤岡間の県道の往復が杜絶するだろうと翁に告げた。翁はまだ用事が済まないので、角さんだけ別れて帰ることになった。

足利の町を出て毛野《けの》・富田・佐野を過ぎ、堺村の越名《こえな》に来ると渡良瀬川の水が関川と秋山川に逆流して県道は一面の水。角さんは人力車をかついで笹良《ささら》橋を渡り三鴨村を経て藤岡町高間の自宅に帰った。角さんの家は小高いところにあったが、この雨では居宅に浸水するかもしれないと、家族を指揮して水片付け（水始末ともいう）をした。

足利に残った田中翁は、谷中方面の水害のことを思うと居ても立ってもいられず、安蘇・足利両郡の渡良瀬川沿岸視察の予定を変更して、八月十日、両毛線の汽車を利用して下都賀郡間々田駅に来て翁屋《おきなや》に泊り、思川沿岸に出て乙女・友沼の破堤の模様を調べ、利根川逆流の影響を見ることに努めた。

その頃、翁の案じた通り、谷中方面では、北東の風雨はいよいよ烈しく、身動きも困難であった。すでに元谷中村一帯は利根の逆流が滔々として押し寄せて一面の洪水となり、風浪は高く、仮小屋の塚は時々刻々崩され、どこの仮小屋も水に浸ってしまうという状態であった。

夜に入り、隣村の堤防が切れ始めた。そしてその村へ浸入するたびにすこしは減水するがまたすぐ増水する。みな避難の準備に追われながら夜を明かした。

明くれば十一日、天はようやく晴れたがなお北東の風が強く波はいよいよ高い。田中翁が大隈侯へ贈ろうとした私の家の庭に祀ってあった数百年の歴史ある氏神の祠は、西南の方へ流れてしまった。いずれも身の危険を冒して荷物を高台地へ小舟で運搬すべく、どこの家にも親戚の手伝い人が来て働いていた。私の家にも「鬼定《おにさだ》」と渾名されるほど屈強な長谷川の従兄の定吉と、ほかに神山という遠縁の男が、私たち兄弟二人(熊吉と筆者)を助け、二艘の舟に麦俵を積み込んだ。元高沙《たかすな》八幡神社の西方の堤防が少し浸水を免れていたので、そこへ運搬しようと風波と激浪を乗り越え、定吉たちの舟がようやく堤防近くに到ると、丁度午後一時半頃、西南方の渡良瀬川方面からにわかに激流が加わり、層をなして洪水が押し寄せ、みるみるうちに堤防は水中に没し、舟の自由を失い、ようやく堤外の櫟《くぬぎ》林に漕ぎつけ、二人懸命に木の枝につかまり、あとから私たち兄弟の助け舟の来るのを待って辛くも生命を取り止めた。

これは僅かにわが家の一例で、どこの家でも同様な危険にあって、到底谷中村に留まることは不可能となり、恵下野の人びとは堤上の島田栄蔵の蚕室の階上と野木村方面の高台に、また古川・内野の人びとは藤岡方面の高台へ親戚知己を頼り、それぞれ避難したが、僅かばかりの荷物は波にさらわれてしまった。

この西南方から一時に層をなして襲うた洪水は、利根川上流の烏川の大洪水が岩鼻の鉄橋に一時遮られたが鉄橋の流出すると同時に、南岸は中条《ちゆうじよう》の堤防で破り北岸は赤岩以下数ヵ所の堤防を破壊したので利根川の洪水が一時に急流直下、群馬県邑楽《おうら》郡を浸し、谷中方面に襲来したのであった。されば従来の最大洪水と伝えられた明治三十九年の洪水よりも三尺も高く、谷中附近数里四方は殆んど泥海の状を呈し、青く見えるものはたまたま堤防や水塚の上にある木の梢のみであった。

今回の洪水は天災にあらず

こうした騒ぎのなかに田中翁は、古河町油治《あぶし》印刷屋に注文、十二日の日付で「天災にあらず」と題した今回の水害に関する所見を述べた印刷物を、各方面に発送した。曰く、

御見舞申上候。陳者《のぶれば》御熟知の通り今を去る四五十年前の河川に比せば、渡良瀬川近年の洪水は足尾銅山党の私慾に原因して悉く之れ人造の災害たること今は何人も知る処、今回の洪水又明《あきらか》に天の証明する処あり、誰れか喋々の弁解を用ひんや。政府の河川改修は十四五ケ年を要す。然れども目下の変態は別箇の問題なれば直に流水妨害の取払ひを先決し、水源を取締り鉱業の停止を命じ、渾《すべ》ての妨害を取払ふなるべしと雖も一般人民も亦叫んで被害材料を提供するの公義務あり、多年辛酸の中にある諸君の此際に於ける健康を祈りて一般の後難を絶ちて五州人類の復活を期せられん事謹みて御見舞旁申上候也。尽し難きを以て唯問題の大原因のみ申上候。

〇先決問題

〇利根川流水妨害悪工事数ケ所を取去り水源伐木中止、鉱業停止、之を断行せざれば政府の辛苦も

五州各地の回復も悉く水泡に帰し去り、五州各地の潰滅を奈何。但し遊水池及新川を赤麻に伐り落すの不可なる政府已に其設備を省けり。右は官報にて明かなり。

○参　考

○最急中の急なるは流水妨害を取払にあり。例せば利根川の逆進海老瀬村船橋まで激昂し、渡良瀬川の水勢茲に止められ、一歩前進を許されずして其氾濫は各枝川へ逆進となり、各枝川亦四方に氾濫す。思川、巴波川、与良川沿岸亦堤防の形だも見ずして殆ど同一の悲惨状態なり。其実況の如きは各地の報告にまつなり。

明治四十三年八月十二日

五県下水災地巡視　栃木県の部　　正造

島田政五郎様

島田宗三様

そして、筆者宛のそれには次のような文章が書き添えてあった。

川島、竹沢、水野の三君に告げん、正造は大水に狼狽なし、あらかじめ知り得し事なればなり。本書の印刷の日付を見よ。予は狼狽せず、只沿岸愚なるために多忙なるのみ、今は身体大疲労。

十四日の早朝、翁は野渡で米五俵・割麦一俵を買入れて、恵下野の島田栄蔵方でこれを受け渡しすると、藤岡方面へ避難した谷中村民に知らせてきたが、昨日来の風雨で波高く、舟を出すことができなかった。

十五日はようやく晴れた。夕方、天秤棒に簑と風呂敷包みを掛け、脚絆・草鞋で菅の小笠をかぶった田中翁が、恵下野方面から激浪を冒して藤岡町に渡り、篠山の佐山茂八という飲食店に現われた。この店は古くから田中翁の出入りした家で、佐山氏は、先年谷中村強制破壊の時には仮小屋用の網代を寄附して、雨露にさらされている残留民を助けた人である。

救助米と谷中村避難者の集会

私はその近くの従兄の長谷川定吉〔鬼定〕の家に避難していたので、さっそく翁のもとへと急いだ。翁は私にいった。

「僕はすでに十年以前から、こういう大洪水の出ることを憂えて議会で演説をした。それは当時の官報を見れば明らかである。決して狼狽するものではない。けれどもなお悟らなければまさに亡びるのみである。故にわれわれはこれを悟らせるために、ますます説いて聞かせなければならぬ。すなわちこの洪水は決して天災でないからである」

まもなく、翁は私を連れて車夫の角さんの家に向った。行手の県道は渡良瀬川の洪水が葭立《よしだて》の土堤から浸入して、角さんの家に行く道はまるで川のように水が流れていた。田名網という人が舟を出して送ってくれた。見れば角さんの家も庭一ぱいに浸水して僅かに家宅が浸水を免れたのみで、水中の弁天様のようであった。

この夜、翁は私と共に角さんの家に泊った。角さんの親子や近所の人びとも集まって、夜の更けるのも知らずに洪水の状況を語り続けた。

この日、被災者に対し、藤岡町の鈴木酒造店の店頭で、県の救助米一人一日当り三合ずつ五日分が支給された。

十六日はまたまた北東の風雨強く、増水を気遣われた。十七日には知事の視察があった。

十八日には藤岡町役場から県の救助米二日分を被害民に渡した。同時に救助願に捺印を求めたが、私はただちに拒絶した。当局が故意に洪水増大の原因をつくっておきながら、被害民から出願すれば救助米を出すというのは侮辱も甚だしい。真に救助しようとするならば、即刻足尾の鉱業を停止し、水源を涵養し、関宿の堰堤を取払い、谷中村の瀦水池を廃止して土地の復活を期すべきではないか、という信念からであった。

十九日には内務省から視察に来た。その午後、田中翁と相談の上、翌二十日午前十一時、間明田条次郎の避難する篠山の茂呂豊治氏方物置に於て、谷中避難者の集会を催した。協議の結果、
一、明日より附近町村の水害見舞かたがた実地踏査をなす事。
二、青年四名ずつ二班に分かれ、その一班は東北部、他の一班は西南部を回る事。
に決定した。

田中翁、水害地を視察

二十一日は晴天であった。早朝、渡辺長太・竹沢庄蔵の二青年、従兄の鬼定と私を合せた四名の一班は、小舟に田中翁を乗せて、西南部すなわち群馬県の海老瀬村方面へ出発した。

先ず藤岡と海老瀬境の道祖神から渡良瀬川を越えて、海老瀬村下新田の堤防に上る。字《あざ》松木のあたりで最も高い堤防が、あと僅かに七、八寸をあましたのみである。西谷田村中江谷田《なかえやだ》方面に通ずる堤防の二尺くらい余したところに、六、七戸の避難民が仮小屋住いをしていた。濡れた畳・建具や鍋釜

などが一ぱい取乱してあった。下新田の補助堤が五、六十間破れて、東方の下新田地内へ浸水し、流失家屋二十棟以上を出し、行人《ぎょうにん》塚も十間くらい破堤した。

それから少し戻って、海老瀬村役場および松本英一氏方を訪う。両所とも高台の上にあるが、役場は床上四、五寸の浸水を見ていた。松本氏の話によると、利根川上流北岸の小泉・赤岩などが破堤、溺死者および行方不明が富永だけでも四十人以上、邑楽郡全部では五十人以上、家畜の流死は無数、浸水家屋は八千三十三戸、海老瀬村の救助米一日男四合、女三合ずつ、十一日より毎日およそ四名が五斗ずつ炊き出し、配給にあたった。

それから舟で同村字田中の針谷方を訪ね、主婦が水に浸った大麦を見て困惑しているのを慰め、さらに朧《おぼろ》にゆく。破堤二ヵ所、流失家屋五戸、字《あざ》上新田および供養塚の破堤一ヵ所を見、転じて合《あい》の川《かわ》を渡り向堤《むこうづつみ》に上る。

ここは邑楽郡大箇野《おおがの》村下五箇《しもごか》の北方で、合の川は水源もない小さな川であるが、利根川の北岸から浸入した洪水が合流して、大箇野村の水位よりも二尺くらい高かった。次いで古利根《ふるとね》を越えて埼玉県利島村に入る。

古利根の激流を渡る

大箇野村の破堤所から古利根（昔の利根川の跡）に入る時、水の落差が甚だしく、その激流を小舟で乗り越えることは不可能と見えた。

水村に育った青年たちもみな辟易《へきえき》した。例の鬼定さえも「無理だ」という始末。しかし、田中翁は独り「恐れるな」という。そしてまた、「だがこんなところで溺死するのは犬死だから十分注意してくれよ」ともいう。

いよいよその激流を乗り切ることとなり、四人は全力を尽した。舟の横から流れをもろに受ければ忽ち転覆すること必定である。見れば青年たちの顔は緊張して蒼白に変っていたが、菅の小笠に柴簑姿で坐った田中翁は、悠然と水村の惨状をみつめて平生と少しも変らなかった。多年死生の間をくぐって来た人はこうも鍛錬されているものかと、私は心ひそかに敬服した。

後日、従兄の鬼定は当時を顧みて筆者にいった。

「あの時は実に生きた思いはなかった。もし押し流されて舟が転覆すれば五人とも全滅してしまう。自分らが溺死するのは運命と思ってあきらめるが、田中さんに間違いがあっては申訳ないと思って、一生懸命、水神様と村の鎮守様を心の中で祈りながら漕いだが、あんなことは生まれて初めてであった」と。

こうして無事に古利根を上り、埼玉県利島村字柳生《やぎう》の堤防に移り、各自持参の簑に腰掛けて休憩した。柳生地方では去る明治四十年の洪水よりも水位が六尺位高く、字志手の堤防の築合せまで九ヵ所が破堤していた。柳生本田《ほんでん》のみの流失家屋三十戸以上との話である。

それより更に舟で古利根を上り、同村字飯積《いいづみ》に到る。ここの破堤所はすでに水が涸れて舟も通らない。一同は徒歩で堤内に入り、翁は有志野中清八《せいはち》氏方を訪ね、青年たちは野中氏の避難先なる養蚕所を見舞ったが、他出不在であったため家人に来意を告げて辞去、次いで同所の被害民の収容所となった遍照寺《へんじょうじ》に到り、区長（部落総代）某に面談した。飯積は土地が比較的高いので潰家は二戸であるが、利島村全体としては北部七ヵ所の破堤があり、罹災民を遍照寺に収容し、三日三晩の炊き出し救助の後、それぞれ自宅に帰し、川辺村では古河町製糸所床倉《とこくら》の出した救助船で同町徳正寺に罹災者を収容したとのことであった。

帰途、大箇野村樋口の堤防に上り西南所を見れば、各所に潰家累々として悲惨を極め筆筈にも尽せず、村人に事情を訊ねても、皆夢中の如く気抜けの如くで要領を得ないのは残念であった。破堤所や河水の激流を乗り越え、或いは水村と河川を区切ったいくつかの堤防のある毎に舟を四人でかついで次の水面に移るというような危険と困難を冒して、終日の視察を切上げ、夕刻七時頃、篠山に帰った。

田中翁は慨嘆はしたが、愁嘆の色は見せなかった。

栃木県参事会員に水害の実情を説明

八月二十二日晴天、翁はこの朝、藤岡の河内屋に泊った水害視察中の栃木県参事会員一行を訪ね、蓑笠姿で廊下に腰掛け、紙を継ぎ合せ、水害地の図面を描いて説明（前頁写真）し、のち藤岡町西裏の堤防附近を案内、参事会員一行と別れて南部に転じ、海老瀬村道祖神の早乙女和吉《わきち》（竹沢庄蔵の避難先）方に到り、竹沢・染宮政吉・間明田登一、それに筆者らと落ち合い、小舟で川辺村方面に向った。

下宮の下本郷から川辺村柏戸の堤防に到れば、水浸しとなった大麦を堤上で乾している人がいた。柳生新田《しんでん》の人の話によれば、川辺村では渡良瀬川通りの本郷地先き二ヵ所、利根川通りの本郷と前屋の間が一ヵ所、それぞれ破堤、柏戸の堤防は二尺余も水中に没し、救助米は一日三合ずつ七日分支給されたとのことであった。

それから舟で渡良瀬川を渡り、対岸の古河町井上回漕店に到る。ここは悪戸新田の上が破堤して浸入した洪水が満ちているため、渡良瀬川の水よりも堤内の水位が一尺五寸以上高かった。次いで丸の内の岩波嘉蔵《かぞう》・江田林之助《りんのすけ》を訪ねた。丸の内の流失家屋四戸、川辺村では百棟以上の潰家があったとのこと。古河の片町に舟を置き、田島荒物店を見舞い、江戸町の桝田《ますだ》屋で東京の『二六新聞』記者服部鉄蔵氏に面会、田中屋に到る。

十日以来連日の奔走と、炎天二日にわたる船中視察で、翁は身心共に疲労したように見受けられた。私たちは田中屋で翁と別れて、夜の八時、道祖神に帰り、牡丹餅を会食して散会した。

なお当時の県南の水害の状況は、明治四十三年八月の『下野新聞』所載、碓井石泉《せきせん》(要作)の視察記に詳かである。

五　洪水の禍根、足尾銅山

〝異様の姿〟とは誰の事か

八月二十三日、田中翁は東京に出て逸見・木下両家の水害を見舞い、翌二十四日、逸見氏らと共に初めて岡田虎二郎師の静坐に参列した。その動機については他の機会にゆずるが、脚絆に地下足袋、簑笠姿で番町の島田三郎氏の家に向った翁の姿を見た警官が、「その姿はなんだ?」と咎めたのに対して、翁は叱咤して応じた。

「この関東の大洪水を知らないのか。東京市中でさえ、まだこの姿でも歩くことができないところがあるではないか」

警官が「でもあまり異様な姿ですから、東京市内だけは――」といいかけると、翁は烈しく、

「馬鹿いえ、この国家大艱難の時、靴をはき洋服を着、髪を光らせて歩く奴こそ真に異様の姿というものだ」

と叱責、警官は黙して去ったとのことである。

その後、水害地視察東北班が廻った部屋・水代《みずしろ》・寒川《さむかわ》・野木方面の状況については、川島要次郎から報告があったが、ここには省略する。

その後、田中翁は東京から谷中の人びとに対して、弁当米一日七合ずつ寄附するから老壮青三者共せめて隣町村の被害だけでも視察せよ、救わる身を以ても他を救わんとするのが生きた働きで、それでこそ生きるものだ、としばしば手紙を以て勧説した。翁はまた、三十一日には、「緊急悲惨復活の先決」と題する次の書面を葉書型に印刷し、猿島郡途上古河町有志外正造、として各方面に発送した。

凡そ雨は昔も今も同じ事なり。されど昔は一升降れば一升のままを海湾に行かしむ。今は然らず、一升の雨を三升にして流す、故に三分の二は即ち天災にあらざる人造の水害なり。近年山林濫伐水源山々はげ崩れて赤裸体《あかはだか》となり、たとへば二日間に流るゝ雨量を一日間に流して二倍とし、又途中、利根川の各所に流水を妨げ逆流せしめて三倍とす。故に雨は昔に同じきも洪水は昔に三倍す。

○河川の改修とは回復の義なり、人造洪水を改め各本川復活の義なり、去れど先づ渡良瀬川改修の前に早く流水妨害を除かば洪水の減ずる直に四五尺、而て後ち改修の年限を経ば成功減水の合計はやゝ一丈に至らん。而も早く人造の害を除くは先決の問題なり。天災にあらで町を廃し村を潰すの必用なし。諸君よ決して悲観せらるゝなかれ、天災なりと罪を天に帰するなかれ。諸君は只専心一意洪水を大減し流水を清めば可なり。果して然らば天災なるものも亦なきに至らん。いかなれば古来渡良瀬川は天然肥沃をもたらすを以て三箇年に一回の洪水をば却て之を歓迎せし程なり。而も若し其相を知らざるものあらば此沿岸に住める年齢四五十以上の農夫に付いて念頃《(ママ)》に其実を問ふべきなり。くれぐれも渡良瀬川近年の洪水は悉く之れ天災にあらざることを。

右急ぎ問〔う〕者の答に略記す、尚委しくは後便に。

これより先、翁は二十四日付の葉書で、

谷中の人々は老人も少年も近方の被害地を見る必用あり、巡回中追々天災にあらざる要点相分り申候。栗橋鉄橋の無難は新郷の堤を見れば分ります。百聞一見に及ばず、但し一日男女七合つゝを弁当にして関宿の石堤及境町の突堤千本の〆《しめ》きり各所のケレップ（島田注、河岸の崩落を防ぐため木の枝を組み、玉石で河底を埋める工事）をも見る必用あり、断じて御実行あれよ。

関宿の治水家根岸翁を訪問

と申し越された。よって青年等相談の上、九月三日夜、恵下野の島田栄蔵方に、竹沢庄蔵・同末吉・同房之進・佐山栄吉・染宮政吉および筆者が泊り込み、真夜中に起きて、かねて田中翁から寄附された米を炊いて日の丸弁当をつくり、脚絆・草鞋に身を固め、菅笠・丹波蓙持参で午前一時半島田方を立ち、思川を舟で渡り、野渡を経て古河駅前の田中屋に翁を訪ねた。

翁は、われら青年たちが予定の時間よりも早く来たことを喜び、すぐに起き出で、今日視察すべき順序・要点などの大体を注意し、午前四時三十六分発の上り列車で栗橋に到った。鉄道の左右みな水害の跡歴然として残り、腐った農作物、取乱した家財道具等が目につく。この町の治水家根岸門蔵翁宅を訪ね、夫人からこのたびの水害の状況および河川の歴史などを聞く。本年の栗橋鉄橋下の水位は二十一尺で、明治四十年洪水時の十九尺五寸に比べ一尺五寸高かったとのことである。

それから利根川南岸の堤防に出て道々浸水の状況を訊ね、字千本附近の利根川流水妨害工事を見ながら東進する。関宿まで三里、田中翁も青年たちも皆徒歩、翁は道を歩きながら根岸翁の利根川治水運動に尽力した功績を物語った。

もっとも、このために、足尾鉱毒事件というものが沿岸の人民から忘れられるような傾向がつくりだされたのは遺憾であった、一説には、鉱毒事件の紛争を緩和する手段として、或る方面から手をまわし殊更利根川改修の声を大きくしたとの風聞もあった、ともいわれた。

朝が早かったため、いずれも空腹を感じてきたので、権現堂堤の芝生に腰をおろして握り飯の弁当を食べることにした。梅干以外飲む水とてなかったが、米よりも麦の方が多い混合飯ばかりを常食とする谷中の青年たちには、米だけの飯はこの上もなくうまい。田中翁は、青年たちが自分の顔よりも大きい握り飯を食べるのを見て笑っていた。

一行は翁の指差す左側の権現堂川入口の、棒出しという流水妨害工事を施して利根川の河水を赤堀川に仕向けた現状や、同年の洪水に当り大小いくつかの水防工事を施した奮闘のあと、そのために辛くも破堤浸水を免れた右側の稲田圃、権現堂川と赤堀川にはさまれた五霞《ごか》村の堤防が鋸の歯の如く破れて田宅共に水浸しとなって目も当てられぬ惨状などを見て廻った。

その後、江戸川に近い辺から右側の堤内に入って農道を下れば、次第に湛水甚だしく、遂に小舟を雇って江戸川の西岸、いわゆる関宿の堰堤に着いたのが午前十一時。対岸が千葉県の関宿で、関東五州の水害の大半は、この江戸川入口の河幅狭窄のためである。翁はここの亀屋という飲食店に休み、それから青年たちと共に或る神社の社頭で握り飯の弁当を食べた。

昼食後、附近の人びとに洪水の模様や堰堤の実状を訊ねたが、皆多くを語らない。その筋から口止めされているとの説であった。

この関門の上と下では水の落差が甚だしく、滝のような激流となっているので、平日でも舟一艘に付五十銭の曳賃を取り、人夫十二人交代、八人巻の鯱巻《しゃちまき》（河口の上手に大きな枠のついた歯車状のものを据付け、その中軸に曳舟の綱を巻きつける機具）で回漕船の往復をはかるという始末。しかもこの関門で洪水の流下を妨げるため、関門の上、すなわち江戸川の入口に於ては、四十年の洪水は護岸の石三枚を残したのみと聞く。

この時、紳士風の一団が来た。これはこの堰堤のあるために洪水が逆流して、権現堂川の堤防が危険となり、或いは利根川上流南岸の破堤によって東京府下の大洪水となった真相を知らず、江戸川や権現堂堤の補強工事を施すよう内務省に陳情しなければならぬ、という東京方面のお歴々であった。すなわち、関宿の石堤を開放せよと主張する翁および逆流被害に悩む谷中青年一行がここに来た時、この流下を厳重に抑えなければならぬという反対側の一団とが偶々に出会ったのであるが、翁は勿論この一行に一顧をも与えなかった。

それから船を雇い、逆川《ぎゃく》を北進して対岸の茨城県堺町に向うおよそ半道、広い川の流れは緩く、殆んど湖水のようであった。翁は、

「この逆川は、平水の時は水位の低い江戸川方面に向って流れ、一朝洪水となると関宿石堤のために流下を妨げられるので、境町方面、すなわち中利根川に向って流れる。それゆえ逆川というのである」

と説明してくれた。

この時、偶々あとから来た渡船客の一人が川に落ちて浮きつ沈みつ流れてゆくので、乗客は総立となって騒ぎ、青年たちもこれに気をとられて茫然としていると、翁は、

「あなた方は何を見に来られたのですか？　船から落ちた人は乗せた船人が救う。あなた方はあなた方自身すでに水中に苦しんでいる上、なお何千何万という人が溺れようとしているために、その禍根

を見に来たのではありませんか。僕の説明を聞かないならば用はないから早速帰る方がいいです」と真赤になって叱咤された。青年たちは恐縮して翁の顔を見上げた。

更に北進して、境町地先の赤堀川と逆川が落ち合って中利根川となる地点に、小高い島のような大きな寄洲《よせず》が三つある。翁はその由来を次のように説明された。

「昔は利根川は埼玉県妻沼《めぬま》町附近から忍《おし》町を貫いて東京湾に流れ、渡良瀬川は別に栗橋から関宿の西の大井川を通って江戸川に出て東京湾に注がれ、また鬼怒川は小貝《こがい》川と合し、更に大山沼、釈迦沼、長井戸沼の水を合せて香取の海に入るなど、三川はいずれも別々の川で、いわゆる坂東太郎の名はなかったのです。その後、江戸城が出来てから利根川を渡良瀬の本流に合せ、更に権現堂川に導き、次いで権現堂川の入口に流水妨害工事を施して赤堀川に分水し、その上鬼怒川に合流せしめ、以て南流を本流にしたのですが、それでも江戸川は江戸城の要塞を兼ねたもので、なお二十間ほどの川幅があった。ところが明治二十九年秋の鉱毒水が東京の本所深川を浸したのに驚いて、翌々三十一年の頃、その川幅を僅か九間二尺にせばめ、かつ川底を二十七尺埋めて閘門状態となし、更に渡良瀬川の逆流口を広げたから、関東の水害がますます多くなってきたのです。

ご覧なさい、権現堂川の口で抑えられた利根川の水は、赤堀を流れて此処（境町地先）に来ると、こういう大きな寄洲に突き当る。やむを得ず逆川を南進して江戸川に向う。一方、権現堂川の要塞を突破して来た利根川の水は、江戸川に来てみると河口をせばめて流下を許さない。故にこれらの河水はみな逆流して栃木、群馬、埼玉地方に氾濫し、その一半は中利根川筋に停滞して茨城、千葉沿岸を水浸しとするのです。それを除くのは、栗橋以東銚子河口まで、三十八里の延長に於て平均一里一尺強の高低に過ぎないところの東流策をやめて、同じ栗橋から行徳《ぎょうとく》河口まで、延長僅かに十八里強で平均一里二尺強の高低ある東京湾に流下させるのが最も上策なのです。それを実行しないのは、足尾の鉱毒が東京方面に流れると、智者、学者、富力、権勢の揃った東京から鉱毒停止論が起るのを政府が恐れているからです。禍根は、すなわち足尾銅山で、これをやめさせなければ問題は解決しないのです。わかりましたか」

境町附近の被害を見る

一行は舟をすてて境町の堤防に上った。堤上には上流から来た流失物が散乱し、避難民の運んだ家財道具がまだ片づかずにある。堤を降りて町に入れば、某醤油醸造工場に浸水したため、醤油樽が浮いて流れ、醸造樽は転覆して、臭気鼻を衝くばかり。

この町の戸数約七百戸にして、潰家二百有余と聞いた。その惨状は形容すべき言葉もなく、田中翁は、時どき突っ立っては「ああ」と嘆息を洩らすばかりであった。

古河町まで五里、翁も青年たちも徒歩で帰途につく。途中、静《しずか》村塚崎は利根北岸の破堤浸水と新郷村からの越水で惨憺たる有様、二百戸のうち九十余戸の潰家があったという。

県道の或るところは破れ、或るところは泥濘に埋まって、歩行の困難は言語に絶した。時どき青年が、代わる代わるに翁を背負っては通過した。そのうちに日は暮れる。足は疲れる。道端の一飲食店に休むと、青年たちの気力は甦ったが、七十翁の疲労は甚だしく、古河町までの道程を問えばまだ三里あるという。懐中は皆豊かでない。

翁は戯れて言った。

「竹沢庄蔵君の持っている時計を質に入れて、古河町に帰る車代にしようか」

竹沢、真に受けて答えず。翁は笑って、

一正造よりも時計の方が大切か」

一同ひと奮発と再び暗夜の道に歩を運び、古河の田中屋に着いた時は夜の十一時になっていた。

翁は、途中で折よく帰り車があったので、これに便乗して一足先に古河に着いた。青年たちは古河からの帰宅の便もないので、翁と共に田中屋に泊って、翌五日、東京婦人矯風会から水害見舞として贈られた慰問袋の詰まった箱を携えて、恵下野の佐山梅吉の家まで帰った。しかし、堤内の波高く、舟を出すこと不能、この夜も佐山の家に泊ることとなった。

翌六日、北古川の間明田（粂）方に残留村民の会合を求め、慰問袋を抽籤で分配し、また関宿石堤視察の報告をした。その日もまた波静まらず、夕刻になってようやく帰宅することができた。

この日、翁は足利から葉書を寄せ、同九日には、

昨日来足利渡良瀬川破壊両三ヶ所巡視、いずれも悲惨を極めてあり。但し急水留は八九分通り出来せり。本日又々此大雨閉口、御自愛被下度候

と報ぜられ、また、同日書留郵便で、

記

一金弐円也

右いろいろ御立替も可有之《これあるべく》、又先日海老瀬行の四五人の慰労のしるしまでに生より献上いたし候間一夜よろしく御開き被遊、其内へお支払被下度御たのみ早々。

九日午前十一時半　群馬県館林町にて　正造

という書面と為替を送られた。よって十四日の夜、筆者の家に関係者数名集まって慰労会を催し、快談をかわして十二時散会した。

明治四十三年の栃木県の水害免租反別は、四千九百五十余町五反九畝二十三歩、この免租税金二万一千七百五十一円六十六銭、同畑千七百八十四町一反二十二歩、この免租税金一万一千四十円十六銭となっている。

被害概況と治水問題政談演説会開催

また、栃木県の第三回調査にかかる農作物被害高は、流失埋没の水田七百十町歩、収穫皆無に帰したるもの二千五十八町歩、その他浸水害田を合せて一万三千六十七町歩、その損害高は百五十九万八千九百二十九円、次に流失埋没の畑は二百七十八町歩、収穫皆無のもの千七百四十五町歩、その浸水被害畑を合せて六千七百四十七町歩、その損害高五十九万九百二十四円。

被害総計面積一万九千九百十六町二反十三歩、同損害高二百十八万九千八百五十二円四十銭。その他諸般の損害は、容易に計数し難いほどであった。

九月二十五日、水害地視察のため侍従を差遣され、下都賀南部では藤岡町岩崎清七氏宅に泊った。洪水後四十五日目であった。

九月二十六日、藤岡町宝光寺に於て治水問題政談演説会開催、会主は底谷《そこや》の平間竹松氏、弁士は館林の有志杉本八代氏が「富は一代なり」と題し、また田中翁は「人造水害救治の先決」と題して、利根・渡良瀬両河川を中心とする本年の関東の大洪水の状況とその対策を述べた後、藤岡の町政紊乱の問題に論及し、

「今の世の中は善人が少なくて悪人が多い故、悪人をいちいち牢に入れることは容易でないから、むしろ善人を保護するために牢に入れる方がよい。したがって私は多くの悪人を攻撃することをやめて、善人を褒めることにしたいと思うが、諸君どうですか」

と訴え、最後に群馬県千江田村から来援された野中久太郎氏は、「不具的自治」という題で熱弁をふるい、五時半閉会した。

十月六日夜、佐山梅吉方に於て、谷中の麦取畦畔修築の件につき協議の結果、本日十五日、舟積で着手することに決定して閉会した。

同七日、藤岡町役場に於て、農会から谷中残留民一戸につき麦種一斗ずつ配給された。なおこの日、偶々藤岡町有志戸叶久衛《とがのきゆうえ》・阿部源吉・竹沢倉吉ら、町政に疑義あるゆえ関係書類を閲覧せしめよと町長の川島鹿蔵《かぞう》に交渉したが、町長が応じないため小競り合となり、金沢巡査とほか二巡査が来て戸叶氏らを退場させるという騒ぎがあった。

十月十五日、雨のため畦畔修築延期となり、藤岡町宝光寺に「治水問題及人心快(ママ)復政談大演説会」が再開された。会主は底谷の羽鳥大吉、午後二時開会。田中翁は「利根川妨害工事取払の先決」のほか五つの演題を掲げて論じ、下町《しもちょう》の福地伴七《ばんしち》氏は町の土木問題、杉本八代氏は「藤岡町民諸君に訴ふ」と題して改革論を唱え、臨監の警官から中止を命ぜられた。次いで田中翁再び演壇に立ち、「谷中より見た藤岡町」を論じ、最後に野中氏は「不具的自治体」について論難し、午後六時、閉会した。

政府、臨時治水調査会を発表

十月十八日、政府は本年の大洪水に驚き、朝野の学識経験者を臨時治水調査委員に任命して調査研究することを発表した。

テキサスへの移住問題

十月二十三日、藤岡町の岩崎清七氏は谷中残留民の窮状を察して、在米中の友人片山潜氏と話合ったらしく、田中翁および残留民を新町の丸屋に招き、アメリカのテキサス州に集団移住して新谷中村を建設してはどうかと勧められた。村民は即答もできないので、追って協議の上回答することとし、晩食のもてなしを受けて帰った。

同二十五日、田中翁および村民一同は筆者の家に集まって熟議の結果、

「そのようなお話は、かつて東京の有志やその他の方々からもありましたが、谷中村復活という私共の希望と相反し、また目下裁判中でもありますので、いまいまの相談には致しかねますから御了承願いたい」

ということに決し、宮内勇次・間明田仙弥・川島要次郎を代表者として、田名網政吉を通じて岩崎清七氏に回答とした。なお村民は、岩崎氏の好意を謝するため一人五銭ずつ出し合って鯰を買い求め、これを手土産とした。

公務執行妨害公判にて証言

藤岡町の町政問題は、川島町長の告訴によって、町民派の阿部源吉・戸叶久衛・竹沢倉吉・戸叶久蔵・竹沢角三郎・平間竹松・福地貞蔵・田名網伝作の八氏が、名誉毀損・公務執行妨害の容疑で栃木刑務所に収監された。

このことを聞くや、田中翁は十月十六日、谷中村民と協議して見舞状や差入れなどを送った。それは、これら被告人が、いわゆる町民派として、正義のための犠牲者と見做したからである。やがて予審も決定して十二月九日、栃木区裁判所の公判となり、筆者は事件の起った当日役場に居合せた関係

で、被告側の申請により、小倉清右衛門・阿部与三郎・赤坂金七の三氏と共に証言台に立った。翌十日、源吉・久衛・倉吉・久蔵は名誉毀損で有罪執行猶予、その他のものは証拠不十分で無罪の判決となった。

翁は河川視察の途上、栃木の茂木弁護士から筆者が証人に立ったことを聞いて、大いに心配され、十二月十三日の午後、わざわざ私の家に来泊していろいろ訊ねられた上、何かと注意を与えてくれた。

谷中村事件和解の話

十三日に翁が来泊された時、筆者が、

「去る九日、栃木区裁判所の控所で茂木弁護士から、谷中村事件を和解で解決したい旨郡長の申込みがあった故、田中翁および村の人たちに伝えてほしい、という話があったのですが」

と報告したところ、翁は、

「そのことは、同じ九日に郡長から直接僕にも話があったが、要するに渡良瀬川改修の名により藤岡の北方の高台を掘割って下都賀南部を遊水池とするには、谷中残留民がいては苦情を唱えるので邪魔だから、かつて県が瀦水池用地として買収した近傍の高台地へ追い出そうとする計画である。そんな不都合な話は取上げて相談するほどのこともない」

といわれた。

食前の祈り

近頃、東都の友人から、田中翁とキリスト教との関係がどのようなものであったかを聞きたいとの便りがあったが、翁は世のいわゆるキリスト信者のごとく洗礼を受けた信徒ではなかった。したがって、入信の時期も判然とはしない。日記や書簡の上に「神」ということばの繰返されるようになったのは、明治三十四年十二月十日の直訴以後のようである。

そして、天性とその還境によって信仰の度を加えたものである。明治四十三年十二月十八日、河川視察の寸暇をさいての、逸見氏方に於けるクリスマスでの翁の食前の祈りをみると、その心境の一斑をうかがうことができる。

> 天の父母、我が父母を生み、我が父母、神の命によりて、我を孕み我を生めり。胎と乳とを以て我を育せり。その愛、神の如し、また天地の如し。我之を受けて恩とせず、その心、神の如し。我水火を識別するに及んで父母我飲食を斟酌す。此頃になりては父母神の如くならず。我また食欲を覚ゆ。我やや長ずるに及んで我飲食を制す。我壮年に及んで父母の制裁に安んぜず、或いは暴飲暴食時に病を受く、此時に当り身を破り人道に反き多く罪悪に陥る。陥りて後《のち》悔ゆ。その悔や厚く而も改むるに至らず。のち大いに悔いて大いに改むるも年已に遅し。晩年に及んで知友の力ある誡告によりて終《つい》に全く過《あやまち》を改むるに急なり。而して後はじめて神に仕へ神より食を受くるの道を知り、食するものはみな神より賜はるものたるを明かに悟りたり。
>
> ここに数年の実行を践《ふ》んでいよいよ神のために働くものは、神より食を受くるなりと信ぜり。今日の働は今日の食に充つ。
>
> 天国は神の食の食ふの境にあり。人の食を食ふは未だ天国といふべからず。希くば今日一日なりとも神の食を受くる天国の食堂に列ならんことを祈る。(後略)

第六章　土地収用補償訴訟の危機

明治四十四年

一　河川踏査前後の翁

明治四十四年一月一日、田中翁は河川踏査の旅先から谷中の島田栄蔵方に帰り、谷中残留民及び復帰者二十二名と共にささやかな新年会を営み、二日には神田青年会館より寄贈された白米六俵を谷中村民に分配、三日は竹沢勇吉方に於て青年十一名の新年会を催し、四日は各地方へ左記の印刷の葉書を発送した。

河川視察の行脚を続行

拝啓　去年水害後久敷御無音仕候。あの天災にあらざる人造の大洪水、府県の被害数多けれど、せめては関東八州の被害地丈けでも見ねばと思ひ立ち、先づ利根川流水妨害の第一なる関宿狭塞所の附近、茨城及江戸川の下流、東京、千葉湾の辺《あたり》、及隅田川、中川、荒川、及猿島郡の惨状地、埼玉利根川の上流地点を始め対岸の群馬及渡良瀬の上より其枝川、秋山川、旗川、袋川、才川、関川、矢場川、矢田川、思川、黒川、小倉川、巴波川、永野川、与良川、伊川、須戸川、姿川、田川、鬼怒川に至る。其砂石泥土の処をば良い巡査には助けられ、土地の人々には手を引かれ辛らく三四里つつは運びつつ、未だ銚子方面と水源山々の崩れて民家人畜の流亡地に至り兼て、去年は暮となり、貧乏極端の中に亦見る天然の愛すべき地形は伐り破りて形を変すべきものにあらざるをさとり、又天地の造化山川の妙理に感じ候。但し大洪水の後、今は何人も已往の大々的過失を悔改め、新設三千三百町の僅々たる遊水池の不都合をば何人もさとらざるなし。下野西南及下都賀の被害は他県の惨状に劣らず。又家も人も流されたる村々にくらぶれば正造等の奔走苦労なぞは九牛の一毛ほどで、おはなしにもならぬ次第。我々は思ふ、此遠近悲惨の窮民に対し、我々の同情が薄いからとて天の御叱りあらんかに恐入って居ります。
而も信愛せる諸君、幸先づ御無事で忽ち又当年となりましても、以上去年の洪水弥々天災にあらざるを認め申候。尚此遠近の水災窮民に対し幾生怠りなき御同情を祈る。　谷中にて　正造

その後も、翁は河川視察の行脚をつづけた。

途上、政界の旧同志が外朝鮮問題に熱中していることを聞いて喜ぶとともに、渡良瀬川の鉱毒や遊水池問題即ち内地改良がより急務であるとの信念を披瀝して、利根川の上流地方から東京の有志にあて左の手紙を認めた。

此手紙は被害地利根川沿岸埼玉県児玉郡神保原にて書せり。道路に聞く、議会は朝鮮合邦以来の問題に尽さるると、其評判は頗るよろし。予等の人道亦特に喜べり。諸義人のために感謝して止まず。然れども武断横暴破憲破道は独り合邦国のみにあらず、朝鮮未だ合邦ならず、日清未だ戦争起らず、日露穏かなる二十余年前より足尾銅山の横暴あり。今は政府をして武断行為を敢てせしむ。三十五年以来の谷中問題の如きは古来何んの歴史にあり何んの国体にあるか。数十ヶ町村を潰して湖水となさん、其費用を潰す人民より取る、即ち其工費を国家より出さしめんとせり。此事たる事半途にして遊水池設備の悪事は昨春の議会にて中止せりと雖も、渡良瀬川改修費七百五十万円は正に之れ県及国家より支出せしめたり。是れ何等の憲法、抑《そもそも》銅山の負担を国民に移して県及国家の負担と嫁せしは果して憲法あり法制ある国と云ふべからず。正敷《まさしく》人類のすめる国と云ふべからず。又議会あり政府と云ふべからず。況んや天然の地形を伐りて流域を異方に転じ、従来鉱毒地にあらざる地方に向けて新に鉱毒を流さんとせり。幸い之れをも中止せられて議会は只単一に渡良瀬川本川の被害

改修を議決するに至れり。然れども上流の加害者鉱山を其儘にして其下流を改造する何んの益する処なくして国民七百五十万円を取立てられ、害はますます将来に甚しきを加ふのみ。此古今武断政治なるものは足尾銅山より甚敷武断政治はあらざるべし。諸士は朝鮮人を思ふの仁にして果して偽君子にあらず。果して真正に国民の体面と人民の生命を貴重せるの諸君にして内地人を思ふ麁《そ》なるを悲むなり。むかしの改進党は朝鮮合邦に至らざるの日に於て内地の改良を先とし云々、予等今に其義を固守して内地改良の急なるを叫んで数十年一日の如し。但外交の事は誠実を尊べり。内地亦誠実を尊べり。谷中破壊は何等の暴動、国家社会の大問題なり。栃木県は之れによりて腐朽し県費忽ち数百万円に充ちたり。一つの谷中も亡すの政府及地方官の罪悪は、けして谷中一ヶ所に止らざればなり。故に古への聖王は切言す、我民一人其処を得ざれば之れを已れの責にす。谷中一ヶ村とはいかなる廃徳亡国政治の言なるか。而して今は堂々之れなり。只泣て訴〔へ〕んとするの折柄忽ち聴く朝鮮政治の王道を説くもの今の議会に顕れたりとは嗚呼又快ならずや。誠に此一事は天下のために祝さん、希ふ処は内外相待つて王道憲政人の正気一視同仁の政治あらん事をいのる。謹て貴君諸氏の手を以て其非を糺されて此谷中を回復して人道及び経済及立憲の大本に基かせられん事。天下に代りて謹んで諸君に訴へん。謹言

四十四年一月三十日　埼玉途上児玉郡神保原村　阿佐美氏方にて　正造

島田三郎君より
大石正巳君
花井卓蔵君
河野広中君

急ぎ認め候乱文の手紙に付御連名にて候。失礼御叱り御無用に候事。くれぐれ島田君御内見ののち便宜の御取計を乞ふ。

翁、治水の請願陳情書起草

明治四十四年二月九日夜、谷中残留民の一人水野常三郎が感冒にかかり、急性肺炎併発のため急死、田中翁は翌十日夜、東京から帰村して会葬。十一日竹沢勇吉方の青年会に列席、十二日筆者を伴うて古河町鷹匠《たかじょう》町の宗願《そうがん》寺に到り、多年の経験と研究、特に昨年八月の大洪水以来半年の間、関東各河川実地踏査の結果得たところの資料にもとづき、「治水功績多く工費減少に帰する場合の先決問題請願書」の起草に着手した。宗願寺住職井上宗観《そうかん》師は、かねて翁と旧知の間柄で、きわめて親切に本堂脇の一室を書斎にあて、宿食一切を供与された。

翁は筆者を助手として、毎夜二時、三時まで書きつづけ、火鉢の火も消えて寒さのため手の感覚もないようになってから寝につくという熱誠ぶりで、十八日まで滞在、その夜は町の村沢旅館に移り、また二十日からは谷中の島田栄蔵・佐山梅吉方など転々と場所を変えながら、さらに二、三の助手を増員して三月二日漸く脱稿、翁はその夕刻上京したが、連日連夜の文案起草の疲労のため、島田三郎氏邸で数日間病床に就いてしまった。

私は村に残って右の請願書を浄書して同志の調印をまとめ、十日に村の請願書、同十四日に群馬県北海老瀬村有志の「足尾銅山の為に強く破滅せしめられたる自治の回復請願書」を郵送して、島田三郎代議士の紹介を以て貴衆両院および原内務大臣へ提出した。

三月二十二日、翁は東奔西走のかたわら、麴町内幸町旭館（群馬県選出代議士中島祐八氏の宿）に於て

「河川視察略記」および「元谷中村土地回復の要求陳情書」の起草に着手、二十四日から芝口二丁目の信濃屋に転じ、主人宮下兼吉（元鉱毒事務所員加藤兼吉）氏および神田三崎町共進社員を助手としてこれの推敲に努め、さらに「関宿石堤取払請願書」「関宿石堤全部を取払必ず渡良瀬川流量の通過を容易ならしむべき意見書」などを起草した。翁は当時の苦心の模様を、左記のごとく筆者に書き送った。書類とは請願陳情書のことである。

書類漸く六通りとなれり、其第二は即ち出せり。其余は未だ草稿なれども渾《す》べて六通六種にして未だ尽せず。書く人がないので困る計り。実に水の性の六ケ敷こと殆んど人の性の如し。それで此度の発明、苟くも水に無理あれば水は治まらず、人も亦其通り少しでも無理はせぬ気でも無理は出来るものなり。中々六ケしい。然るに初めより乱暴で奸策で瞞着で無理を以て来たりしは之れ彼の銅山党が谷中に対する行動なり。人としては誰れに服するあらんで今日。（三月二十六日葉書）

昨日六通と申上げしは五通で、五つ別々のものなり。よくもわるくも其苦心御察し可被下候。其間は何事も目にも耳にも入り不申。谷中に毎日一枚位づつはアチコチ端書を出します。（三月二十七日葉書）

右請願書、陳情書中には、翁の親友新井奥邃・木下尚江・逸見斧吉諸氏の加筆もあって、堂々たる論文であるが、四月十三日、翁から治水調査会に提出した「治水工費少く成績多き先決問題請願の陳述書」と題する半紙三十数枚の原稿中、

昨四十三年八月十一日前後の洪水に就ては世人愕然活眼を開き、政府亦治水会を開設して以て彼の西暦千五六百年代に於けるイスパニアの悪轍を踏むべからずとす。時機後れたりと雖も誰か之を歓迎せざらんや。我々地方の同志被害窮民の身を以て二十有余年の久しき此害を受けて予め其今日あ

ることを知るものなれば治水会の開設を祝すること切なり。

という序論と、左記項目のみを掲げ、全文は他の機会に譲ることにする。〔編者注、下巻付録に収録〕

〔項　目〕

一、栃木県下逆流一般
一、疑ふべからざる事実
一、烏川大洪水と関宿妨害工事
一、足尾銅山の暴圧
一、治水会の難事
一、天の道
一、姑息の細工は無用也
一、治水の大義
一、自然に復帰せよ
一、栃木県下自然の地勢
一、治水会の知らざる事実
一、死余の身を以て此拙書を捧ぐ
一、危険千万なり
一、昔は人民洪水を祝す
一、我国第一等の暴虐者
一、小学読本も亦罪悪を称讃す

一、山林濫伐の巨魁
一、国庫補助程怖るべき者《(ママ)》無し
一、不正工事の公行
一、盗賊を追放すべし
一、先決問題
一、悔改むるの道
一、漸進の良法
一、江戸川の回復
一、治水は天地の導く所
一、皆知らざるの罪也
一、治水亦平常にあり
一、横暴至らざるなし
一、追伸
(各項省略)

大逆事件

明治四十三、四年にわたる幸徳秋水氏等の大逆事件に、田中翁はどのような関心を持ったかということは、しばしば問われるところである。しかし翁は私たちに事件についてはあまり語らなかったので、その真意は知る由もないが、処刑のあったのち東京から谷中に帰った翁は、染宮与三郎の庭に集まった筆者やその他数名の青年に対して、

「わが国の天皇の政治というものは憲法上の形式だけで、実際は往々その側近者（各重臣及び大臣という意味）の意見が政治となって顕われるのですから、その善悪は実際は天皇の責任ではなく皆側近者の責任です。従って天皇を倒したからとて直ちに政治が改善されるものではないのに、こうした事件の起ったことは遺憾なことです」

と語り、ついで、

「死刑執行に立ち会ったある人から洩れ聞いたところによると、一味のうち内山愚童、菅野すがの二人は処刑の場に臨んでも泰然自若として微動もしなかったが、幸徳さんはこの二人には及ばなかったそうだ。菅野は婦人の一念でしょうが、内山は宗教の力だと思う。理論の研究も必要ですが、宗教的鍛錬というものは、より以上大切なものです」

と宗教心を賞揚された。

吉田東伍博士の『利根川治水論考』と所説を同じくする

翁は翁の治水策が明治四十三年の大洪水によって裏付けられ、また地理学界の権威吉田東伍博士の『利根川治水論考』とその所説を同じうするところから益々自信を得て、時の平田治水会長をはじめ各調査委員をしばしば歴訪し、その所信の貫徹を期した。

六月十九日、古河の田中屋に翁が帰って、私との会談中、たまたま遊水池反対運動のことにわたると、翁は碓井要作氏のその後の言行（県の土木事業に深入りしたため、明治四十一、二年頃県会で論議したような活動ができなかった）を不満として、烈火のように憤り、

「いかなる名論卓説を列べても実行のない議論は三文の価値もない」

と罵るように繰り返されるので、私は自分が責められているように痛感したことを今日も忘れることができない。

そして足尾銅山に関する朝日新聞の「足尾鉄道の影響」と題する記事を抜萃して印刷し、同時に、先年印刷した関宿石堤の見取図を周囲の町村有志に配布すること、および藤岡町に合併後、谷中村名のなくなったことは村の復活を図るに不利であるから自治の独立運動に着手すること、などを申し合せて翁は上京し、筆者は古河町の並木商店に印刷を注文して帰途に就いた。

学童、洪水の危機を未然に防ぐ

六月十五、六日の降雨で増水した時、村の小学生間明田平吉《ひらきち》・竹沢定右衛門・同友一・染宮岩蔵の四人が急水留（畦畔）の現場に出かけて村内を馳けめぐり、村の人たちに急を告げて共に水防に努めた結果、その破壊を免れた。ところが、その後の暴風雨で、二十日には遂に利根川の逆流が押上げて思川は十八尺の増水となり、恵下野の島田・川島・小川・佐山の四人が水防に出かけ、なお手不足のため北古川の人びとを呼びに去ったあとで、何者かがことさら鍬をかけて急水留の土堤を破壊してしまった。しかし、その時はすでに減水間際のため、堤内に浸入した水は少なかった。

翁はこの時の学童の働きをたたえて、六月三十日付の手紙で次のように申越された。

よい働きは本年六月、谷中人民の小学生三人（島田注、四人の誤り）して堤を守りたり。前日大雨水の来りて水留工事の破るるを怖れて見守りの為、此少年を使したるに果して水来りて将に破れんとす。風波ありて危くありければ内一人は走せて声を立て援助を求めに村中飛廻る。二人は止まりてよく水防に働き、朝から飯を食ずに終に防ぎ止めたり。此時十人ばかりの青年集り来り助けていよいよ防備に尽せりといふ。はじめ此三人の少年なければ防げざるに、三人の働きにて非常の功を為したり。此防水は、いかなるよい事をなせしか、収穫の損害を救ひ、又其他の損害を救ひたるもの左の如し。

一、大小麦畑反別一反収穫二石、六百石、六千円、三斗かへ。（島田注、一円につき三斗の相場）

一、田畑地及道路にて雑草の腐朽せざる雑草及葭茅一千町歩にて一反三円、三万円なり、内草代凡五千円を救へり。

一、魚は年々二万円なりしに、昨年は水腐不毛となり魚居らず。本年水腐れず、草茂り魚の棲むによろし。

一、県道堤工事一里余の工事に用ゆる土取場に水入らずして救はれたり。若し水入らば凡一千円の損害と、

〆金壱万七千円也

（十九日の暴風雨にて小麦の損害幾干《いくばく》）

右水害のために救ひたり。少年三人の手間を仮りに一日廿銭とせば三人六十銭なり、六十銭の働きが壱万七千円の救ひとなりしは実にありがたき次第なり。之れ誠に天の賜なり、天より褒賞をうけたる事であります。

右正式の統計は別に調査を要せり。事実に相違なきや、無御遠慮御見込の点御修正尚御回答被下度、右青年には奨励せねばならぬと申す者有之候に付。

谷中村自治独立運動、実現せず

当時、元谷中村堤内外の土地は約千二百町歩で、堤内の残留民及び復帰者並びに堤外の住民を合わせると約百戸位あった。しかも年々復帰して来る者が多く、もし県庁で干渉さえしなければ自から復活すべき情勢にあった。

それで翁は頻りに独立運動を起すよう勧められた。よって筆者は六月二十五、六日、青年同志会を開いて自治再興運動を起すことに決し、翌二十七日、下宮堤外の鶴見喜四郎、同定吉等の賛成を得、次いで藤岡・三鴨・赤麻・部屋・野木・生井・古河の各町村役場及び各有志を訪問して、足尾および関宿に関する印刷物を渡し、谷中村自治独立運動の協力を懇請した。

しかし、この運動は、当時すでに内務省起案渡良瀬川改修工事（実は遊水池設置）のため、買収すべき土地の細目が土地収用法の規定により県報に発表され、六月十五日から縦覧に供せられるという騒ぎになっていたので、堤外下宮の人々の足並みがそろわず、遂に実現せずに終った。

東奔西走中の翁の一面

田中翁は当時、智徳の併行しない功利主義の学校教育というものをきらっていた。しかし、元来教育好きの翁は、代議士時代、生きた人間を創るために東都に平民クラブという学寮を設けて育英に努めたのをはじめ、常に中流家庭の子弟を見ると、善き学校に進学することをすすめ、それも不可能な中流以下の家庭の子女をば、善き商店の見習小僧とか、善き家庭の見習女中となるよう積極的に指導したものである。

水村の農民を、翁が北海道や遠き海外に移住させることを快しとしなかったのは一見消極的に見えたが、それはその移住によって郷土の被害地を倍々疲弊せしめ、回復を遅らせるおそれがあったからである。翁が晩年、政治も棄てたといいながら、鉱毒や治水や憲法や人道や真理の追究に専念したのも、実は積極的な人類愛護の熱意から、もろもろの障害を除いて人を真実の境地に導くためであった。当時、入院中の勝子夫人の病気を見舞う余裕もない翁が、女中を一人斡旋のために筆者に宛てた数々の手紙はそれを物語っている。そのうちの一、二を紹介することにしよう。

出京旅費は到着の時相渡し候。

○拝啓左の大小数件至急に申上候。

一昨夜神田三崎町青木賢次郎氏方に御無沙汰御詫旁罷出候処、御承知の下女は嫁に世話してやりて又一人を置きたり（之れは貴下御存じなし）之れも亦嫁に世話してやり、目下下女なしにて大困りなり。他の人なら困れば嫁に行くのもやらぬ工風《ママ》する。青木氏方にては自分で困るのは考へず嫁に早くやる世話をするので目前大困りにて候。下女入用は前のを嫁にやつた時からわたくしに御はなしありしため谷中に御はなしせし次第なり。此度は下女の見付るまでの処一ヶ月にても二ヶ月にても大至急貴下にて御見付御同行被下度御頼み申上候。もし面倒なら貴下の令妹可然考候。下女と申せば名前よろしからぬよふにおもふ人もあるべきも、学校に入ると同じであります。殊に青木氏の家に付ては下女の間似《ママ》せねばならぬです。右御頼みに付わたくしの考よりありのままの事情まで申上候。御多用中たりとも貴下に於ても女子御同行、一寸にしても出京して宗教上の御相談も有之候。宗教上の事に付ては曾て御すすめ申〔し〕た逸見様に貴下の御希望申上候処、同氏も大に喜ばれ、兎に角東京にて研究するのはよろしく、厚く将来の御相談にも及ばんと申す次第なり。いづれにも適当の労働は心得ねばならぬのです。東京にも大悪人もあれば又大慈善家もありて研究材料山の如しです。女子にても男子にても此実地を見る方よろしです。貴下の御都合は別として、青木氏方下女の件は断じて早く御世話御同道青木氏方に直に御到着被下度候。
○さて逸見様よりありがたき仰せは昨年十二月奉公人入り替りの当時より子僧一人女子一人世話してやるからとの仰せにより正造は雀躍不措、直に帰村、同時に逸見様より金三円を借用して四方拝集会の好機を得て態々《わざわざ》いげの（島田注、恵下野）の島田翁に一泊して翌日皆々に右逸見様の御はなしをせしに、一人もうんともつんとも答える人もなし、夫れから家々に付てはなしてもやはり小学卒前の試験前のと逃げ言申して応ずるものなかりき。正造は此一事に付ては非常に急ぎて又多忙、河川見分旅行中戻りて来てははなしをしても今日まで一人もよろこぶものなし。案ずるに正造は無学なりとは小学校の生徒までも、正造無学にて小学校卒業もせぬ内に少年をひっぱり出す、そんな馬鹿なはなしがきけるものかと却て誹るものこそあれ、よろこぶものはなくて今日に至りました。正造無学なれども東京の逸見様や木下様や青木様や島田様にて御世話とあらば中学以上の入校と同じで又単に人類学上よりせば大学も及ばぬのであるに、夫れを谷中人民やたら無法に反対するは何か外に教唆者のあることとは心得ますけれども、それこれをしらべるひまはなくして日に月に悪魔は入り込んでごまかしつつある。それは別として差当り大差支の青木氏方下女の一事、大至急必ず御斗《はか》ひの程を幾重にも頓首頓首。
尚々逸見様にては一先づ他の人より男女二人を雇ひ入れました。
○年齢は青木様方は女子三十以下十四五年以上にて下女の見付るまででもよろし。東京見物はよく出来ます。一二ケ月にてもいろいろよい稽古は出来ます。棒ぶちの歌（島田注、堤防工事に出勤した人夫が土を堅めながら歌う卑猥の歌）色男くるいの稽古よりは結構です。あまりあまり人を無学とのみおもつたり、あまりあまり正造を馬鹿と申すは皆他の人々より教唆されて云ふのですから七年も八年も御そばに御使へ申上げるのですよ。
○書中数人連名なれども、臨時御一人にて専断に被下候はば臨機の御処分とありがたく相心得申候。
屈指御到着御待申上げます。

六月二十四日前十時　東京神田三崎町救世軍労働寄宿所青木賢次郎方より　正造

その日、翁は、芝公園五号の二に弁護士塩谷《しおのや》恒太郎氏を訪ねて、来る二十八日に開廷さるべき例の栃木裁判は延期することに協議したこと、および青木氏方女中の件につき二十八日、三十日、七月一日など屢々手紙を寄せられたが、私の上京が遅れたので、翁は又また同月四日付長文の手紙を以て、

今度の水では草も見へないよふになりましたか。小麦不残吹き落されましたか。週囲《（ママ）》村々もさぞさぞ此雨には怖れて居るでしやう。河川と唱へて遊水池南北一里半以上の河幅とする設計である。一方関宿を開けば無必用となるに此事が即ち例の罪悪者の奸手段なのであるから予は日夜多忙なり。上級官吏はしらぬ、中以下の悪事である。人民が道理にくらく治水にくらく、只目前の御へつらいで勝ちを得んとして藤岡町古河町の醜体行為の害は此沿岸二百ヶ町村の損害とは変化せり。之れ十余年の已往より今日に至る両町の不真じ目より此へんの大損害となれり。
○谷中五六卑屈汚穢者のために四百戸以上の大不幸となれりと同じ。然れども玆に十九人の正人あり。智識及自分不相応の正しき実行者として今に残存して谷中の旧跡を守る。之を守るは即ち国を守ると同じ。熊本城の谷干城氏なり。さつまの大軍来りせむるとも亡びず。谷氏は時の官軍なり、西郷氏は時の賊軍なり。而も正義の存する処之れ官軍なり。賊とは民をそこのふを云ふ。民をそこなひ、国をそこなひ、日本全国をも亡すの種まくものは皆賊の名なり。名は何んでも実は賊なり。
○之れを守るは国の忠臣、国の良民、国の誠。其守るに法あり、天理真理を以て守るを正しきを以

て守ると云ふ。法律を以て守るをば法律を以て守ると云ふ。故に悪魔は法律の名を利用すれども、けして真理とは云はざるなり。法律と云ふ官吏はあれども真理と云ふ官吏なし。

○過日来屢々令妹の事に付書面に及びしも何等御返答もなく、又貴下にも御出京なし。当方にては是れには何か又変事でも出来はせぬかと心配するのです。実に正造は手数《てかず》、書くひまもなくして麁《そ》末な端葉及封書にて屢々せしも未だ御回答なきは如何。或は当時の大風で小麦の吹落されやら前に取込たる大麦の始末やら手廻りのないので、手紙出すひまもないのであらふ。それとしても若へ《（ママ）》人の足にて手にて手紙のだせぬわけもなしとは思ひしも、当方とても此くの如き事にて出京したでない。只序の事であるけれども、人に対する好意、約束、都合は中々一方我儘のねしらずでは先方に不便をかけるです。畢竟便利を人に与ふるほどよき経済はない。見よ谷中の従来は人に便利を与ふと云ふ事は薬にするほどもない。人を害して己れを利するの一つあるのみ。到底永続の道にあらず、短命にして有限なり。

○此《か》くては徒らに悪智者の流言離間中傷籠洛《（ママ）》中に陥るの人々のみなればこそ論より証拠で今日の不幸となりて二千五百人の人々を泣かせ、之を見分して居る堤外下宮の人々にしても其正邪と利害の判別なく、やはり今日も未だ此理をさとらず知らず、井蛙なる自分のみ非常に利口のつもりで居るに閉口す。先日古河町にて御はなしありし通り急水留工事のため一千円も利を失はざるに却て之を反対に唱へるまでに人を馬鹿にして居る。其悪心が永久に通ると思ふは憐れなる盲者と見るの外なし。

○裁判の事は東京にて弁護士と相談する。相談して担当人を定めるとのよし。然れども谷中よりぼろ出しては何ともかともいたし方なしとなるのですから御用心。

○□□□□氏（島田、伏字）を以て金を取りて女郎買をする、之が検事に知れる。知れる筈、何んでも知れぬ事はない。知れぬとおもふは馬鹿なのである。
○令妹同行早く御出あれ、青木氏も逸見さまも心待ちして居る。又宗教に御志すは非常の同情を得るのです。令妹の事も幸福の種蒔です。
右当用のみ、頓首敬白
辛亥七月四日東京にて　　　　　　　　　　　　正造

と、すなわち憂慮と訓戒に満ちたものである。

しかし、妹を東京に出すことは遂に相談がまとまらなかったので、同志染宮与三郎に図ったところ、幸に長女のイチを出京させることに快諾された。よって七月三日、筆者が同伴して上京したが、折悪しく田中翁も青木御夫妻も外出中のため、その夜は翁と共に青木氏宅に泊り、翌四日独りで逸見氏を訪問して西田天香氏やその他男女数名の師友に会った。同家では筆者がしばらく滞在して勉強するものとみて、大いに歓迎してくれた。

翌五日、青木氏宅に戻って御夫妻及び翁と会見してイチを紹介し、将来の育成指導を懇請して青木氏方を辞し、翁と共に神田美土代町の基督教青年会館を訪ねて平素の好意を謝し、なお谷中で穫れた麦香煎を贈呈してのち翁と別れ、その頃東京で大問題となっていた電車市営反対演説会を傍聴して帰途についた。

その後、イチは長く実直に働いて青木氏夫妻に愛され、青木氏が染宮の両親に代って、東京の学校出の村上という堅実な建築士に嫁がせ、幸福な家庭人となり、さらに弟の三四郎を養育し、兄弟協力して早稲田で屈指の建築業者となった。

かつて鉱毒事件の盛んな頃、鐘紡から被害地の少女を雇いたいとの申込みあって、それを取次いだ愛甥原田定助氏に対して、その手紙の裏に「余は雇人口入所にあらず」と書いて断わった翁が、その後十年、青木氏の女中一人のためにはその煩労を厭わず、否、喜び進んでその衝にあたり、以てその成果を得たことは誠に感慨無量である。

二　栃木裁判所「和解」案の提示

和解か、訴訟の継続か

七月五日の夕刻、私は東京から古河町に帰ったが、渡良瀬川増水のため長舟《ながふね》（橋をはずして舟で渡る）となっていて、日没後は舟の便がないので町の小川旅館に泊った。翌六日、古河町長鷹見銈吾氏を訪ねたところ、信州方面に出かけて不在とのことで空しく帰り、その夜、竹沢房蔵宅に青年会を開き、上京中の模様を報告して散会した。

ところが、翌七日、突然、宇都宮地裁栃木支部から、原告安部磯雄外三十二名、被告栃木県側の土地収用補償金額裁決不服事件につき来る十二日を和解期日と定めたるを以て午前九時までに出頭せよ、との書留郵便が配達された。

去月二十四日の翁の手紙によると、翁は東京の塩谷弁護士と相談して、六月二十八日の裁判は延期することに決定したということであったが、実はその二十八日に第九回の口頭弁論が開廷されていたのである。あとになってからその日の調書を見ると、

原告代理人茂木清、被告代理人柴田四郎各出頭、当事者双方ハ原告本人呼出シノ上和解ヲ勧メラレ

度シト申立テタリ、裁判長ハ合議ノ上、次回期日ヲ来ル七月十二日午前九時ト指定シ当事者ニ出頭ヲ命ジタリ

と書いてある。これで県から茂木弁護士に和解の希望を申入れた結果、裁判所に申出てこのたびの呼出しとなったことがわかったのであるが、そうした事情を少しも知らなかった筆者は、ただちに上京中の田中翁にこのことを通知した上、十日の非常な暑い日に、栃木町の茂木弁護士を訪ねて事情を質したところ、茂木弁護士は、

「一昨八日に上京して各弁護士を訪問したが、電車問題の演説会に出演して不在のため、昨日塩谷、石山両弁護士および田中翁にも会見していろいろ相談しました。そして和解の通知につき田中さんにお話ししましたところ、独りでは取り計いができぬ故、九日に村へ帰り、村の人とよく相談しようとのことでしたから、昨日帰られなかったとしても今日は古河町へ帰ったでしょう」

との返事。そこで筆者が、

「この和解の通知は裁判所から自発的に出されたのですか」

と訊ねると、茂木弁護士は、

「委任された我々弁護士には取計いができないということを裁判所へ申し出たものですから、裁判所は裁判所の意見としてその通知を出したのでしょう」

との答であった。そしてその和解通知の内容は、鑑定価格の最高額、すなわち一反歩に付十円増と、ほかに強制破壊に要した金八百余円の徴収を免除し、移住地として谷中附近の官有地を提供（貸付けること）しようというものであった。茂木弁護士は、なお請求すればその他の条件も容れないようなことはないと思うが、どうしますか、和解せずに飽くまで訴訟を進行しようとするなら私もその方針

で進みますから、遅くも今月二十六、七日までに決定してもらいたい、裁判所では本月二十四日なれば都合がよいが来月は都合がわるいとの話であった、として、しきりに筆者の意見を聴こうとしたが、筆者は、

「残留民はすべて団体行動をとることになって居り、その応答は田中翁に御一任申し上げてありますから、単独の意見は申しあげられません」

と答えたので、茂木弁護士もこれを了承され、十二日には是非出席するようにとつけ加えられた。

翌十一日、竹沢勇吉方に和解事件対策の相談会を開いて田中翁の来会を待ったが、古河町から魚商を終って帰った竹沢勇蔵が、田中さんは只今恵下野に見えたという話をもってきたので、一同はただちに島田栄蔵方に出かけて田中翁とともに協議した。しかし谷中村の復活と補償金増額の訴訟とは筋が一致しないので、残留民はその方途に迷うし、田中翁も亦無理な決議はしたくないと思うところから、夜の一時半頃までかかって、「村民の協議整わざるに付和解期日延期の交渉を茂木弁護士に依頼することを島田宗三に委任すること」という決議をして閉会した。

十二日、決議に従って筆者は茂木弁護士を訪ね、前夜の相談の模様を報告して、和解期日延期の交渉方を依頼した。茂木弁護士は裁判の開廷を待って延期を申立て、二十六日まで延期となった。この日、原告の一人近藤政平《まさへい》氏は呼出しに応じてわざわざ佐野町から出て来られた。筆者はその夜八時帰村、島田栄蔵方で報告会を開き、夜半零時半、閉会して栄蔵方に泊った。

十三日帰宅、十四日、十五日訴訟書類作製。十五日午後、水野官次に送られて田中翁来宅、その夜は筆者宅に泊り、十六日、近藤政平氏に会談するため田中翁は筆者を同伴して佐野町に向った。途中、越名《こえな》で昨年の洪水の模様を聞くと、四十年の洪水に比し四尺高いとのこと。夕刻、佐野町久《きゅう》

内楼《ないろう》に着き、その夜近藤政平氏の来宿を乞い、和解に関する相談をした。近藤氏は控訴上告など県相手の訴訟を永く継続する村民の労苦は容易でないから、ほかに差支えのないものならば和解で解決してはどうか、との意見であった。

訴訟継続と決定す

翁は訴訟のために永くかかるのは困るけれども、和解すれば憲法破壊の買収問題まで自認した結果になりますから、自己の利害を顧みず最後まで闘いぬかなければならないと述べ、近藤氏もこれに同意して訴訟を継続することに決した。

佐野の定宿久内楼の支払は、ある篤志家が賄ってくれるとのことで、翁は近藤氏と会食したり筆者と同宿したことを気兼ねするような気配であった。十七日は植野・界・三鴨の各村を通って帰途についた。途中、翁は高取地先の堤防工事を指して筆者に説明された。

「元来此処は高台であるのに、わざわざ堤防の両側の土を掘り取ってその堤防を高く築いたように見せかけている。体裁をつくるために工事費を多くかけて却って堤防の実体を脆弱にする、なんという馬鹿な話でしょう。いたるところ皆この通りである。経済もなにもあったものではない」

それから翁は赤麻村方面に向い、筆者は藤岡町を経て谷中に帰った。

十八日、間明田条次郎方に田中翁も出席して残留民の集会を開催、欠席は渡辺長輔一人、他全員会合協議の結果、

一、和解の勧告を辞退し、訴訟を継続すること。

一、予ねての覚悟なれば必要な費用は如何なる苦心をしても支出すること。

一、二十六日の和解裁判には島田宗三を代理人と定め、茂木弁護士に依頼して和解反対の申立を為

すこと。

以上の通りに決定して午後八時閉会。それから田中翁は筆者と共に舟で下宮の字七軒に送られ、そこから仮定県道を徒歩で字稲荷森に到り鶴見定吉方に泊った。翌十九日、鶴見宅で筆者と別れた翁は上京するため古河町に向って出かけた。途中、古河町油治《あぶじ》印刷店に腰掛け、矢立の筆を取出して書いた翁の手紙が筆者のもとに届いた。翁は不着を気遣ってそれをわざわざ書留としてあった。

此間中已来はわざわざ佐野町まで御苦労被下ありがたく奉存候。近藤氏（島田注、政平氏のこと）の御親切なる敏達なる感謝に不堪候。而て一度御はなし申せば又直に御同情被下候段幾重にもありがたき次第なり。右等の人情と義務実行は谷中壮丁にも青年にも貴下よりありのままにもれなく御伝へ被下度候。然るに若し同問題に無関係の人々に向つて喋々するは却て愚に陥るの憂へあり、右は御誡め被下交候。（中略）さて貴下に少々づつにてもさし上ねばならぬ御散財あり、又其上御ひまをつぶし候に付けても少しも差上ずではあまり心なきものの如しとは予て心後居り候得共、日に追はるる、正造自身の運動費、年月をへるにつけて手許差支、今は殆んど糸を渡る、糸も糸細き糸を渡るのですから諸君の御尽力に対する報酬の事は少しも心にまかせ不申何共残念に候。此度御忍び被下、諸君にて比上一段の御行動有之候へば一銭づつにても十九銭は有之候（島田注、この当時、残留民は茂呂松右衛門の脱落により十八戸となっていた）、十九銭は三日は生きて居られるので、御互に倹に倹約に倹を守りて時間を尊び候得ば谷中今日の事務精神の貫けざるはなし。もし、夫れ時間の一にても誠によく倹約せば非常の公益となり可申候。時間をらん〔濫〕費して銭を惜むものあれば之れ経済の実利を知らざるものにて候。時間の経済は実に谷中死活の大問題にて候。生死は殆んど此時間特に、公共に対する時間は約束を履むべし。公共上の集会等に対する時間を麁《そ》末にせば自殺なり、愚之より大なるはなからん。（中略）谷中の人は心を谷中の中に置き中心とす。中心を谷中とせば回復す。神は谷中に居れり、人も心も谷中に居るべし、神と共に進退すべし。

なおこの手紙の冒頭に「此書は此の油治印刷所の店にて書す」とあったので、翁の死後、油治主人の要望で同氏に贈った。

その翌二十日付で、東京から、また手紙が来た。

昨日一書漸く書留にて差上たり。夫から汽車八時に乗り後れ、田中屋は鉄道員十五人俄に止宿となり手狭、無余儀太田屋に投宿し、今朝漸く出京、只今日暮里に来る。汽車中の多感更に申進候。埼玉県田圃、稲は茂り色真黒なり。首尾よく取らせたい、思ふに昨年の損害の幾分取戻しとなるならん。谷中人民も損害取戻しの時自然に到るなるべし。只不怠農は耕作する如く、人は人の道を天の道に合せて実行するにあるのみ、ツトムレバ必ず回復の時到らんとす。耕せば必ず収穫はあります。次に貴下として一般青年及青年中の後進に対する見込に候。凡そ物事を教へんとせば悩んで聴かず、今後は教へんとするよりは先づむしろ教へられんの方針を執られたく如何々々。正造も去る三十七年已来教へんとして失敗せり。三十七年の最初より正造、谷中人民の話をきかん事につとめれば早くよかりしに、さはなくして、聴くことは後にして教へることのみ切迫せるまま只管教へんと計り取詰めたり。せき込めばせき込むほど反動して正造の申す事はきく人もなくして空しく徒労となり、年又四五ヶ年目より少々づつは谷中の事情も分りはじめたので回顧八ヶ年をへて只此一つ聞くと聞かせるとの一つを発明したのみです。正造今自身の失敗談を貴下にのべて貴下の参考とす。貴下よろしく聞かせるを聞くと御改め被下度候。之れ正造が貴下に御願に候。（後略）

というもの。ついで二十一日には葉書で、

回復は天地神明の組する処なり。金品を得て村を顧ざるものは天地の組せざる処なり、況んや鉱毒沈澱池たるの事知れ渡りたる今日に於てをや。

と警告を寄越された。

こうしているうちに七月二十六日の和解裁判の期日となり、筆者は栃木に茂木弁護士を訪ねて残留民の意志を伝え、茂木弁護士は田中翁と共に法廷に臨み、被告の同意を求めて延期を申請し、次回期日は九月十八日と決定した。

江戸川口および利根川下流視察

翁は裁判のことがひとまず片づくと、すぐまた河川の視察に出かけた。

○本日東京より此処に、此処より千葉県印旛沼の調べに参れり。右御しらせ。いろいろ御はなし沢山に候。多用中当用のみ。頓首（千葉県東葛飾郡浦安町江戸川の末流より　八月二日付葉書）

海岸颶風被害調べの必用あり、目下千葉けん、只今は佐倉町にて候○裁判の事は一旦帰り、夫より亦出京いたし申候。帰国のせつ必ず御面会を六七人、もしくは是非是非。（下総佐倉町より　八月三日付葉書）

○今日小山をへて栃木に帰り、又佐野町方面に行きます、右おしらせ申上げます。昨日は茨城けん北相馬郡布川町と申処、栗橋より二十三里の下流に候。土浦まで汽車五十銭、運動困難。（茨城けん土浦町霞ヶ浦のへんより　八月六日付葉書）

○去る六日土浦方面より小山通りにて佐野町に帰りたれども盆さまにて人々多忙、正造空しく座して遊んで居ます。盆後用済み次第急一先づ谷中に帰りがけ、又渡良瀬川を見てすぐ東京に参ります。

○みなさまには小細工御無用御無用。権利は我物なるを、くれぐれ。（さの町より　八月九日付葉書）
○中々長くなりまして候、但しいろいろ不行届です。今日は足利町です。明日よりわたらせ川、今度の水害を見ながら下るのです。（足利より　八月十一日付葉書）

と、つぎつぎに葉書を寄せ、十七日に谷中に帰り、翌十八日、北古川竹沢房蔵方に村民を集めて最近視察した各地の状況を話された。私は古河町油治印刷所の用をすませ、遅刻して出席。来る二十四日、第二回関宿視察の件や訴訟その他に関する原稿を書いて印刷することなどを協議決定して、夕刻散会した。

この日の会で、筆者がなにか生意気なことを述べたのを翁は心配して、翌十九日、間々田町停車場前の翁屋から左の封書を寄せられた。宛名の傍らに「必ず本人に御届けの事」と認めてあった。

口上一二（今夕間々田停車場泊り、書余近々御面会必ず必ず）

昨日は、わたくしも疲労でありしか、又昨日みのを忘れてせなかを照らされてか気分よろしからざるに、一時間以上の談話をなし畢《おわ》りたるとき貴下御出になり候まま、貴下へのはなし意気込にぶく、漸くして少々要点とおもふ事を略して申上げたり。遺憾多かりし故に何か心残り多かりしに、心につかれて各々も長き日の長座に倦みて夕方となり御別れ申候。貴下の今朝古河町と云ふより、わたくし及小川氏と油屋まで参りたるに、貴下夕刻まで何方へかと油屋で云ふので、わたくしは乙女へんの思川調べに、小川氏は谷中に帰村です。（島田注、油屋というのは油治印刷所、ここで待ち合わせる約束の筆者が居なかったので翁は思川の調査に出かけた）

さて昨日の貴下の御放言中、或る一事は法律上大差支の事に有之候に付、之れは先づ今来御控への方よろしく被存候。尤古聖賢の言葉にはあれども、尋常人の中々六ケ敷徳義上の難問題に候。法律政治の今日は大差支にて候。只精神一到何事か成らざるなしに御伝へあらんことを。頓首々々。

谷中村青年、関宿などを視察

八月二十四日、筆者のほか、渡辺長太・水野官次・同定吉・間明田登市・同藤四郎・川島要次郎の六青年は、前夜来島田栄蔵方に合宿、朝五時出発、第一回視察の時とはそのコースを逆に、徒歩で古河町を経て利根川の河北、新郷、桜井村などを通り、十時境町に到り、中利根川の流水妨害の寄洲を見てから汽船で対岸の関宿堰堤附近（江戸川入口）に上る。当局は四十三年の洪水に驚き、埼玉県よりの石堤の袖に対し新たに三間ばかりの添築をなし、また権現堂の大堤の内法りには巾四間位の小段を増築補強してあった。

河床の流水妨害工事、沿岸農地の状況を観察しながら栗橋に到り、ここから再び北岸の中田に渡り、利根・渡良瀬両川の落合及び新郷村堤内の田圃がシゴミ水（河川のさし水や雨のたまり水）のため稲の穂首まで水に浸り、この湛水を排出する排水器の費用が一昼夜二十円位を要し、僅かに二寸程減水するに過ぎず、そのうち一たび降雨があればまたまた増水して効果があがらず、畑の大豆も黄色くなって収穫の見込みもないという悲惨な事実を見聞し、これもその原因はみな足尾銅山にあることなど語り合って夜の八時半頃、各々帰宅した。

この報告は九月一日の青年例会で行なうこととし、とりあえず在京中の田中翁に手紙を以て報告したところ、二十八日、翁から次の返事が届いた。

（一先乱筆のまま）

一昨夜遅く疲労して日暮里に帰る、四日目で帰る。逸見様が小包と御手紙数通出されて、わたくしの疲れを御察しの上にありがたくも皆読んで下された。貴下のが二本外一本です。（中略）

○長文関宿行き（不肖の行きし布川は関宿より二十里の下流でした）云々に付ての御事情千万一々感服に不堪、又今来貴下御一身の事に付ては特別に考案を要し申候。御休神一日も早く天にのぼるの御旅行実践御用意被下度候。天国は事実の根元なりで、筆舌にはもとより尽せ不申、又何人の言葉にも中々六ヶ敷です。只貴下は先づ早く一人の同志を御見付あれ、真の同志です、浮《うわ》のそらの同志でなく誠の同志、浮のそらの同志でない又利口の同志でない、たとへ愚なるとも無欲にして大成の御同志を御見付あれよ。之れは御決心の先決として特に申上置候。御書面中の委細一々大切に拝見御回答可申上候。

（印刷）正造より注文せしもの未だ出来せず。夫は谷中破堤年度割の統計第一にて三種なり、之は急ぎです。之を併せて白仁の告諭（島田注、三十八年三月十八日、栃木県告諭第二号として出した「今回の谷中村瀦水池設置を機とし、村民の要求があれば救済のため土地物件の補償を行なう」という意味の長文のもの）に合せんとするものに候。水災破堤の年度の統計書の出所は篠山川島子《かわしまね》之《の》助《すけ》氏、一方は恵下野島田栄蔵氏の手より出でたるものなり。夫れを一旦印刷して今払底に到りたり。此上は右川島氏をたのみて藤岡町役場の証明を取るは大切なり。此事とく心得候得ども少々金の入る事、御酒が好きで呑む人をたのむで金に困りて今日まで乍思のびのびとなり、尤も役場には控へ記録のある筈なれども、何やかや反対の人々故に邪魔して、ないと申せば夫れまでなりて、但し、万一の時には川島氏の証明のみにてもよろし。其調《しらべ》の慥成《たしかな》る出所は何によるかの点であるのみ。川島子之助氏及谷中草分けの家筋たる世々の村長名主下宮の茂呂《もろ》近助《ちかすけ》氏にも此控はあり。下宮茂呂氏は六百年間の谷中歴史を知りて居るとのよし申して居た人である。印刷せしは川島氏より貰つた品である。右等は秘してきくのですから川島氏に丁寧にそろりときいて見るはよいのです。

右統計はもとより真正のものなり。然れども反対もあるもの故に念に念を入れるのですから御含み可被下候、嗚呼天国は近かづけり。

手紙に示された翁の温情と温徳

また、三十日は次の手紙が来た。

○一昨日来少々不快にて小舟町静岡屋に寝ねたり。然れども手紙は此二日間には三四十本四方に出した。用は皆社会救済、結局谷中救済にあらざるはなし。半病人のつとめ凡そ此くの如く、此くの如き事今を去る十三年以来三十年にして而して今日に到る。正造は無学無記憶短気等の欠点多き事甚し、貴下の長所は一つもない。なくても三十年一日の如くでした。

○別義少々

人生禽獣になるも神になるも同じ事。禽獣になるにも苦心勉強です。神になるにも苦心勉強です。禽獣は汚れを喜ぶ、人は清きを喜ぶ。清きと汚れとの区別なり。天は人を生めり。人は天の産める、天の性をうけて人たらざるべからず。禽獣は天より禽獣の性をうけ、人にくらべて不具の身をうけて人の如く備はらざる憐れな劣等な動物なり。人に及ばざるもとよりなり。人として人に及ばざるは自棄にして罪人なりとす。

○神となるは此時にあり、天人雲に乗るは此時にあり。

○貴下の天性よく物を知りて解せり。筆も動く口も動くなり。足は未だ正造に及ばざる遠し。足らざるは足のみ。心と筆とは正造にまさる幾十倍。東京にても漸くほめはじめた。ほめられんとするのではないが、正造も貴下の谷中人民に対して事実ありしかぎり貴下の事をほめはじめ〔る〕べし。

但しほめるは六ヶ敷、そしりねだみ《(ママ)》のたちまちに来るものなれば中々六ヶ敷いです。然れども云はねば又分らぬ。分らねば彼らの損であるからほめはじめます。正造八ヶ年の事すら分らぬのですから深く其御決心をねがいます。

○仏造りて魂入らず、碓井氏も四十年の演説の如くではないけれども、又そしりも多い、いつわりのねだみも多からん。御用心御用心。

この手紙のうち、筆者に関する点は全く過賞にして当らず、顧みて冷汗三斗、穴にでも潜りたいような恎《はず》かしさでその採録をためらったが、而もこうして無智無能な筆者をも正しく指導しようとした翁の温情と恩徳を没するに忍びず、敢て恥を忍んで提出した次第である。

三　欠席判決をめぐって

栃木裁判所における翁の大弁論

九月十八日の宇都宮地裁栃木支部の弁論調書には、「生駒裁判長、古市、梅本両陪席判事列席、検事岡田侃次郎立会、原告田中正造、同島田宗三、並ニ原告訴訟代理人茂木清出頭、其他欠席、被告代理人柴田四郎出頭。原告代理人ハ本日出頭セザル原告代理人ニ今一回交渉致度ニ付来月中旬マデ延期ヲ述ベタリ、被告代理人ハ承諾シタリ」と書いてあるのみで、田中翁の陳述は何も記録されていないが、当日は本件起訴以来初めて翁の大弁論があったのである。

筆者はこの数日前から村の人々と共に準備書面の作製に従事し、前夜も佐山梅吉、竹沢勇吉、同釣蔵、同房之進等と会談して一時閉会、就寝の暇もなく未明に出発、徒歩五里、栃木町の旅館金半《かねはん》に田中翁を訪えば、翁は裁判の期日を「明十九日」と考え違いして、

「実は今日はマア裁判のことをいろいろ調べようとして、いま書類を広げたところでした」

という話。

今日（十八日）がその期日でそのため、栃木に出向いてきたのであることを筆者から申し上げて、いそいで裁判所へ同行した。控所で東京の弁護士を待ちながら、翁は茂木弁護士に対して、

「今日は東京の弁護士も来るか来ないかわからない。従って当方の準備も整わないし、またかつて去る四十年十月七日第一回口頭弁論の際、移転料やその他の基準につき中山栃木県知事に直接聞く必要があるとの理由で、知事の出席を求めることに決定していたにもかかわらず、その後十回の弁論を重ねたが、おそらく今日も知事は来ないだろうから、本日の裁判は延期するよう交渉して欲しい」

と頼んだが、茂木氏がためらっているので、結局、午後一時半から開廷することとなり、原告側から茂木弁護士と田中翁と筆者、被告側から柴田県属各出席、はじめ翁と筆者は傍聴席に控えていたが、判事の命によって法廷に出た。

やがて翁と筆者の人定尋問の後、生駒裁判長は田中翁に対して尋ねた。

「この事件はだいたい貴方の御了簡でどうにでもなるというように聞いていましたが」

翁は、

「判事さんのお尋ねにより謹んでお答え申し上げます」

と前提して、

「かような誤解が往々ありますから、どうしても申し上げなければならないのですが、一時には申し

上げられませんから少々ずつ申し上げます。第一、この事件は土地買収の価格が安いから相当の価格を支払えというような浅はかな事件ではなくして、実に日本の憲法の問題であります」と説き出した。はじめは極めて冷静だったが、議論の進むにつれて熱を帯び、卓を叩いて大音声をあげ、小さな法廷が揺らぎ、判検事や傍聴人も戦慄するような、大弁論となってきたのである。

判事が、

「わかりました、わかりました。それは御尤もでありますが、この訴状によると、その貴方がおっしゃる憲法問題は政治論で、これを聞いても何とも仕方がありませんから」

と、翁の発言をさえぎったが、翁は、

「誠にお聞きにくいかも知れませんが、ものの根本を申し上げなければ相場(価格)の当否もわかりませんし、ことに日本の一村が――日本帝国にある一個の自治村が――悪魔の手にかかって叩きつぶされるのですから、誠に恐れ入りますが、なにとぞ御聞きとりを願います。憲法は日本の法律の大本でございますから、法律を司らるる裁判官として憲法の話を聞けないというわけはありますまい」

と、議論を続けてやまなかった。

翁の発言を要約すると、次のとおりである。

一、私は日本臣民である。故に日本憲法を守るものである。憲法を守るが故に谷中の復活を期することに私の意見でなし得るも、谷中も滅すことは憲法の許さないところであるから、これは私の意見ではなし得ない。

二、この訴訟の目的はただ価格を高くして多くの金を取ろうというのではなく、彼等が為した乱暴の事実を明らかにするためであるが、他に訴うる道がないというのでこの訴えを起したのである。

三、日露戦争による壮丁の不在中、日本の自治体を破壊したのは何事ぞ。たとえ何びとが何と弁護するも、戦争中自治体を破るということは憲法において許されない。憲法にも法律にも戦争中自治体を破滅してよいという規定は断じてない。
四、憲法法律によらずして日本の自治体を破る、これ正に国賊の仕業である。私は之を断言して憚らない。故にこの国賊を召捕えよ。今や国家社会に徘徊する国賊その数を知らず、私は憂慮に堪えない。裁判官閣下も責任をもって之を聴き取られん事を希望する。この言にしてもし虚言なれば、この田中正造を捕えよ。
五、栃木県官吏が群馬県地に踏み込んで、群馬県地を買収し、群馬県民七戸を追い出したのである。これ何たる破壊、何たる乱暴ぞや。
六、大字下宮の高田仙次郎は「いろは」も書けない人であるが、下都賀郡長と県の四部長の前で、「もし天皇陛下のため御必要と申すならば、私は無代価で私の土地を差し上げる」と申したのに、四部長も郡長も横つらして聞かない風をして、この無代で差し上げるという地所を乱暴にも土地収用法を濫用して奪ってしまったのである。これ何たる横暴、何たる侮辱ぞ。
七、潴水地の区域は今日に至るもまだ確定しない。谷中にはまだ買収しない土地があるにもかかわらず、一方では村民の住家を強制破壊したのである。何たる調査の粗漏であるか。
八、かくの如き粗漏不完全な調査で他の地所や家屋に値段をつけるとは何事であるか。調査が出来もしないのに、他人の家を打壊すとは不当極まるではないか。
九、谷中の土地は買収したのではなく、奪ったのである。千円の価《あたい》のあるものを二十円や三十円出して買ったというても、それは買ったのでなく奪ったのである。正に詐欺的行為である。この詐欺師には物の相場（価格）などはわかるはずがない。
十、困り果てて願書を出して買ってくれという場合と、人民が所有しているものを、政府が必要であるというて無理に買収するものと同一視して、同額の値段で買収するのは、不当きわまることである。
十一、ここにいる人間（知事代理柴田県属を指して）は、谷中村民が食料麦を取るために世の志士仁人の助力を得て、泣き泣き築いた血肉の堤防修繕工事を打ち壊したのである。こういう乱暴な悪党人間には物の相場（価格）なぞわかるはずはない。一体こんな人間が相場（価格）を決めるとは何事であるか。こういう乱暴な人間が神聖な裁判に出てくるとは何事であるか。
十二、四十一年春、土地鑑定人が評価した価格は不当である。これは初め農に経験ある人を出したところ、これを撤回して意志のごく弱い者や群馬県の郡吏なぞが評価したからである。官吏や意志の薄弱な者に公平な評価ができるかどうか。県庁の値段と同一または一反歩僅かに五円増とは何を見て評価したのであるか、彼等は、狎れ合いでコンナ値付けをしたのである。
十三、裁判の進行、証拠及び事実の調査ができないのは、谷中村民がズルイためではなく、為し能わないためである。第一、金がない、智恵がない、その上に十カ年の水浸り、殊に四カ年にわたっての仮小屋住い、かつ日々の食料乏しくして手間（余暇）もない。村は一里四方もあるのに、村内の交通は多く舟によらねばならないので、ちょっと寄合いをするにも二日も三日もかかる始末である。
十四、今日この重大な裁判の傍聴に村民が出てこないのは不熱心のようであるが、決してそういうわけではない。その日その日の活計《たつき》に追われて、来たくとも来られないのである。
十五、本件の弁護士は皆無報酬である。私は今日東京の弁護士が来なくとも憤慨しない、かえって感謝している。東京の弁護士は去る明治三十三年以来、鉱毒問題のために屢〻法廷に立ったけれども皆自費で事に当られているのであって、一文の報酬も受けていないのである。それ故、弁護士諸君も多年の活動に疲れて来る能わざるものと思う。この茂木君に対しても亦然りで、四ヵ年間一文の報酬も差上げることができないのである。

十六、私は弁護士諸君に対し厚き敬意を表するものである。然れどもこれを恩とは思わない。弁護士が無智の人民を助くるは名誉ある当然の仕事である。田中正造亦然り、私もいささか他人の為に尽そうとしているが、私は決して恩人顔はしない。人と生まれて人のために働くはこれ当然の仕事であって、恩などというべきものではない。

十七、町の真ん中で知識で暮らす人と、不便な水村に居る谷中の百姓とは違う。谷中の人々は土がなくては食うことのできない人間である。いま土があっても、堤防がないから食うことができないのである。

本件は以上申し上げたような難問題である。これを容易に解決する鍵は一つある！　それは、土地の回復である。故に私は土地――谷中村の回復を望むものである。

以上を声涙ともにくだるような熱誠を披攊して陳述したので、判検事、弁護士、傍聴人等みな謹聴のなかに三時頃閉廷した。

法廷を出た翁は弁護士控所で休み、

「これから那須郡の方へ河川の視察に出かけます」

と、栃木発午後五時十九分の列車で宇都宮へ向った。

筆者はその夜帰村、島田栄蔵方に裁判の報告会を開き、集まるもの十四名、今後の対策を協議して自炊の夜食を共にしたのち、閉会したのは夜の一時であった。

翌十九日、東京その他の関係者へ手紙を以て裁判の模様を報告した。その草稿がすなわち以上の傍聴筆記である。

九月二十七日、島田熊吉方に訴訟対策協議会を開いたが、集まる者島田栄蔵ほか八名で半数に満たないため、三十日に再会することとして散会した。一方、筆者は前日から青年数名と共に土地及び物件価格計算書の作製に着手した。

下野の経済土木治水盗賊之を巣窟とせり

三十日、間明田（粂）方に訴訟対策協議会を再会、集まる者十二名。訴訟費用の調達方法および十月十五日に畦畔の修繕に着手することを決定して閉会。

十月十二日、価格計算書出来上がる。午後、田中翁筆者宅に来り、岡田栃木県知事へ提出すべき建白書の起草に着手、十三日、水野官次宅に翁を迎えて、島田栄蔵外十三名集合、協議の結果、十六日の裁判の傍聴人及び村の畦畔修繕の役割を決定して、夜の一時閉会。翁と筆者は水野宅に泊り、建白書を認めているところへ茂木弁護士から、

十六日の裁判には差支えがあって出られないから、東京の弁護士諸氏に出廷してもらうよう交渉されたし。

との手紙が来たので、急拠対策を講じて、十五日、雨の中を水野方を発って古河町田中屋に到った。この時、翁は佐野町近藤政平氏へ左の手紙を送った。これはこの年の秋、県会議員の選挙が行なわれるに先だって、碓井要作氏に対して銅山党の風当りが強いので、海か山に隠れて立候補を辞退するよう勧告したが、立候補して当選、一方、佐野町の後進近藤貞吉氏も栄冠を獲得したので、谷中事件の

余暇を割いて警告を発したものである。

拝啓　貴兄も御実兄の事とて止むなくも政治上に御苦心せられたり。予正造、政治を拒絶十ヶ年に及べども、個人の関係目前の出来事は之れ児童の将に井に落ちんを救ふの労として、社会主義の人人より冷笑せらるるも止みなく此一事件彼の事件として一箇の事件に尽す処あり。鉱毒問題は政治中一個の大問題、引いて此問題は谷中の一隅に追込められ、已来星霜八ヶ年間正造も厠《せっちん》ずめとなり、新聞を見ず世評を知らず、只老盲駑馬のそしりのみは耳に聞へけれども、そないの褒貶はもとより耳のかすにも足らず、茲に日本第一智謀者、日本第一の富有者たる谷中村民と枕らを同ふするの快楽あるを覚へたり。昨年の洪水已後は関東の北部河川をしらべ、殊に下野は大小もれなくへめぐりたり。今の正造は治上已往の正造にあらずして治水を云ふものなり。下野の経済の大部《（ママ）》は土木治水にあり。盗賊又之を巣窟とせり。之を裁するは県の風紀革命の一大要なり。〇而して長ほんは上都賀にあり、うつの宮に二人あり。其他足利、あそ、上下都賀尤多しとす。然るに表面の皮相家大小議員、此事実を解せず、無邪気に彼れの薬籠中に生活する事已に業に歳月多し。たとへば□□氏の智にして已に此術中の奴隷と認めらる。豈馬鹿然たり。たとへば□□□は陸軍参謀、□□独り外交上に渉りて功名あり。彼等が銅山の奴となりて茲に十余年、之に伴ふ下野人道の頽廃は今日の極度に落ち果てたり。事実は山の如し。予合議論を好まず、只前東已に此くの如し、後東亦共にクツガエルことなからんを祈るのみ。嗚呼県議の貴重任なること地方に於て非常の資格なり。而も県会開設以来未だ県会議員の真権発動の美を見ず。明治四十四年なりとす。真権の発動こそまほしくも思へ居り候。幸ひ実兄の其職に登らる、果して此悪弊御一洗に御尽しの心ある事はもとより疑う処なし。然れども亦上都賀より選挙費を候補に贈りたる事実あり、と、その名義はいかに造るとも内容は世見《ママ》に顕れて候ほどのものに候（実兄は之れにも関係なし）。実兄御事昨日の御身はいかなる朋友ありとも今や清浄潔白無垢日本の一男と顕れたる以上は已往の俗事情をばさらりと、恰も弊履の如くせん事を。夫新に髪洗ふものは必ず其冠りをはぢくの古言を修め申度候。右は御序も候はば上彦間、及赤見の両君にも自然御耳に御伝への御注意まで貴下に御たのみ申上候。予只今谷中より出でて明日の栃木裁判に至るの途中古河町より此書を以てせり。疲れたる身、疲れたる筆、文中欠礼多し、十分御取捨あれ　頓首敬白

辛亥年十月十五日　　正造拝

近藤貞吉様の御実弟

近藤政平様

欠席判決

明治四十四年十月十六日、田中翁は前夜から栃木町の金半旅館に泊り込んで、当日の裁判に対処する心の用意をしていた。谷中からは筆者のほか間明田林吉（粂次郎二男）、水野官次等が傍聴に行った。

午前十時、田中翁並びに原告代理茂木弁護士、被告代理柴田県属ら出席、岡田検事立会で開廷され、生駒裁判長は和解勧吉を中止して訴訟を進行する旨を告げた。茂木弁護士は、たびたび延期を申立てたが、その後進行の準備ができなかったため欠席する旨を述べて退廷してしまった。しかし裁判長は、

「原告本人が来ているようだから」

と言って、傍聴席にいた田中翁および間明田、水野、筆者を法廷に立たせ、人定尋問の上、間明田、

水野両人に対しては「本人（訴訟人）でないから退って居りなさい」と命じ、次に筆者に向って問うた。

「裁判はどうするつもりですか？」

「裁判は勿論進行したいのですが」

という筆者の返答の終らぬうちに、

「貴様、何をいう！」

という判事の怒声が飛んできた。

「一日も早く進行するようにしたいのですが、いろいろと困難な事情がありますから」

と、筆者の言葉がまだつづいているうちにまた、

「いったい、貴様には裁判の事がわかるのか」

と、判事の一層大きな怒声がとんだ。

「わかりません。わかりませんから弁護士にお頼みしておくのです」

筆者が答えると、

「そうだろう、お前には裁判の事がわからないから弁護士に依頼したのだな。よし、アチラに控えていなさい」

と退廷を命じ、次は田中翁に対して問うた。

「貴方は裁判を独りでやりますか」

「弁護士が一人も出なくなれば、仕方がありませんから独りでやりましょう」

翁が答えると、裁判長はふたたび、

「これまで代理弁護士の申立てたことに相違はないのですね」

「訴状のことについて申し上げたいと思います」

この翁の言葉を、裁判長はとりあげなかった。

「今日はもう聞く必要はないと思う」

「申し上げる必要があります」

「これ以上必要はない」

「コチらは必要がある」

翁の大きな声に気圧されたように、裁判長は口をつぐんでしまった。翁は言葉をつづけた。

「谷中村民が、いかに馬鹿でも屑でも天皇陛下の臣民である。天皇陛下の臣民を、こんな国賊が――

（と、被告代理の柴田県属を指さして）自由勝手にするとは甚だフラチきわまる次第です。彼は日露戦争による壮丁不在中に谷中の自治体を破ったのです。これ正に国賊です。こういう国賊の申立てを容れて、田中正造の申立てを聞かずに判決するとは、無理でなくて何事ですか」

裁判長は「もうわかってます、わかってます」と翁の言葉をさえぎり、翁の訴訟を分離することに決定した。

柴田県属は田中翁以外の原告に対する欠席判決を求め、翁は裁判の続行を求めた。裁判長は合議の上、次回期日を来る三十日と指定し、翁と分離した安部磯雄ほか二十八名（筆者も含む）に欠席判決を言い渡して、午前十一時閉廷した。

その夜から十八日まで、翁は筆者と共に金半旅館に滞在して、半紙十枚にわたる谷中村回復要望の建白書を認め、岡田栃木県知事に提出した。

明治四十四年十月十八日、村民は篠山の人々の助力を得て、畦畔の修築に着手、十九日は鹿島の人たちの手伝いにより、畦畔工事をひとまず完了、筆者は栃木で翁と別れ、古河町を経てその夜島田栄蔵方に泊って、翌十九日から二十二日まで同志川島要次郎と共に建白書の写し数通をつくる。

十九日、翁は宇都宮に於て「下野国治水要道会賛同者人名」という半紙十枚綴りの仮帳に、

一、会員ハ県会議員各郡市町村長及議員其他有志ノ資格ヲ以テス

一、細則ハ委員ヲ挙ゲテ任ス

一、費用ハ自弁及寄附アルトキハ之レニヨル右三ヶ条ノ事

明治四十四年十月十九日

賛同　田中正造

安蘇郡　新井保太郎

と、翁の自筆で認め、その後、議員近藤貞吉ほか県内有志五十七名の署名を求めた。

十月三十日、第十四回の口頭弁論は田中翁一人を分離して開廷したが、翁が欠席したので、被告代理柴田県属から欠席判決を求め、生駒裁判長から即時欠席判決の言渡しがあって閉廷した。

この日、筆者は翁の裁判を傍聴すべく、同志佐山梅吉、竹沢房之進、同末吉、同勇吉、島田政五郎、宮内勇次、渡辺長太、染宮政吉、水野定吉等と共に茂木弁護士宅を訪ねたが、翁が見えないので、栃木町の心当りをさがした後、茂木夫人から警察に問い合せてもらったけれど遂にわからなかった。その後、翁の話を聞くと河川調査のため裁判の日を忘れて出廷しなかったのだそうである。なお、茂木弁護士は、

「欠席裁判を受けた場合には、十四日以内に故障を申立て（編者注、当時は異議申立てとは言わなかった）

なければならないこと、および鑑定価格が不服ならば再鑑定を申立てなければならない。再鑑定をせずにこのまま判決を求めると鑑定三人の平均価格が、判決の価格になるとみなければならない。それでは、いっそ過日の和解条件の方が利益だったと思う。この点をよく相談する方がよい」

と、注意してくれた。

欠席判決への故障を申立て

十一月二日、田中翁突然来宅、欠席判決書の交付を受けた場合はすぐ故障の申立てができるよう委任状に調印の手配をせよ、との注意があり、筆者は各関係者にこれを連絡した。

ついで十日、翁の手紙により、宇都宮の猪熊国三郎氏方に翁を訪ねたが不在のため、石田仁太郎氏方に到って翁に会い、十二日まで石田邸に滞在して翁のため書き物に従事。これは通常県会に対する側面運動のためであった。

十一月二十四日、茂木弁護士から、

二十九日に裁判が開かれるはずであるが、自分は差支えがあるから東京の弁護士に出廷してもらうよう交渉されたい。

との書面がきたので、残留民は竹沢房蔵方に対策協議会を開いた。集まるもの竹沢のほか九名、とりあえず田中翁に相談してからということに決した。

翌二十五日、筆者は宇都宮石田邸に田中翁を訪ねて会談、翁と連名の書留郵便で東京の塩谷弁護士へ当日出廷の依頼状を出すことにした。そして、丸治《まるじ》旅館に移り、「下野国治水要道会趣意書」と題する一枚刷の印刷物（のちに旧四六判十一頁に増補されたもの）の出来るのを待って、四十余部を翁から交附されて夕刻帰途についた。

翌二十六日、間明田粂次郎方に村民集合、連署を以て再度塩谷弁護士へ依頼状を出したが、万一弁護士が出席されないこともあるだろうと、各自実印持参で栃木に出向くことに申し合せた。

二十八日もまた会合、裁判の対策を練り、その夜筆者は栃木町に行き、去る二十六日から駅前の千《ち》代世《よせ》旅館に泊っているはずの翁を訪ねたが見当らない。やむなく茂木弁護士を訪ね、明日の裁判には是非とも出廷されたいと懇請して、その夜は千代世に泊った。

翌十一月二十九日、第十六回口頭弁論当日、今日の裁判に原告側が出廷しなければ再度の欠席で故障の申立てもきかず、訴訟は敗訴となるので、残留民は大いに憂慮して古河駅前の一二三《ひふみ》運送店に連絡係りが来て待っていた。筆者は早朝栃木からそこに電話して、

「今日は茂木弁護士が出廷してくれることになったから心配はない」

旨伝えて裁判所に出かけた。残留民は勿論、筆者も、茂木弁護士がこの若僧の懇請を容れてよく出廷してくれる厚志に対して感謝に堪えなかった。

もともと茂木弁護士がこの事件に関係したのは自発的なものではなく、東京の弁護士たちから連絡の必要上頼まれたので、まったく軽い気持で参加したのであった。が、東京に於ける救済会の立ち消えと歳月の経過につれて、主客転倒して東京の弁護士は殆ど出席することなく、茂木弁護士が予想外の責任を負わなければならなくなった。そのため、同弁護士はひとりでは負担に堪えかねるのと、残留民の境遇に同情して有利な条件ならば和解して早く解決した方が得策と信じたため、ある程度積極的に和解を残留民にすすめたのであった。

ところが、田中翁および残留民側からすれば、だいたい訴訟は東京の弁護士たちによって起された

ものであって、根本の目的は谷中村復活にあるために、和解を謝絶してきたのである。そのような食い違いを知らない茂木弁護士は心底《しんそこ》から不愉快に感じ、わざと欠席判決を受けて暗に不満の意を表したのである。

翁はこの茂木弁護士の態度に、県から手がまわったような推測をして、互いに感情のわだかまりが生じて、暗礁に乗りあげた恰好になっていた。筆者はこれを何とか打開して、訴訟の進行を円滑にはからなければならぬと思い、誠意をつくして茂木弁護士に懇請した結果、ようやく了解を得て当日の危機を脱することができたのである。筆者はその喜びを電話で村に伝えたのであった。

裁判所には田中翁も出席、高田仙次郎、鶴見勝之助（定吉の弟）、小川長三郎、島田平次、間明田仙弥、染宮与三郎、渡辺長輔などが傍聴に来ていた。午前十一時、茂木弁護士・柴田県属各々出席、生駒裁判長は原告の欠席判決に対する故障の申立てを受理、先に分離した田中翁の訴訟とその他の分とを合併することに決した。

故障申立ての受理

原・被告双方の代理人は各々証拠の説明ののち、茂木弁護士は先に栃木県の為したる建物および樹木の証拠保全の書類および県が直接家屋強制破壊のため実際に要した費用の調書取寄せ並びに物件移転料の鑑定および先に決定して留保中の証人中山知事の喚問などを申請、裁判長は合議の上、中山知事の喚問は必要の際呼び出すことに留保、その他の申請を許可、次回期日を来る十二月二十日と指定して午後一時、閉廷した。

その後、翁は栃木駅前の千代世旅館で残留民と共に昼食を摂りながら、訴訟に関する所感を語り、左記のような日記を書いて筆者に示された。

○十ヶ年の水攻めによりて死亡する、仮小屋は流れる。
○出席すること能わざるは被告の熟知する処。
○堤防費を出しつつ県は堤防を作らず田畑を無価値にせり。生命を刻めり。
○埼玉県川辺村の土の代価は田畑の価より高し。是れ水害のため田畑としては価低し。
○小川長三郎、佐山梅吉、川島伊勢五郎三戸は家を破りしまなり。而て県税も町村費も出しつつあり。
○事業は県の知事なり。事実の中立が政治に渡るは止むを得ざるなり。
○栃木県は政治なし。僅に司法あるのみ。官吏は何を為すも法律なりと誣《し》ゆ。
次いで来月一日、物件鑑定に関する相談会を開くことに申し合せ、午後三時帰途についた。

その日の午前、翁と村の人たちがまだ裁判所の控所にいた時である。安蘇郡赤見村の川田雅七氏が来訪して、須永丑造氏の二十年記念追悼会開催に翁の賛成を求めた。須永氏は赤見村の人、かつて明治二十五年、田中翁の代議士選挙にあたり有名な選挙干渉に対する正当防衛のため、足利郡吾妻村高橋の田圃道で反対党の壮士と日本刀を以て戦い、白昼敵の主将を斬殺したため獄に投ぜられ、ついに牢死した。この義人のため(翁は義人とたたえた)、来る十二月十六日の忌日を卜して、二十年記念追悼会を催したいという川田氏に、翁は厚く挨拶を述べ、金二円を寄附した。なお、居合わせた残留民にこの事実を紹介され、残留民たちもその事に感銘して金一円の志を奉納した。

その後、翁は千代世旅館からその夜のうちに宇都宮に到り、翌三十日は市外国本《くにもと》村に岩崎元県会議長を訪問した。

物件移転料の鑑定　十二月一日、村民は物件移転料の鑑定に関する準備につき、竹沢房蔵方に協議会を開催、高田・鶴見・島田政五郎・水野定吉の四人欠席、ほかはみな出席、鑑定費用予納金の支出方法、四十年四月以降に枯れた樹木や伐採したものの調査方を申し合せ、夜十二時閉会。

翌二日、下野治水要道会趣意書を各地有志へ発送。

五日、本県南の土木事業に関する汚職事件に連坐した碓井要作氏を見舞うように、という田中翁の勧説があったので、残留民一人六銭ずつ合計金一円を集め、翌々七日、宮内勇次が代表して碓井家を訪問した。翁は、同氏が汚職の嫌疑を受けたのは、県会に於て硬論を絶叫したため、銅山党ににらまれた結果とみていたのである。

十六日、筆者は茂木弁護士を訪ねて物件鑑定に関する打合せ、翁は赤見村故須永丑造氏の追悼会に参列、翁自身、暴力は否定しながらも、正義のため殺人罪に問われ、獄中で牢死した須永氏の義侠心と犠牲心を賞揚し、正義のために殉難した烈士にたとえた熱烈な追悼演説を行ない、遺族はじめ参列者一同を感泣せしめたとのことである。

そうしたなかにも翁は谷中村のことを気にかけ、翌十七日、赤見村から筆者に左の葉書を寄せた。

事務のため問題を忘却するなかれ。又問題の遠大なるために事務の細事を忘るゝ勿れと皆々に御伝へ被下度、来る二十日もヤハリ御出席大必要なり。

二十日午前十一時、第十七回口頭弁論開廷。茂木弁護士、柴田県属各出頭、前回に引き続いて証拠の認否をなしたるのち、生駒裁判長は物件移転料鑑定の基準に関し原・被告間の事実および意見を確かめ、移転料の見解につき、裁判長は物件自体に関し直接生ずる損害と撤去費用を鑑定すべきものとするのに対して、茂木弁護士は、移転料と称する以上はどこへ移転するとしても運搬費を要する、現に県で強制執行した費用のなかにも運搬費を算入している、運搬せずに移転はできない、故に運搬費も鑑定すべきだ、と主張し、互いに問答の結果、裁判長は合議の上、仮に運搬費も鑑定することとし、また先に留保した前知事中山巳代蔵の証人喚問を取消す旨を告げ、鑑定人熊倉幸太郎《こうたろう》を喚問して次の鑑定を命じた。

一、建物ハ総テ木造萱葺平家建、建築年数ハ三十年ト四十年

一、時期ハ明治四十年四月

鑑定事項

一、目録記載ノ物件、撤去ニ依リ其物件自体ニ生ズベキ損害ノ程度即チ金額幾何

二、撤去ノ費用幾何

三、同物件ヲ他処ニ建造植栽スル費用幾何

なお裁判長は、右の結果は書面に認め明治四十五年一月十五日までに差し出すべし、と命じた上、次回公判期日を一月十九日に指定、正午閉廷。

のち茂木弁護士および田中翁等は弁護士控所に入り、鑑定人案内方法を打ち合せ、筆者が昼食に出たあと田中翁は何処かへ去り、心当り数ヵ所を尋ねたが、ついに見当らなかったので、独り熊倉鑑定人に会見して、二十二日古河町田中屋で再会することを約し、栃木駅乗車、小山を経て古河に下車、明後日のことを田中屋に託して帰宅した。

二十一日晴、間明田（粂）方に残留民十五名集会、昨日の裁判の報告及び熊倉鑑定人案内方法について協議の結果、明二十二日午前八時迄に田中屋に出迎え、順序は恵下野より着手することに申し合

せ、四時閉会。

鑑定人、谷中の窮状に同情寄す

二十二日晴、朝八時、残留民一同古河駅に熊倉鑑定人を出迎う。田中翁も前夜から田中屋に泊って待っていた。九時二十五分上り列車で予定通り熊倉鑑定人下車、田中屋で小憩の後、一同徒歩で古河町から野渡に出て恵下野に到り、島田栄蔵方で昼食後、堤上の川島・小川・佐山の家跡を見て堤内に入り、霜解けの野道を通って北古川の竹沢房蔵、竹沢勇吉、竹沢釣蔵、間明田仙弥、間明田粂次郎、水野官次、染宮与三郎、島田政五郎、島田熊吉の各家跡および樹木、井戸などを見て高沙の堤防にのぼり、西進して篠山地先の北村太一郎の宅地跡に積んだ残留民の破屋材を見、更に参考のため谷中村から移転した原の小久保喜蔵、同今成万四《いまなりまんし》の両家を調査して藤岡町河内屋に引揚げ、熊倉鑑定人と田中翁は同宿に泊り、残留民は明朝を約して各自帰宅した。

翌二十三日、曇、残留民一同早朝から河内屋に鑑定人を出迎え、案内して谷中村字移堤に到り、破堤所に於て堤防に関する最近の歴史を説明、進んで宮内・渡辺・水野（定）の各家跡および樹木、井戸等を調査して中堤道を通り、字花立《はなたて》の堤防にのぼり、仮定県道を経て古河町に到り田中屋に休む。昼食のいとまもなく午後二時二十五分の下り列車で熊倉鑑定人は帰り、田中翁と残留民は田中屋で昼食を摂る。翁は残留民に教えていった。

「谷中の回復も訴訟もこれを貫徹するのは諸君の精神ひとつである」

五時半解散して、翁は佐野方面に赴き、村民は各々帰宅した。

鑑定人は帰宅後、往訪の下野《しもつけ》新聞記者に対して谷中の悲惨な状態を語り、その記事が十二月二十七日の紙上に掲載された。

◎同情すべき点多し（谷中事件実地調査）

二十二日栃木法廷の撰定により旧谷中村土地買収事件に関し、鑑定の為め同地に出張詳細取調べを了したる栃木町熊倉幸太郎氏の談に依れば、実際県当局者の調査は杜撰にして且つ冷酷なる処置を執れる形勢歴然たるものあり。原告側の申立は強《あなが》ち無謀に非ざるを認む云々と語りし由。

その後、鑑定人は井戸その他の物件再調のため、年を改めて明治四十五年の一月十一日、再び谷中へ出張、恵下野の小川と北古川の青年数名、および私の兄等が案内して各所調査の上、その夜は河内屋に泊った。

翁はこの歳末二十八日、「下野各郡下野治水要道会有志様」という宛名の葉書型印刷で、左記挨拶状を出した。

歳末も年詞《ママ》も我日本人のみの歳末年詞《ママ》にあらず。足尾銅山も渡良瀬川も、日光山も栗山も鬼怒川も下野の経済也。渡良瀬川に歳末あれば鬼怒川にも歳末あり。利害責任費用負担両川とも下野の経済同じ。東西克く心を一にせば下野の山河光景は悉く之れ下野の庭園なり。皆下野人の掌中なり。利害一瞬に顕る。之れ下野公共の通義下野経済の大要なり。然れども若し目前私慾の一方に沈み、浮ぶべき公益の自滅と自殺とを敢てせば被害従来より甚し。見よ、多年間各郡互に各郡の独立なく、各郡は各郡内の山河を守れども、各郡孤立、山河を保護するを得ずして各郡内の山河を破り崩し埋めしにあらずや。今や三十年後れたりと雖も断じて過を改め震って人心を清め、人心〔明治〕四十年の以前に復さば、山河又必ず四十年の已前に復するや必せり。之れ下野の人民が下野の天地と並び立ちて山河を復す所以也。人生誠より強きはなし。謹意

第七章　われら谷中を去らず

明治四十五年一月〜三月

一　渡良瀬川改修と周辺町村の用地買収問題

明治四十五年一月一日、快晴、島田栄蔵方に新年会を開き、残留民十八名のほか、先に移住した復帰者を合せて三十一名が集まった。なお、これに参加しない復帰者が十余名あった。

谷中復活へ新年の決意

県が常に居住妨害をしても、居住者は年々増加した、谷中は復活の緒についたのである——と、私はこんな意味の開会の挨拶を述べ、次いで、旧臘二十八日付、佐野町の出先から谷中の人々に寄せられた田中翁の書簡を朗読した。勿論、翁も来会されていた。

拝啓　歳末本年一層御多用察上候。先日古河町にては一銭なしに付申上兼候処、少々佐野にて借用致し候に付来年の新年、例によりて祝宴御催し可然事に申上たり。尤当日金四円二十五銭正造より寄附致し可申候。一人二十五銭づつ二十人として四円二十五銭かと存候（島田注、五円の計算の誤）。されば無会費にて御出席相成度、但しあま酒位は御割合もよろしからんも、酒を呑む人にしてあま酒に深くふみ込み両刀使ひの先生とならば余りに品行よろしからず、酒屋は酒屋、あま酒やはあまさけやでしよう。昔気取に飽くまで野蛮の楽しみも少しづつ文明に開け度候。如何如何。又たまたま寄附金あるときは先づ其金銭物品丈けにて足るとして、寄附が多くも少くも足るとして、余分の割合出金無き事にせねば寄附者の趣意を破り、呆れられて再び寄附するものなくなり申候。従来は寄附あれば夫れ丈け余計に見込むので、ますます不足を生じて多額の割合となり、果ては仲間の悪口までも罵るに到りしなり。此《か》くては寄附者もコリゴリして、けして再び寄附する人はなくなります。之れ従来のありさまなり。今回は少くも此四円と二十五銭にて、少くも足りる事に御間似合被成度（あまさけは別段に）、あまさけ位の割合して、酒呑まぬ人々を愛する位の人道の稽古を始めとして、酒呑む人も負担を分ちてこそあまさけ造るは面白く候、右四円二十五銭は正に当日正造持参して上納仕候事。

早々敬白

右佐野町より

つづいて、旧臘『下野新聞』に載った熊倉鑑定人の谷中視察の記事と新年の祝辞を読み、次いで田中翁は、

「今日のような平和な気持で、互いに仲よく一致団結して谷中を守りさえすれば、たとえ日本は亡びても谷中は天地と共に存立する。即ち興るも亡びるも諸君の精神一つにかかって居る。今後いかなる難関に逢うても之を突破して、必ず谷中を復活することにしよう」

と激励して、最後に島田平次の祝辞があって、午後二時式を終り、酒、甘酒、赤飯等の馳走を食べ、一同和気靄々のうちに、四時閉会した。

村の人たちの帰った後、翁と私は島田方に泊り、夜の更けるのも忘れて語った。

一月二日、晴、但し大西風。昨日田中翁の勧告と私の希望で、世帯主達の快諾を得、この日島田方に青年の新年会を催すこととなり、急に古河町から糀《こうじ》を買入れて甘酒を造るもの、餅を搗くもの、庭で相撲をとるものなど、なかなかの賑い、午後三時頃漸く開会、島田平次の開会の辞、私の所感、田中翁の演説などがあり、最後に「元谷中村同志青年会」の役員選挙を行ない、午後十時閉会した。

翁と私はまた島田平次方に泊り、翌三日、小川・川島および私の三人で翁を古河町田中屋に送り、

島田方に保管されていた明治三十八年人民自費急水留工事成功式の写真の複写をトクラク写真店に注文して、その後、各々帰途についた。

筆者は近年稀な快心の正月を迎えて、寒風に吹かれながら人家まばらな下宮の堤防に到れば、寒月高く亡村を照らし、末枯れの葦の葉ずれの音颯々として、万感こもごも胸に迫るものがあった。

一月十六日、逸見・木下両氏谷中見舞のため来村、各戸を慰問されたが、翁は宇都宮滞在、私は魚獲りで留守であった。

谷中訴訟、第十八回口頭弁論

一月十九日、栃木裁判所に谷中村事件の第十八回口頭弁論があるため、私は未明に起きて古河駅に行った。駅にはすでに川島要次郎・宮内勇次・間明田林吉・竹沢房之進などが待っていた。

筆者は田中屋に預けてあった翁の風呂敷包みを持ち、午前七時三十九分発下り列車で栃木に向い、九時裁判所に着いた。控え所には田中翁および今朝自転車で来たという鶴見勝之助もいた。

午後一時開廷。茂木弁護士・柴田県属各出席、生駒裁判長は熊倉鑑定人の提出した鑑定書を原・被告双方代理に示し、原告代理茂木弁護士は鑑定書を援用して、県の補償金は不当である旨を述べた。それに対して被告代理人は、鑑定事項第一第二に対する鑑定金額については異議なくも、第三項の他処への運搬費は補償金として加うべきものではない、と述べた。

次に茂木弁護士は、土地に対する補償金額は勿論、先の鑑定価格も亦不当なるを以て近隣地の価格およびその収穫を立証するため、生井《なまい》・野木・部屋・赤麻・藤岡・古河・海老瀬・利島《としま》・川辺等の各町村農会長を鑑定人として申請する準備中であり、また原告の主張する各物件に対する申立金額も更正を為すにより、来る二月五日続行期日の指定を求め、裁判長は合議の上これを認容して、二時半、閉廷。

谷中から傍聴に来た人々は、その夕刻帰途につき、川島と私の二人は翁と共に駅前の千代世旅館に泊って、書き物に従事した。

翌二十日、東京千住の平岩平三郎という天理教信者が翁を訪ね、千代世の二階で火鉢を囲んで道を語り、翁はその話を子供のような素直な態度で聞いていた。なかにも吉原大火の時、中米楼《なかごめろう》の主人が四十人の娼妓に対する貸金全部を棒引き(巨額であったが金額は忘る)して共に廃業した信仰の精神的発露に対しては特別の関心を持ち、敬意を払って聞いていた。

一月二十一日の『下野新聞』に「木下何処と大騒ぎ」と題して、十九日の裁判に木下尚江氏が東京から来たため、田所《たどころ》栃木警察署長以下角袖(私服刑事)、巡査ほか数名が法廷の内外を警戒したが、公判終了後木下氏が行方不明となり、大狼狽して宇都宮警察署へ急報云々との記事がのった。しかし、この木下出廷はデマで、これは当時一般の人々が社会主義を理解しないのに乗じた悪質の離間策だ、と翁は憤慨していた。

二十五日午後、北古川で裁判の報告をかねて隣町村農会長および有志を土地価格鑑定人に推薦することを協議したが、この日は魚獲り最盛期のため集まるもの僅か九名。

翁、老人・小学生慰安会を催す

その頃、翁は宇都宮の河内屋に滞在し、島田栄蔵ほか数名に宛て、

拝啓　陳者《のぶれば》藤岡郵便局に向けて金五円也男女六十年已上及小学生諸氏の新年を祝し候しるしに拝進

いたし候。先日申上候次第に付両君にて外青年諸君にも御心付の件々当日の御世話被下候よふに村中の御運動ねがい申上候。

○外に今春水きり工事（島田注、畦畔修繕のこと）鍬入として金弐円也御寄附申上候間可相成は来る二十七か八か九の内にて御早く御着手被下度、尤も至難の場所はあと廻しよろしくと存候。

参事会員の内数人実地視察に可被参候。之れ二十七日已後にて候。未だ決定には到り不申候へ共二、三人は多分参られべくと被存候云々

と手紙を寄せられ、また別封で、

六十歳以上の人十人との由なるが、若し立戻り（島田注、谷中復帰者のこと）の中に六十歳以上の人あらば仲間に御入れ可被下、又同日は手拭一筋づつ差上度、手拭地は同じようなものに致度に付御見計ひ被下度云々

と認めたのち、

先づ鍬入前によく篠山其他同志間を相談して来る何日よろしくと念入に相談纏まりて後に鍬入よろしくとおもひ付きましたので其運動費に金弐円をば御散財被下度、一日凡二十銭づゝ十人ばかりの手間、焼芋とうどんそばにて昼の弁当にせば一人二十銭にても極々節倹にしてやるようにねがひます云々

と、これは島田栄蔵・高田仙次郎両老人に宛てた手紙である。

よって一月二十八日、北古川の水野官次宅に於て、男女六十歳以上の老人と小学生徒の新年の慰安会を催し、集まる者二十一名、ほかに田中翁および会の世話役川島要次郎・竹沢房之進・筆者など加わり、甘酒、牡丹餅など食べたのち、翁の国債県債の話、山河の荒れた話、洪水逆流等の話を聞き、

手拭一本ずつ贈られ、なごやかに午後四時頃閉会した。

翁はこの日、谷中村民が谷中にいることはちょうど酒樽にヒネリ口があるようなものだ、このヒネリを取るか、またはゆるめると酒はたちまち漏ってしまう。それと同じく谷中村民というヒネリ口を取るか、或はその心をゆるめると、そのうちに盛ってある権利、即ち憲法が流れ出してなくなってしまう、と語られた。

次の一月二十九日には、谷中の裁判用に供するため、周辺各町村長、農会長及有志の土地収穫およびその売買価格の鑑定を請うため、島田栄蔵老人を先頭に、間明田仙弥、筆者等が同道、川辺村農会長兼助役持木《もちぎ》浅吉、同村有志稲村栄次郎、利島村長石川雅《う》楽《た》之《の》助《すけ》、同村有志野中清八《せいはち》、同飯塚伊平の諸氏を訪う。第二日の一月三十日は、海老瀬村の有志松本英一、同農会副会長小《こ》森谷《もりや》喜三郎、同有志佐藤仁平、大島村有志大出《おおで》喜《き》平《へい》、界《さかい》村有志野口春蔵諸氏を訪う。第三日の一月三十一日には、島田老人に水野官次と筆者が同道、部屋村有志青木弥三郎、同村長兼農会長荒川久三郎《きゅうざぶろう》、生井村長兼農会長中野忠左衛門、同有志大橋代蔵、野木村農会長熊倉道太郎、同農会幹事菅谷《すがや》丑蔵、赤麻村農会長船田定《さだ》四《し》郎《ろう》、同有志船田源蔵氏を訪れ、第四日の二月一日は、島田老人に竹沢房之進と筆者が同道、古河町長鷹見銈吾氏を訪う。

以上の諸氏から証明書または調書の交付、鑑定人推薦の内諾を得たので、古河町の和田屋で昼食を摂り、解散したが、島田老人は七十五歳の高齢を厭わず、四日間の寒天を奔走した上、青年たちのために昼食まで饗応するという熱心ぶりであった。

二月五日、裁判が開かれるので、筆者は朝五時出発、雪を踏んで十時栃木に着く。田中翁および島田平次はすでに裁判所に待っていた。

先年、谷中から移住した南犬飼村国谷の落合熊吉、篠崎又吉の二人は同地移住民を代表して傍聴に見えた。これは谷中の訴訟事件が愈々最後に近づいたように伝えられる新聞記事を見て、懐旧の念抑え難く、田中翁への挨拶をかねてわざわざ出かけてきたのである。

弁護士を追加、裁判所の圧迫に対抗

午後一時、原・被告双方代理人出頭、生駒裁判長は前回に引きつづいて審理する旨を告げた。茂木弁護士は種々の不便のため準備が整わない故一ヵ月間の延期を求めたが、柴田県属は同意しない。裁判長は合議の上、延期の申立てを却下した。茂木弁護士は欠席する旨を述べて退廷し、柴田県属は欠席判決を求め、裁判長は合議の上、欠席判決を言い渡して閉廷した。

翁は筆者と共に裁判所を出て、岡弁護士、秋山孝一郎県議を訪問して旅館「千代世」に到り、昼食の後、

一、明治三十五年以来の収穫其他の損害を計算して、県が故意に価格を下落せしめた事実を立証すること。

一、土地価格計算書を再び訂正すること。

一、水切り普請を急ぐよう、金五円を寄附する。

一、老人及び小学生以外の婦人小児の会を開くため一人当十銭ずつ寄附する。

と筆者に託された。

翌六日、水野官次宅に裁判の報告と対策相談会を開く。集まる者、間明田条次郎ほか十一名、費用

の調達や書類の作製方法を協議して閉会。八日から収穫その他の損害調べ、価格計算書の再訂正等に着手、筆者並びに川島要次郎担当、島田平次・鶴見勝之助等は、先に申請しておいた隣接町村長および農会長並びに有志をふたたび訪問して、必要書類の交附を受けることとなった。

田中翁は、近頃の裁判長および被告側の態度が冷酷で、村民の境遇を顧みず、無理無体に訴訟事件を片づけようとするのを遺憾とし、これに対抗するため県下の弁護士の義侠心に訴えて応援を求め、栃木在住の弁護士塚原辰弥、同石沼佐一、同鯉沼平四郎、同岡啓三の諸氏を翁の訴訟代理人としてあらたに増員した。塚原氏は父子二代翁の同情者、石沼氏は本県第一の古参、鯉沼氏は新進の弁護士、岡氏はかつて本県会議員として谷中村買収事件に関係した人である。

次いで四月一日、宇都宮在住の弁護士石田仁太郎、同花崎三省《さんしょう》両氏を追加した。石田氏は本県政界の重鎮、花崎氏は石田氏の同志で、苦労人として有名な弁護士であった。

内務省の買収価格決定に憤激高まる

内務省起案渡良瀬川改修工事(遊水池設置)については、先に古河町に出張事務所を設けて、土地物件の測量調査をすすめ、また同町の丸の内の堀(旧城跡)を埋め立て、資材製作工場を建てて準備中であったが、二月十日を以て、茨城県古河町、同新郷村、埼玉県川辺村、同利島村、群馬県海老瀬村、栃木県藤岡町(元谷中村も含む)、同赤麻村、部屋村、生井村、野木村、寒川《さんがわ》村、穂積村各町村地内の土地物件所有者に対して、土地買収協議書が交附された。

残留民に対しては、篠山の北村政治《まさじ》方に於て渡すから取りにこい、との話であったが、遊水池設置に反対する残留民は取りに行かなかったので、夕刻、工夫が持参した。

価格は先に県庁で谷中村を買収した価格に比べると、約四倍位に相当したが、残留民は価格の問題ではなく、谷中村の復活を期す、即ち無益有害の遊水池設置に反対するため、根本からこの協議に応じない方針を堅く決めていたのである。

これまで残留民が買収に反対したり、あるいは県を相手に訴訟しているのは、田中翁や残留民たちが自分勝手に割り出した議論であるから、民が官に対して争っても到底勝ち味はない、とその訴訟を白眼視していた人々も、内務省の買収価格（残留民の主張する価格の約半額程度）を見て、

「なる程、田中翁のいわれることは本当だ」

と気づき、先に谷中村買収当時県庁の雇いや勧誘員になって買収強行のため働いた人々をはじめ、進んで買収に応じた者、厭々ながら買収された者など、皆いまさらのように県の買収価格の低廉に過ぎたことを痛憤し、これらの縁故民が漸次奮起して県や政府へ請願や陳情の猛運動を起すと同時に、いままで軽蔑していた残留民に対しても、敬意を表する者と、またかえって嫉妬する者が出てきた。

こういう関係で、その後の裁判の時には谷中縁故民の傍聴者が多くなったのである。

それと同時に、先に県費四十八万円を投じて設置した谷中村の遊水池——まだ解決しない難問題を惹起した——が、内務省の遊水池に編入されることを承知で渡良瀬川改修案に賛成し、またはこれに反対した県会議員のなかにも、いよいよ内務省が土地の買収に着手したのを見ると、法律論や細則論を別として、行政倫理の上から、

「県有の瀦水池を無償で内務省の遊水池に編入するのは不都合である。妄りにそういうことをされては県の財政が保たない」

という議論が擡頭した。

県参事会有志の視察ということも、田中翁は、谷中村復活を目的とするように善意に解釈し、かつ熱望しているが、実は前述のような県経済の立場から、瀦水池に対する善後策の下心が多分に含まれていたのである。

二月十一日紀元節の日、田中翁から九日付の葉書が数枚来た。

〔其一〕昨夜宇都宮に到る、明後日夕小山に帰ります。正造去々年八月下旬洪水最中より今日に到るまで未だ一日半時も心に休息なし。河川水害を調べて谷中を救ひ、又広く救はんとして奔走休みなし、之を知るや。

〔其二〕去々年八月已来洪水視察一ヶ年と六ヶ月に渉り東西奔走一日半日のひまなし。谷中に帰る事も少し。諸君の生活に困難なる事非常なり、然れども人道憲法を守る忍耐には多感余りあり。

〔其三〕去々年八月洪水已来正造は東西奔走し河川調査にひまなくして今日に到れり。諸氏此年月何事を為せしか、只諸君の生活は中々困難なり。諸君の日本護国主義は又感ずるにあまりあり。

日ならずしてまた、二月十一日付の葉書が数枚届いた。

〔其一〕二月十日発表云々よく早く御知らせ被下たり。此事に付昨夜来宇都宮にても相談。〇議員谷中行は来る二十六、七、八日頃に候。〇亡国は亡国の心にて決せらるべし。只天、只神、只真。猛獣社会は噛まれざる用心。

〔其二〕猛獣社会は銃を以て往来すべし。銃とは神の力の事なり。銃剣なくして猛獣の中を行く、食はるるのみ、神の力なくしてウカ〳〵油断して人類相互に往来す、即ち悪魔の食物となる如し。猛獣に対する銃の必用尚神の如し。

〔其三〕渡良瀬川改修発表に付ては又々色々の流言偽りは例の通りなるべし。御用心可被成候。又一方来る二十七日より県参事会員は古河町方面より谷中に入り十一ヶ年間の被害調査に候間其節はよく御案内御説明可被下候。島田宗三氏、川島要次郎氏其他の青年諸氏よりも説明を要すべし、よろしく御図り可被下候。

二　谷中畦畔修築への禁止命令

谷中村畦畔修築の経緯

谷中村の雪解水除けの春取畦畔は、俗に「搔上《かきあ》げ土手《どて》」とも称し、明治三十七年秋、春蒔の季節に迫っても県が急水留工事を施行しないので、村民の勤労奉仕を以て急水留に代わる雪解水除けの畦畔として築いたのが初めである。

この時も田中翁は現場に詰めて頻りに督励していたが、或る日出勤した数え年十六歳の私を、翁は近くの松本直之進の家に呼んで、用事もないのにいつまでも傍に置いた。私は只うれしかった。松本の庭には柚子が黄色くなっていた。

次は明治三十八年春、村民の自費で築いた急水留工事が、その年の大小麦や早大小豆を収穫したのち、洪水のため破れたので、翌三十九年春、居残りの村民の自費とその他の寄附で修築を始めると県が強制的に破壊してしまった。その直後、食料確保の窮余の策として困苦窮乏のなかから、延人員二百余人の勤労奉仕と、古河、藤岡、海老瀬、北川辺各町村有志の寄附で、赤麻沼に接続する赤渋沼の東南畔をめぐって、雪解水除けの春取畦畔をつくり、約三万三千円の農産物を収穫、谷中村民と縁故民の生活の資源にあてた。

さらに、

一、明治四十年には、残留民など二十余戸で延人員四百余人の勤労奉仕と、東京その他の寄附金二百三十余円で畦畔を修築、一万一千百四十余円。

一、同四十一年には、四百五十余人と無名氏の寄附金六十円で修築、一万三十余円。

一、同四十二年には同六十四人で修築、七千二百五十余円。

一、同四十三年には同百五十余人と寄附金二十円で修築、千五百余円。

一、同四十四年には同百五十余人と藤岡町字篠山、同原、同新鹿島有志の寄附人夫五十余人で修築、九千百七十余円。

の各農産物の収穫を得、ほかに年々春期の浸水を防ぎたるため、年産二、三万円にのぼる漁獲高のうち、その約二割相当金四、五千円の減収を防ぎ、かつ村内交通の便を得たことは多大である。

こうした必要に迫られ、明治四十五年二月二十二日、北古川に於て残留民は畦畔修築の相談会を催し、本年は労力を省くため、トロッコを借入れて作業をしようということに決定した。

そしてその翌日、島田栄蔵・佐山梅吉の二人が島田熊吉方に参り、いろいろと打合せて藤岡町字新鹿島の有志へ共同作業の交渉に行った。また、宮内勇次・竹沢勇吉の二人は、親戚なる藤岡町仲町の針谷《はりがや》木材店へトロッコを借りに出かけた。その夕刻、田中翁は筆者の家に来訪、藤岡町の有志田口佐平氏から翁の車代として贈られた金五円を、田口氏の許しを得て、畦畔修築費のなかへ寄附する旨申し込まれた。翌二十四日から、残留民はいずれも弁当持参で畦畔の修築に着手した。

吏員、卑劣な手段で土地を詐取

二月二十七日には畦畔修築の現場を栃木県参事会員が視察に来るというので、田中翁はその前夜、古河町加美家《かみや》旅館で待ち合せることになった。村の青年と共に明治三十五年以来、堤防破壊に因る谷中村の損害を調査中の筆者は、翁と打合せのため加美家で対談しているところへ、警察から電話があって、

「明日は県参事会開会の都合で、視察は中止になった」

という断わりが来た。とき既に夜も更けたので、筆者はその夜、翁と加美家に同宿した。

その夜、筆者は翁に対して、昨日渡良瀬川改修事務所の平岩某という事務員が買収の勧誘に来て、渡良瀬川は藤岡町の高台を切割って赤麻沼へ落すのではなく、従来通り海老瀬村を経て利根川へ落すので遊水池は造らないことになったから買収に応じてもらいたい、といっていたが、信ずるに足らないから調印を拒否したことを告げた。

翁は、

「昨日、高田仙次郎さんの家にも平岩某が勧誘に来たので、高田さんが『今の渡良瀬川改修工事が、本当に国家のために必要ならば私の土地は無代で献納しますから、河敷や堤防に必要のないところに居住することを認めてもらいたい』と申立てると、『それではそう計いましょう』と、書面を書いて置いて帰った。高田さんは先年の谷中堤内地買収の時にも献納論を以て答えた。実に偉い人物だ」

と筆者に語り聞かせたのち、逸見・木下両氏へ左の手紙を認め、翌二十七日朝、投函前にそれを写しておくよう筆者に申しつけられた。

拝啓　先便の書き落ち左に申添候。先便は大要のみにて候。昨日高田仙次郎氏方に土地収用の役人

二人出張、高田氏に対し買収に応ぜよと。高田氏は先月中申上候通り事実御入用なら無代価にて献上せん、但し渡良瀬川改修用の外もし残地を生ぜば其分は私所有して居住せん云々。役人の曰く居住に付其他差支なく取計べく、安心のため証文入れると、已に下書を鉛筆にて認め、之を高田氏に出す。高田氏無筆、目に一丁字なしと雖も曰く献納する人に証文は無用ならん、又買収承諾書に調印は尚更無用なりと断る。此時正造は高田氏方に来る。正造は東京より早く帰りたくなりていつもより心もとなく谷中に入りて宮内、水野二氏より三四戸を訪ふて又其附近藤岡、海老瀬村を巡りて帰りに高田氏を訪へしは二十三日なり。其時既に同氏の決心を敬重せり。依て正造昨日は別に改めて敬重の心にて同氏の心を訪ふたり。恰も同氏と役人の問答中にありて未了なりき。役人は名刺を正造に通じ念頃に挨拶して云々と申せり。正造曰く高田氏は曾て先月中貴下に申上てあれば今回普通人と同一の取扱は如何、此くの如き立派な人物ありとせば栃木県知事は高田氏の此家に走りて先づ此人格に付厚き手続の相談に及ぶべきなり。内務大臣亦高田氏の家に来りて鄭重に手続を為すべきなり。今回利根、渡良瀬両河川沿岸人民中此くの如き人物の幾人ありや。役人答ふ、凡そ此度の治水沿岸中には未だ一人も高田氏の如きものあるをきかず云々。然り然らば正造の申す通り上官は之をいかにも取扱を軽視せざるべきなりと。役人曰く此旨上申に及ぶべしと答へて急ぎ二人は帰られたり。

以上の次第に候間御同志中たれさまなり御一人御出張、あはれ高田氏に御面会被下、先年も谷中堤内土地収用の説諭として栃木県一部長、四部長、下都賀郡長、部屋警察の四人は正当官吏として明治四十年一月、藤岡町へ出張、谷中人民十九人を呼出し、而かも厳重なる言葉を以て急ぎ立除《ママ》きを命ずる如くす、此時も高田仙次郎氏一人は献地を申出て動かざりしと。然るに官は其手続きを為さずして強制的に不相当極る代償を附して氏の土地を収用したり。星霜六年を経て今亦同一の手段に出てたりとは、高田氏は六ヶ年を経て同一の誠意を以て二回の事件に及び、国家に答ふるに同一の言葉を以てせる之れ他にあらず、今回の河川改修の事なる政府にあらずして足尾銅山用地の拡張、鉱毒沈澱池の設備にすぎず、鉱業会社の私慾的獣慾的は喋々するを要せず。買収ののち払下、もしくは政府と会社と売買の手続上邪魔になるは献納地の取扱にありて、之に究すれば一時に金銭をえて一時に収用せんとするにあり。今は足尾銅山会社の横暴何人もしる、今更に申す必要なきも、幾何も高田氏の御精神のせめては下野人のしる処ともならば、此亡びたる栃木県民も枯木に一つの花あるの如けん。栃木県は亡びても下野人の社会は死せぬものなり。下野人の人道の光り細くも消え残りあらば高田氏のもとに集る人々もなしとはせざるべし。之よりして谷中は谷中諸君の御精神を以て先づ拾九人拾九戸をば高田氏の下集めたくと心得候。但し之は正造の心のみ、思ふ如くよく茲に早く到るや否や、早く到るよふにいたし度、此点に於て彼は軽小の問題とすれども、我々同志は之を貴重の問題とし、特に諸君の御助力を仰がざるを得ず。右まで謹で申上げるなり。以下追信に。恐恐敬具。

古河町にて今夜待人あり　正造

四十五年二月二十六日

これを写し終った筆者は、同志島田平次と共に、県会議員の視察が中止となったことを谷中残留民や移住民に知らせることとなったが、外は篠つくような豪雨、あいにく雨具を持たない筆者を見た翁は、財布から二十三銭を出し、これで編笠と合羽紙を買ってかぶるようにと勧められた。

筆者は直ちに買い求め、これを着かぶって谷中に帰り、途中鶴見方及び高田家に立ち寄り、前日平岩の渡した書面を見たところ、意外にも左記のようなものであった。

貴殿所有ノ土地今回渡良瀬川改修工事用地トシテ買収ニ相成土地ニ対シ御応諾被致ニツキ其要旨ニ川身トナルベキ貴殿所有ノ土地ハ政府ニ寄附致シ殊地トシテ永ク工事ニ着手セザル区域ハ占有シタキ旨伺ノ件了承右ハ内務省東京土木出張所古河土地収用事務所ニ於テ契約ヲ履行スルト同時ニ貴殿伺出ノ通リ差支ナキハ上司ヨリ内訓アルヲ以テ明カナリ但シ買収済ノ上ハ夫々手続ヲ了シ拝借占有スルニ毫モ支障ナキヲ認メ依右如件

明治四十五年二月二十五日　　事務員　平岩　勤

高田仙次郎殿

高田は眼に一丁字もないので、これが有力な請書だとだまされ、大事にしまっておいた。しかし、それは平岩が曖昧な一片の文書を与えて調印をとる手段であった。しかもその調印をしたのは献納願ではなく、買収承諾書であることが明らかとなったので、田中翁は平岩の仕業《しわざ》を切歯憤慨し、高田は事の意外に驚いてこれを取消すため法律家の鑑定を受けたが、一度判を捺したものを取消すことは容易でないといわれたので、いろいろ考えた末、こんな闇の世の中であんな人間を相手に争っても仕方がないと断念して、そのままとなった。

畦畔修築に警察分署長の干渉

二月二十八日は雨天のため、残留民は北古川の竹沢房蔵方で畦畔修築に関する打合せ会を催した。まだ開会もしないうちに、部屋分署長と佐野・金沢両巡査等が来た。分署長は、

「諸君が目下修築中の堤防は何の目的で始めたのか、また土木課の許可を得たのか、もし許可を受けずにやったものならば一時中止してもらいたい」

という。会衆の一人の佐山梅吉がこれに答えた。

「許可は受けていません。目的は交通の便利をはかるのが第一で、次は夏作、雑草、漁業の損害を防ぐためです。つまり銘々の生活を保護するためです」

署長が佐山に質問をした。

「あの堤防はどの位の大きさにする予定ですか」

「あまり大きくは出来ませんが、あの処は切所《きれしょ》でしたから他の部分より特に大きくしたのです」

「あの工事が無届けだとすると、一時中止してもらいたい。このようなものは習慣というものがありまして、一度築くと自然これに修築を加え、だんだん大きくして、後には本堤にしても仕方がないことになる、即ちこれを黙許しておけば公衆の認めたことになるものですから」

この署長の言葉に、今度は筆者が、

「あの畦畔は去る三十七年の秋に築き始めたもので、以来年々その習慣により修築したもので、今年初めて築いたものではありません」

と答えると、

「それは買収以前でしょう」

と分署長が筆者の言葉を途中でさえぎったので、筆者は事情を説明した。

「買収以前既にその形をつくり、買収以後も亦三十九年四月、県のために急水留の修築を破壊されたので、已むを得ず現在の畦畔を築き、その後年々東京やその他有志の方々の御援助で修築してきたもので、既に慣例となっているものですから御届けする必要はないと思い、無断で着手した次第です。決して警察の御意見に反抗するものではありませんから、中止せよといわるるならば一時中止しますが、もともと中止する理由もなく、あまり長い間では困りますから、二日間だけ中止することにいたしましょう」

「二日間という日限は定められない」

「日限が定められないとすれば、私どもは明日から続行します」

と筆者が強硬に主張すると、分署長はあわてて、

「それでは困る。五月間くらい中止してもらいたい、そのうちに事を運びますから」

と、妥協案を出したが、筆者は二日間説の理由を述べた。

「長く中止していると雨水が土取場に浸水して、その後の仕事ができなくなりますから、是非とも二日間くらい休んで工事を再開したい」

　しかし、分署長は、

「では始める前に誰か一人、届けに来てもらいたい」

と、なおも工事の再開についてこだわっている。筆者が、

「決まっていることですから、わざわざ届けに行くような手続きは省いてもらいたい」

と、当然の理を主張しても、分署長は、「ソレは困る」を繰返すばかりである。ラチの明かないのをみた同志の一人、島田平次が話のなかにはいってきた。

「では、三月二日に届けにまいりましょう」

　ここで、工事の中止と再開についての話合いが一段落したので、筆者から、かねてからの問題を分署長に質した。

「話は変りますが、納税兵役の義務を果している残留民の居るのに、堤内から県道に出る道を無くし

たのは何故ですか、お取調べを願いたい」

「それは取調べることにしよう」

こんなやりとりのあと署長一行は帰り、そのあとで残留民は一戸当り四人ずつ無償で勤労作業を行ない、その余の出勤者に対しては一人当り二十銭ずつの弁当料を支払って畦畔の修築を完成することに申し合せて、夕方六時に散会した。

県、畦畔修築に中止の命令

村の相談が終ってから、同志川島要次郎と共に、古河町方面に田中翁をさがしたが尋ね当らない。翌二十九日、暴風雨のなかを筆者ひとり佐野町方面に出かけた。幸に、途中三鴨村高取土手で翁と出会ったので、畦畔中止の一件を報告した。翁は、またそんな妨害をされては困るから、これから部屋分署長を訪ねてよくお話しよう、それに県参事会員の高田耘平、阿由葉勝作、茂木《もぎ》猪十郎《いじゅうろう》、和田大三郎、秋山孝一郎、青木芳三郎の諸氏から金二十五円の寄附があったから畦畔修築費のなかに加えるように、と筆者に渡して、翁は人力車で部屋分署に向った。


翌三月一日も朝から雨が降った。七時頃、巡査佐野某が来て、

「今日県の土木課から係官が出張になりますから、畦畔修築工事場に集まるよう、村の皆さんへ通知してもらいたい」

との話。筆者は直ちに外野、北古川の同志に告げ、恵下野の佐山、島田両家を訪ねて栄蔵老人と相談していると、水野定吉があとから迎いに来て、

「県の役人がお宅に来て待っているから、すぐ帰るように」

との話なので、早速帰途につくと、新宅の空屋敷の東で部屋分署長、同巡査部長、その他巡査三名の一行に会った。分署長は筆者に対して、

「いまお宅に集まった村の方々に対し、県の土木技手からあの工事を中止するように命じてきました」

という。筆者は帰宅して村の人々に会った。その語るところによると、関技手のほかに、県の河川主任某・郡工区部屋出張所員某・郡長代理・藤岡町助役・部屋分署長・同巡査三名等立会の上、関技手から、

「現在の堤防（畦畔のこと）は断然中止して、あれ以上施工してはならぬ、其工事のよしあしは知らぬが、工事を中止すべき旨県から命ぜられてきたのであるから堅く守ってもらいたい」

と申し渡し、また分署長は、

「これまでは深く干渉しなかったが、県から中止の命令が出た以上、警察は充分干渉し取締るつもりであるから予め御承知置き願いたい」

との話があり、残留民はただその話を聞いたままにしておいたとのことであった。

工事のよしあしにかかわらず、県の命令だから中止せよ、という無茶な一方的押しつけであるから陳情のしようもないが、長年の慣例となっているこの工事、ことに本年は本県参事会員もこれを賛助して寄附金まで贈られた立派な仕事を中止せよというのはあまりにヒドイと、みな悲憤慷慨しながら、だが仕方がないから工事場の道具を片づけることにしよう、と申し合せて散会した。

筆者はその夜、田中翁の指図を待たずに、工事中止命令に対する不服の届書を起草し始めた。憤怒の情抑え難く、陳情とせず、特に届書としたのであった。

田中翁は、出先で畦畔中止の話を聞き、二日の夜十二時、筆者の家に来て泊った。明くれば三月三日、即ち旧暦正月十五日で、無事の村なれば一番楽しい年中行事の日であるが、仮小屋住いの残留民にあっては名ばかり。まして雪解水除けの畦畔さえ修築中止の強制命令とあっては、悲歎の谷底に突き落された最悪の日であった。

朝食後、翁は筆者を伴って海老瀬村へ出かけ、各有志を訪ねて渡良瀬川沿岸無毒時代に於ける土地の収穫状況を調査しながら、市村海老瀬村長の前で、

「今度県が谷中の畦畔を中止したのも、官吏たちが自分自分の椅子を重んじてやったに過ぎない。本をただせば只パンのためで何の悪意もない。何も知らないものですから、こうした妨害をするのです。つまり受持巡査、分署長、知事等が職務怠慢となるのを恐れた結果、知らず知らず悪事を働くのです」

と語り、次いで筆者に対して、

「昨夜見た君の不服の届書は大層よく出来ていて、私が加筆する必要もないから、至急浄書して出すがよい。しかし届書の何項かにある『肥沃の耕土を荒して置くのは天に対する罪である。耕して実れば盗人が取っても鳥獣が食べてもよい。耕すのは我々農民の勤めである』という一節は、残留民全部の人の意見としては出来過ぎていて、もし言行一致しないとよくないから、君と川島要次郎君の名で提出する方がよかろう」

との注意があった。

翁が文章を書くときは、添削に添削を加えて真黒となり、紙の余白のなくなるまで加筆して、五度でも十度でも書き直すのが通例であった。然るに筆者の書いた拙ないものを、大層よく出来ていて加筆の必要がないといわれたのは、後進者の心を痛めてはならぬという温かい親心から出たことと思わ

れた。

畦畔流れてついに浸水

それから二、三日後、部屋分署から藤岡町役場へ出頭せよという通知が残留民のところへ来たので、三月七日午後二時頃、筆者は残留民中宮内勇次・渡辺長輔・島田政五郎の三名および復帰者今村直治等と共に役場へ行った。約一時間を待ったのち、役場の二階で下都賀郡長代理某・川島藤岡町長・部屋分署長、佐野・石川両巡査立会いの上、河川管理員某から、

「谷中村民が本年堤防の形を造ったのに対しては、先日県から来てその中止を命じておきましたが、当時は只工事の中止を命じたのみで、これに対する理由は申し上げなかった。今日はそれにつき申し渡すためまいったのです」

との前置きがあったのち、

「彼の堤防の形を造ったところは河川法の準用地であるから、工事を無届で施工したのは河川法違反である。したがって既に施工した工事はこれを取払い、原形に復すべきである。只今のところでは増水していて取払うこともできないでしょうが、水が減《ひ》けたらすぐ取払うように、そして今後工事をする場合は県庁の許可を受けてなすべきである。もし許可を受けず工事をすると河川法の本法により、二百円以下の罰金もしくは一ヵ年以内の禁錮に処せられることになっている故、この旨承知されたく念のためお話しておく」

と申し渡した。次いで分署長が、

「この話を今日の欠席者に伝えてもらいたい」

とつけ加えたので、筆者は答えた。

「総代の資格できたのではないから、その責任は負えない」

そこへ川島町長が調停役に立ち、

「資格問題は別として、同志に損害のかからぬよう、人情の立場から適宜の方法で知らせる」

ということに決して、四時頃帰途についた。

その日夕刻、北古川に帰ってみると、思川につづく赤麻沼が増水して畦畔が危ないので、村の人たちはみな水番に出ていた。筆者も夜八時、現場に行った。今日早く駈けつけた人の話によると、もし一足遅れると怪しげな者に畦畔を壊されるところであったが、私たちが来たので、そやつは逃げ去り、その災難だけは一応免れたという。ここに集まった村の人達に、今日の河川管理員の話を報告した。

その夜、残留民は全部現場に詰めきって徹夜の水番をし、このことを受持の駐在巡査に届けた。

翌八日午前十時、畦畔の高さは僅かに一寸くらいを余すのみで、もし風波が起ればたちまち越水して破壊するという危険状態であるが、県から中止命令が出て施工を禁じられているので、防禦作業もできず、ただ拱手傍観するよりほかなかった。

筆者は臨終の病人を見棄てて枕頭を去るような惜別の悲哀を抱きながら、水番を村の人たちに託して、古河・野木方面へ田中翁をさがしに出かけたが、どうしても行方がわからないので、やむを得ず帰途につき、下宮の鶴見喜四郎の家に立ち寄っているところへ、田中翁は何処かで筆者が探しまわっていることを聞きつけ、何事が起ったのかと驚いて帰村したとのことであった。

この夜、田中翁は筆者と共に鶴見の家に泊り、筆者から畦畔に関するその後の模様を聞いて大いに慨嘆した。そして、明日は先に渡良瀬川改修事務所の平岩某のために欺かれた高田仙次郎の善後策につき、栃木町の茂木弁護士を訪ねることを相談した。

こうして、折角形造った谷中村の水除け畦畔は、空しく流れて浸水してしまったのである。筆者の明治四十五年三月九日の日記をひもとくと、次のように書いてある。

夜十一時援助者の田口佐平（島田注、藤岡町南山）、逸見斧吉の両氏へ畦畔が流れて浸水した旨の報告状を認む。谷中村の畦畔は政治のため法律の名により、否なそれを運用する役人のために妨害され遂に浸水してしまつた。其のため七、八歳の無邪気な通学児童までが氷のはりつめた水中を歩かねばならぬ。家のなかに生れて今は家がない。百姓に生まれて今は耕す土地がない。三校の中僅かに一つ残された学校も近い中に廃校されてしまふ。今後どうするか。

その後、四月二十八日と十月十二日の二回にわたり「元谷中村畦畔修築中止に対する不服御届書」を岡田栃木県知事宛に提出したが、畦畔に対する残留村民の熱意もそがれ、わずかに「掻上げ土手」の形を残すのみとなったので、葭茅雑草は腐れてその収穫が減る、したがって魚獲も減る、麦作の如きは只成行に任せるよりほかなくなってしまった。

（田中正造翁余録　上巻　終）

谷中村問題重要日記

明治三十五年（一九〇二年）

八月九日　利根、渡良瀬両川ノ逆流洪水ニ因リ本村字移堤ノ提塘決壊シ堤内ニ浸水、農作腐蝕、家屋流崩ス。

十一月　日　谷中村買収案（予算金壱百万円ト聞ク）カ本県会ニ附議セラルヽト聞キ、某村長、某村会議員及ヒ某々等窃カニ何事ヲカ運動ス、幸ニ買収ノ案成ラス。

明治三十六年（一九〇三年）

三月十八日　本県庁ハ昨年ノ破堤ニ対シ未タ急水留工事ヲ施行セサルニ依リ村民自費ヲ以テ右工事ニ着手ス。

三月　日　昨年ノ破堤所ニ対シ、本県庁漸ク其復旧工事ニ着手ス。而カモ人夫過剰ノ名ノ下ニ屢々追ヒ帰シ、且出勤者ニ対スル労銀甚タ低廉ナルヲ以テ批難ノ声高シ。

九月二十三日　昨年ノ破堤所ニ対スル復旧工事未タ成功セス、偶々洪水ニ際会シ空シク流亡ス。既ニ米麦大小豆其他幾分ノ収穫アリ。

明治三十七年（一九〇四年）

三月　日　本県庁、昨年九月半成ニシテ流亡シタル破堤所ノ復旧工事ニ着手ス。昨年ト同シク人夫ハ屢々追ヒ帰サレ労銀亦極メテ低ク、為メニ工事進捗セストテ批難多シ。

五月二日　右復旧工事半成ニモ至ラサルニ雪解水アリ、村民日夜大ニ水防ニ努ム。

五月四日　村民日夜怠リナク水防ニ従事セシモ其効ナク、僅カノ出水ニヨリ復旧工事流亡シ大麦小麦ハ勿論其他ノ農作腐蝕シ村民太ク疲弊ス。

五月　日　本県土木吏ハ復旧工事ノ名ノ下ニ破堤所附近長サ一千間余ニ渉リ堤塘ノ皮土ヲ剝キ、波除ノ柳樹ヲ伐リ、且護岸取崩ニ着手ス。

六月　日　本県庁再ヒ本村破堤所ノ復旧工事ニ着手ス、然カモ村民日々ノ糊口ニ窮シ他郷ヘ出稼ス。為メニ該工事ニ出勤スルモノ甚タ少シ。

七月十一日　右復旧工事半成ニ至ラス復々流亡ス。爾来土木吏引揚ケテ全ク復旧工事ヲ為サス。

七月　日　田中正造翁谷中村ニ臨マレ、虚構ノ村債金五万円ヲ解決セサルトキハ谷中村ハ遂ニ買収セラレ廃村トナルヘシトテ本村有志者間ヲ運動奔走ス。後、本村ニテハ青年会ヲ組織シ、其調査ニ着手ス。然ルニ村中ノ某々等ハ却テ之ヲ憎ミ妨ケ、為メニ論二派ニ岐ル。

九月一日　下都賀郡書記猿山定次郎氏、谷中村ノ管掌村長トナル。

九月二十八日　猿山管掌村長、収入役ヲ兼務ス。

十月十九日　麦蒔ノ期節ニ迫リ村民自費ヲ以テ破堤所ノ急水留工事ニ着手ス。

十月二十四日　隣村利島村有志野中清八、石井清蔵ノ両氏谷中村ニ同情シ、本県知事白仁武氏ニ破堤所ノ復旧ヲ迫リ激論ニ渉リ、遂ニ謀殺未遂疑獄事件起ル。

十一月十三日　谷中村債ニアラサル金五万円ヲ猿山管掌村長カ村債トシテ引継キヲ受ケタルハ不当ナリトテ本村落合庄吉氏外数十名ヨリ辞職勧告書ヲ出ス。

十一月十五日　右辞職勧告書却下セラル。

十二月十日　本県庁ハ谷中村買収問題ヲ附議スル為メ本県会議員ニ酒色ヲ供シ、或ハ三十二名ノ議員ニ対スル七十六名ノ警官ヲ以テ警戒シ、夜ノ十二時秘密会ニ於テ可決セラル。議員大久保源吾氏外十一名ノ反対論アリシモ正論遂ニ容レラレス。

十一月二十六日　本村出征軍人川島平四郎氏、清国清京省ニ於テ戦死ス。何者カ其下賜金ヲ滞ラシテ遺族ヲ苦シメ、県庁ノ買収ニ応セシメタルハ此後ニアリ。

十二月　日　本村買収反対ノ運動家川鍋岩五郎氏予戒令ヲ命セラル。

十二月二十四日　第二十一回帝国議会ニ於テ歳入歳出予算災害土木補助費（後ニ谷中村買収費トナル）ノ提議セラル、ニ際シ、島田三郎、武藤金吉両氏反対論ヲ唱ヘラル、田口卯吉氏亦島田氏ニ賛成ノ意ヲ表明ス。

明治三十八年（一九〇五年）

一月十六日　昨年五月村民ノ為セル水防費ニ対シ県ヨリ補助金ヲ下附セラル。

二月十七日　破堤所ノ復旧工事ヲ断絶シタルニ付、村民已ムナク畑一反ニ付一円ツヽノ自費ヲ集メ且隣接利島、川辺両村ヲ始メ四隣町村有志ノ助力ヲ得テ破堤所ノ急水留工事ニ着手ス。工費金二千七百五十五円五十八銭。

二月　日　本村今泉竹次氏外三十名ヨリ貴衆両院ヘ出征軍人遺族緊急請願書ヲ提出ス。

二月二十五日　隣村利島、川辺両村会ノ決議ヲ以テ帝国議会ヘ提出シタル谷中村強制買収禁止ノ請願書、貴族院ノ採決トナリ、貴族院ハ同日総理大臣ヘ右意見書ヲ提出ス。

三月　日　本村川鍋岩五郎氏外十二名ヨリ本県知事ニ対シ、本村堤塘拡築ノ請願書ヲ提出ス。

三月十一日　右請願書却下トナル。

同日ヨリ隣接利島、川辺両村ノ義損人夫、本村急水留工事ノ為メニ毎日数十人ツヽ送ル。
三月十八日　救済ノタメ其請願ニ依リ谷中村民ヲ移転セシムルテフ意味ノ栃木県告諭第二号、役場ヲ経テ送達セラル。
四月十二日　村民自費ヲ以テ為ス急水留工事ノ請負人染宮文五郎氏、請負金ノ払渡ナキヲ辞柄トシ工事中止ヲ企ツ。
五月二日　右急水留工事成功、検査ノ上受渡ヲ為ス。
五月十九日　此頃ヨリ栃木県ノ土木吏ハ村民ノ所有地調査ナリト称シ谷中村ニ入ル。
五月二十七日　本村臨時村会ノ決議ヲ以テ堤防復旧ノ意見書ヲ本県知事ヘ提出ス。
六月二十六日　村民自費ノ急水留工事成功式ヲ同工場ニ於テ挙ク。
七月十日　県ハ瀦水池設置（谷中村買収）ノ為メ測量、又ハ検査ニ立入ル旨本村役場ヨリ通知セラル。
八月十九日　村民ノ自費ヲ以テセル急水留堤防、出水ニ因リ決壊ス、既ニ大小麦大小豆、早稲、其他幾分ノ収穫アリ。
十月　日　鉱毒問題以来ノ同情者トシテ谷中村買収反対ノ運動ヲ為シツヽアリシ左部彦次郎氏、栃木県ノ土木吏トナル。為メニ村民或ハ激昂シ、或ハ気力ヲ喪フ。
十月三十一日　県ハ谷中堤内ニ在ル土地物件ニ対シ補償処分（買収）ヲ行フニ付所有者ハ其準備ヲ要ストノ告示ヲ出ス。
十一月六日　本村ノ堤防ハ復旧セサル旨、本村役場（鈴木管掌村長ノ行為）ノ名ヲ以テ各人民総代、其他等ヘ通知シ、以テ村民ノ気力ヲ挫ク。
藤岡町福地惣次郎氏ヨリ谷中村人民総代ニ対シ、破堤所急水留工事敷地近傍ニアル切込（漁業場、一個ニ付拾五円ノ割合）流失損害請求ノ訴訟ヲ提起セラル。
十一月十六日　栃木県告示ニ依リ本村堤内ノ所有物件買上ケヲ望マル、モノハ当役場ヘ書面ヲ以テ申出ツヘキ旨、本村役場ノ名ヲ以テ各人民総代ヘ通知ス。
十一月　日　本村第一回移住民十八戸、那須郡下江川村ニ送ラル。当時、県ニ欺カレタリトテ逃ケ帰ル者数戸アリ。
十二月十二日　本村会ニ於テ本村ノ田中与四郎氏ヲ村長ニ選定シ届出ツ、然ルニ県ハ之ヲ握リ潰ス。
此頃、本村ノ者ニシテ県ニ雇ハレタル買収勧誘委員テフモノ数名、日夜各戸ニ到リ、補償処分（買収ト言ハス言ヲ巧ニス）ヲ受ケサレハ土地収用法ニテ地所モ家屋モ無代ニテ県庁ヘ取上ケラルヘシト誣ヒ、又古物商、家畜商、山師、周旋屋等多数村内ニ入込ミ無根ノ流言ヲ放チ、村民ヲ恐怖セシメ且誘惑ス。

明治三十九年（一九〇六年）

三月四日　昨年民費ヲ以テセル急水留ノ破損所ニ対シ、自費ト寄附トヲ以テ再ヒ其修繕ニ着手ス。此頃群馬県大島村ノ有志大沢新八郎氏応援ニ来リ、日夜奔走セラル。
又昨年以来、神奈川県ノ青年加藤安世氏、本村ニ来リ、村民ヲ援助シ田中翁ヲ応援ス。
三月　日　県ハ鈴木管掌村長ヲシテ谷中第一第二尋常小学校ヲ村会ニ諮ラス廃校トナス。
四月八日　県ノ出張土木吏ハ本村落合熊吉外数名ヲ藤岡町河内屋ニ呼ヒ、自費ト寄附トヲ以テ為シツヽアル急水留修繕工事ニ要スル土取ノ請願書ヲ強要ス。是レ他日当該工事ヲ撤回スル準備トシテ其責任者ヲ得ンカ為メナリ。

四月十五日　鈴木管掌村長ハ谷中村ヲ廃シ藤岡町ヘ合併セシムルノ儀ニ付諮問ノ村会ヲ開キ、一定ノ時間ニ議員ノ出席セサルヲ辞柄トシ直ニ使ヲシテ議員ヲ集メ、未タ定員ニ達セサルニ再召集ナリト称シ之ヲ附議ス。幸ニ村会ハ否決トナル。

同日ノ村会ニ附議サレタル予算中ニハ本村衛生ニ関セル費用ナシ。

四月　日　鈴木管掌村長ハ本村々有財産整理ノ名ノ下ニ字高沙耕地共有（堤外ノ桑畑、及ヒ原野等）ヲ競売ニ附ス旨告示ス。後、関係者カ告訴ノ手続ヲナサントスルニ当リ、吉屋下都賀郡長、榊原弁護士等ノ調停ヲ以テ之ヲ取消ス。

四月十七日　白仁本県知事、本村島田熊吉、落合熊吉、篠崎又吉、岩波弥太吉、島田栄蔵ニ対シ、本村民カ自費ト寄附トヲ以テ為シツヽアル急水留修繕工事カ河川法ニ触ルヽヲ以テ四月二十七日迄ニ之ヲ取払ヒ原形ニ回復スヘシトノ命令、及ヒ其義務ヲ履行セサルトキハ県自ラ之ヲ執行シ其費用ハ本人ヨリ徴集スヘシトノ戒告ヲナス。

同日、白仁本県知事ハ谷中堤塘拝借居住者佐山梅吉外数名ニ対シ、立退ノ命令戒告ヲ発ス。

四月二十一日　本村鈴木管掌村長ハ虚構ノ村債金五万円及ヒ安生順四郎氏ノ施設シタル排水器等ニ関連スル金二千三百余円ヲ村税ニ賦課シ、四月三十日迄ニ納ムヘシトノ無謀ナル徴税令書ヲ発ス。

四月二十八日　東京木下尚江、石川三四郎、荒畑寒村諸氏及ヒ佐野方面有志、谷中村視察。

四月三十日　村民ノ自費ト寄附トヲ以テ為シツヽアル急水留工事ノ修繕ヲ県官自ラ数十人ノ人夫ヲ使役シ、多数ノ警官護衛ノ中ニ悉ク破壊ス。

東京諸名士、及ヒ地方隣村有志之ヲ見テ大ニ激昂ス。

六月八日　白仁本県知事ハ田中正造翁ニ予戒令ヲ命ス。

七月一日　本村鈴木管掌村長（村長ハ知事ノ内意ニ依リ、知事ハ又内務大臣原敬氏ノ内命ヲ承ケシカ）ハ本村会ノ決議ヲ無視シテ谷中村ヲ藤岡町ニ合併セシム。

七月十六日　県ニ撤回セラレタル後、村民自ラ位置ヲ転シテ為シタル麦取畦畔（破堤所急水留工事ナルモノ）出水ノ為メニ流亡ス。既ニ大小麦其他ノ収穫アリ。

七月十九日　先キニ本村鈴木管掌村長カ為シタル村税賦課不当ニ対シ、藤岡町長（谷中村ハ藤岡町ニ合併）ヘ取消ノ訴願書ヲ提出ス。

六月廿八日　田中正造翁ハ、本村鈴木管掌村長カ高沙耕地共有ヲ売却セントシタルノ不都合ヲ指摘シタルタメ官吏侮辱トシテ起訴サレ、後遂ニ獄ニ投セラル。

七月二十五日　本県知事白仁武氏ハ、当時谷中村附近ノ大洪水ヲ見テ、県議船田三四郎氏ニ向テ曰ク谷中村ノ瀦水池ハ何等ノ効ナキコト今更自覚セリ云々ト。後文部省ニ転ス。此日落合熊吉外六名買収ニ応ス。

八月十日　白仁知事ノ後任トシテ、久保田政周氏本県知事トナル。

八月　日　本年春、村民ノ為シタル急水留修繕工事費ニ付、本村島田熊吉外数名ハ工事委員トシテ請負人染宮太三郎氏ヨリ右立替金支払ノ訴訟ヲ提起サル。為メニ某々等ハ此支払ニ窮シ県ノ買収ニ応シタリ。（編者注、染宮太三郎は前年度請負人染宮文五郎の兄。但し工事施工場所は前年と異にする）

九月二日　新任栃木県知事久保田政周氏、谷中村視察ニ来ル。

十一月十三日　県ノ出張吏ハ谷中村ノ某々等ヲ嗾リテ排水用樋門二個所ノ門扉ヲ錠ト釘トヲ以テ閉塞シ、又堤内ニ悪水ヲ溜、麦作ノ播種ヲ不能ナラシム。又同時ニ村民カ営ミツツアル漁具ヲ掠奪セシメタリ。

十二月七日　中山巳代蔵氏本県知事トナル。

十二月　日　本村買収反対運動ノ率先者タル川鍋岩五郎氏、県ノ土木吏トナル。是レ県ガ先キニ土木吏ト為シタル某ヲシテ勧誘シタルモノナリトノ風聞高シ。

明治四十年（一九〇七年）

一月五日　本村民ハ自費ヲ以テ麦取畦畔（破堤所ニ対スル急水留工事ノ小ナルモノ）ニ着手ス。

一月　日　新潟県人星野孝四郎氏、福島県人遠藤友四郎氏等、本村民応援ノ為メニ来リ、田中正造翁ノ運動ヲ助ク。此頃古河町有志岩崎善三郎氏モ亦買収反対運動ノ事務ヲ補ケラル。

一月二十六日　瀦水池設置（谷中村買収）ノ為メ土地収用法適用ニ関スル内閣ノ認定公告出ツ。

一月二十九日　郡長、分署長、巡査等、本村残留民ノ各戸ニ就キ、内閣ノ認定公告ノ釈明ニ回ル。

二月一日　地方長官ハ収用スヘキ谷中村ノ土地ノ細目ヲ公告ス。

二月三日　本県部屋警察分署ハ残留民水野常三郎氏カ、其訪ネ来リテ助ケヲ請フ傷者ノタメ慈善的ニ無料ニテ按摩様ノコトヲナシツ、アルヲ見、医療法違反嫌疑ノ名ノ下ニ拘引シ、後、監房ニテ谷中村ノ買収ニ応スレハ其罪ヲ許ストテ土地、物件ノ買収承諾書ニ拇印ヲ強要シ、数日ノ後帰宅セシム。

二月四日　藤岡町長ハ、本村民カ若シ収用法ヲ適用セラル、トキハ樹木、建物ノ如キモ交付セラレサルノミナラス移転料モ給セラレス、其他総テ不利益ナレハ此際県ノ買収ニ応セヨトノ注意書ヲ告諭第一号トシテ所有者（即チ谷中残留民）ヘ送達ス、右ハ県ノ内命ニ出テタルモノナリト聞ク。

二月六日　榊巡査ハ他一名ノ巡査ト共ニ本村島田サク、茂呂キヤ両氏ヲ藤岡町丸屋店ヘ連レ行キ、夜ノ十一時頃マテ留置、田中正造翁ノ身ノ上ニ関スル書類ヲ作製シ拇印ヲ強要ス。

二月八日　本村民（此頃大多数ノ村民ハ買収セラレ遠辺ノ各町村ヘ移転シタルヲ以テ残レルモノヲ「残留民」ト呼フニ至レリ）大挙上京シテ内閣ノ官邸ニ至リ、土地収用法適用認定公告ヲ取消シ谷中村ヲ復活セシメヨトノ建議ヲ提起ス。
二月十四日　谷中残留民ヨリ栃木県知事ニ対シ、土地収用法適用不当ニ関スル意見書ヲ提出ス。
二月二十四日　谷中残留民島田栄蔵氏外二十一名ヨリ古河町ニ対シ、谷中村ヲ古河町ニ合併セラレタキ旨ノ請願書ヲ提出ス。
二月二十七日　土地収用法適用不当ニ関スル意見書却下セラル。
三月一日　県ハ瀦水池設置ニ要スル土地ヲ収用センタメ、見積価格ヲ記載セル協議書ヲ各所有者ニ送達ス。
三月　日　買収反対運動ノ助力者加藤安世氏、近日残留民及ヒ田中正造翁ト意見ヲ異ニシ却テ買収ニ応スルノ利益ナルコトヲ説クニ至レリ。
三月　日　残留民ヨリ貴衆両院ニ対シ、谷中村復活ヲ期スル請願書ヲ提出ス。
三月二十七日　県ハ谷中残留民ニ対シ、残留民カ其買収協議ニ応セサル為メ収用審査会ノ裁決ヲ求ムルトノ通知書ヲ送ル。
三月二十八日　静岡県選出代議士河井重蔵氏ハ自ラ谷中村ニ至リ実地調査ノ結果、県ノ所謂瀦水池設計ナルモノハ虚偽曖昧ナル事実ヲ指摘シテ世ニ公ニセラル。
四月五日　同日ヨリ県ハ藤岡町役場ニ於テ瀦水池設置ニ要スル土地収用ノ関係書類ヲ公衆ノ縦覧ニ供ス。
四月十六日　谷中残留民ヨリ地方長官ニ対シ、土地収用ニ対スル反対ノ意見書ヲ提出ス。

四月十八日　土地物件ノ価格表ヲ添ヘ、重ネテ地方長官ヘ反対ノ意見書ヲ提出ス。
四月二十四日　県ハ収用審査会ヲ開ク。
同日ヨリ谷中残留民ハ麦取畦畔拡築ニ着手ス。即チ東京島田三郎、三宅雄二郎両氏ノ広告ニ依リ各地ノ志士仁人ヨリ二百数十円ノ義捐金アリ。
五月十二日　右志士仁人ノ寄附ト残留民ノ自費トヲ以テ拡築ニ着手セシ麦取畦畔未タ成功ニ至ラス、雪解水ノ為メ空シク流亡シ、残留民糊口ニ窮ス。
同日谷中残留民ヨリ原内務大臣ニ対シ土地収用不当ニ関スル訴願書ヲ提出ス。
五月二十九日　残留民カ其土地、物件買収補償金ノ受領ヲ拒ミタル結果、県ハ宇都宮本金庫ヘ供託ス。
六月一日　神田錦輝館ニ於テ谷中村事件政治大演説会。
六月二日　東京有志二十三名谷中村視察、島田熊吉宅ノ庭前ニテ写真撮影。
六月四日　先キニ原内務大臣ヘ提出シタル土地収用不当ニ関スル訴願書、手続ノ過誤アリトノ趣ニテ却下セラル。
六月十二日　本県一部長、並ニ四部長等藤岡町役場ニ出張シ、谷中残留民ヲ呼ヒ寄セ、買収ニ応スヘキ旨ノ訓諭ヲ為ス。
同日県ハ残留民十六戸ニ対シ物件（家屋、及ヒ其他建物、並ニ竹木等）ヲ同月二十二日マテニ移転スヘシトノ戒告書ヲ発ス。
六月十四日　村税不当賦課ニ関スル県参事会ノ裁決ニ対シ不服ノ行政訴訟ヲ起ス。
六月十六日　手続ヲ欠クトノ理由ヲ以テ却下セラレタル土地収用不当ニ関スル訴願書、更ニ相当ノ手続ヲ経テ原内務大臣ヘ提出ス。

六月二十一日　田中翁、宇都宮県庁ニ中山知事ヲ訪問シ延期ヲ勧告ス。

中津川保安課長及ヒ柴田県属ハ県ノ命ヲ承ケ、藤岡町河内屋ニ出張シ、残留民中、島田熊吉、島田政五郎、渡辺長輔、茂呂松右衛門四氏ヲ呼ヒ、島田熊吉氏ノ土地物件ニ対シテハ金百数十円ノ買増ヲ為スヘク、又渡辺長輔氏ニ対シテハ小屋掛料トシテ幾千ノ増金ヲ支出スヘシトテ書類ヲ作製シ捺印ヲ強フ、他ノ両名ニ対シテモ亦同然ナリ。

六月二十二日　県ハ村民ノ家屋、其他ノ物件ヲ破壊スルトキハ証拠不明ニ帰スルノ恐レアリト称シ、栃木区裁判所ニ申請シテ証拠保全ノ検証ヲ為ス。

谷中残留民ハ愈々明日限リ我カ住家ヲ破壊セラレントスルニ際シ、間明田条次郎氏方ニ集合シ最後ノ同盟宴会ヲ開ク、席上木下尚江氏ノ悲痛ヲ極メシ挨拶アリ、星野孝四郎、菊地茂、柴田三郎ノ三氏列席、将ニ閉会セントスルトキ田中正造翁藤岡町ニ於テ知事ト会見シテ帰リ来ル。

時ニ県ハ残留民十六戸家屋及ヒ其他ノ物件ヲ同月二十八日迄ニ移転スヘク、若シ右期間ニ其義務ヲ履行セサルトキハ県ハ自ラ之ヲ執行シ其費用ハ本人ヨリ徴収スヘシトノ再戒告書ヲ持参シ、各残留民ヘ渡ス。

六月二十三日　中山知事ハ藤岡町役場ヘ出張シ用談アリトテ残留民一同ヲ呼ヒ集メ県ノ要求ニ応スヘキコトヲ極言ス。

東京、及ヒ地方各新聞記者多数来訪、村内何トナク騒々シク、恰カモ将ニ大海嘯ノ到ラントスルノ光景ナリ。

六月二十七日　菊地茂氏、前田分署長ヨリ河内屋ニ召喚サレ谷中ヲ退去セサレハ検束スト申渡サル。

六月二十九日　県ハ多数ノ警官巡査ト共ニ多数ノ人夫ヲ使役シテ残留民ノ家屋強制破壊ニ着手ス。第一着ノ破壊ニ遭ヒタル佐山梅吉氏宅ニテハ食物ハ勿論、鍋釜ヲモ投ケ出サレ、飢ヲ訴フル小児ニ対シテモ之ヲ与フルコト能ハサリシハ憐レナリ。田中正造翁ハ此暴状ヲ目撃シテ怒号シ、又之ヲ監視シツ、アリ。東京及ヒ地方ノ諸名士憤慨シテ止マス。

七月一日　引続キ谷中強制破壊中、東京子爵松平直敬氏、三宅雄二郎氏、同夫人花圃女史、島田三郎氏等視察ニ来ル。

仮リニ横暴惨酷ナル強制破壊ハ之ヲ許ストスルモ、家屋ヲ破壊スルニ当リ人民ノ移転スヘキ仮小屋ノ設備ヲモ為サ、ルハ失当ノ甚シキモノナリトノ議論沸騰ス。

七月五日　本日ヲ以テ残留民十六戸ノ住家其他ノ建物悉ク破壊シ尽サル。老弱雨露ヲ凌クヘキ小屋モナク、日夜簑笠ヲ着シテ霖雨ノ中ニ立ツ。

中山知事ハ家屋強制破壊修了視察ノタメ谷中ニ来ル。

七月　日　此頃東京花井卓蔵氏、卜部喜太郎氏、新井要太郎氏、信岡雄四郎氏、塩谷恒太郎氏、田中弘之氏、逸見斧吉氏、今村力三郎氏、石川三四郎氏、柴田三郎氏、矢島楫子女史、島田信子女史、福田英子女史等ノ各諸名士相踵テ視察、及見舞ニ来ル。

七月十一日　植松警務課長ハ執行官ノ名ヲ以テ残留民ニ対シ、立退ノ告知書ヲ発ス。

七月二十七日　谷中残留民ハ、田中正造翁、安部磯雄氏、其他在京名士ト共ニ弁護士石山弥平外数名ヲ代理人トシテ中山知事ヲ相手取リ、不当廉価買収ニ関スル訴訟ヲ宇都宮地方裁判所栃木支部ヘ提起ス。

八月十七日　県カ強制破壊ノ為メニ要シタル費用ハ各々其補償金ヲ以テ之ニ充当スルトノ決定書正本ヲ送達セラル。

八月二十五日　利根、渡良瀬、思、巴波、其他諸川大洪水、附近諸村ノ堤防決壊セサルハナク、谷中残留民亦既ニ其破壊サレタル跡ニ営ミタル仮小屋ハ流サレ、妻子ヲ擁シテ日夜激浪ノ中ニ漂フ、為メニ多クノ病者ヲ出シ、東京、其他ノ志士仁人見舞ハル。
十月七日　先キニ村民側ヨリ知事ヲ相手取リテ提起シタル不当廉価買収ニ関スル訴訟事件、宇都宮地方裁判所栃木支部ニ於テ第一回口頭弁論開カル。
十一月　日　辛苦ノ中ニ麦取畦畔修繕ニ着手ス。

明治四十一年（一九〇八年）

二月七日　不当廉価買収ニ関スル訴訟事件ニ付、価格鑑定人選定ニ関スル裁判（第二回）アリ。
二月十七日　前回ト同様ノ裁判（第三回）アリ。
三月三日　昨年五月十二日ニ破レタル麦取畦畔ニ対シ再ヒ復旧ニ着手ス。
三月　日　残留民島田熊吉外一名ヨリ谷中村土地人民回復請願書ヲ貴衆両院へ提出ス。
三月二十三日　不当廉価買収ニ関スル訴訟事件ニ付、鑑定人訊問ノ裁判（第四回）アリ。
四月十一日　麦取畦畔、雪解水ニ依リ決壊ス。
五月二日　不当廉価買収ニ関スル訴訟事件ニ付、鑑定人訊問裁判（第五回）アリ。
五月四日　同訴訟事件ニ付、土地価格鑑定ノ為メ宇都宮地方裁判所栃木支部ヨリ住谷判事、並ニ書記、船田、佐治、森三鑑定人、原告代理茂木、新井両弁護士、被告知事代理柴田県属等、谷中村ニ出張シテ実地鑑定ニ着手ス。
七月二十一日　県ハ本月二十五日ヨリ谷中提内へ河川法ヲ準用スルトノ告示ヲ為ス。

七月二十八日　河川法ヲ準用シタル区域内ニ於テ敷地ニ固着シ、現ニ工作物ヲ施設シ、又ハ敷地ヲ占用セルモノハ九月十日迄ニ県ノ許可ヲ受ケサレハ罰金、若クハ拘留ニ処ストノ県令ヲ発ス。
九月十日　谷中堤内へ河川法ヲ準用シタルハ不当ナルヲ以テ告示、及ヒ県令ニ服従スル能ハストノ届書ヲ本県知事へ提出ス。
九月十六日　例ノ訴訟事件ニ付、物件鑑定人選定ニ関スル裁判（第六回）開カル。
九月十八日　去ル十日付ヲ以テ提出シタル届書、十七日付却下トナル。
九月十九日　残留民宮内勇次氏外十五名ヨリ内務大臣ニ対シ、潴水池認定河川法準用不当処分取消ノ請願書ヲ提出ス。
九月二十六日　県ハ谷中堤内ノ土層ヲ下野煉瓦会社ニ払下タリ、後元谷中村民及ヒ県会議員ノ有力者ニ発見セラレ終ニ取消ス。
十月二十五日　本年四月十一日ニ破レタル麦取畦畔ノ復旧ニ着手ス。

明治四十二年（一九〇九年）

二月十日　残留民染宮与三郎氏外十八名ヨリ貴衆両院ニ対シ憲法擁護ノ請願書ヲ提出ス。
三月五日　昨年九月十九日付ヲ以テ内務大臣へ提出シタル潴水池認定河川法準用不当処分取消ノ請願書却下トナリ、同月十三日其交付ヲ受ク。
三月十三日　県ハ自ラ破リツ、アル県道修繕ノ為メ曾テ潴水池ノ名ノ下ニ収用セル土地ノ耕土及ヒ根萱等ヲ妄リニ採掘シ原形ヲ毀損スルニ付、之レヲ不当トシテ島田熊吉氏ヨリ内務大臣へ訴願書ヲ提出ス。

三月十九日　残留民間明田条次郎氏外十七名ヨリ栃木県知事ニ対シ県道修繕ノ為メ谷中堤内耕土採堀中止ノ上申書ヲ提出ス。
四月八日　雪解出水ニ依リ麦取畦畔破レ谷中堤内ニ浸水ス（渡良瀬川水量一丈三尺）
五月十六日　夜大西風、渡良瀬川一丈三尺ノ洪水ニ連レ谷中堤内風浪高ク、民家ノ地形大ニ崩壊セラル。
六月七日　例ノ訴訟事件ニ付第七回ノ弁論開カル、同日ノ法廷ニ於テ申請シタル収用審査会委員長ノ資格ヲ以テ栃木県知事中山巳代蔵氏ヲ証人トシテ喚問スルノ申請許容セラル。
六月十六日　此日例ノ訴訟事件ニ付弁論開廷サルヘキ筈ナルニ原被双方共出席セス。
六月二十六日　県ハ或ル方法ヲ以テ残留民ノ一人タル茂呂松右衛門氏ヲ県ノ買収ニ応セシメ、訴訟モ亦取下ノ申立ヲ為セリ。
六月二十七日　例ノ訴訟事件ニ付、第八回口頭弁論開廷、原告側ヨリ土地価格計算書ヲ提出ス。
八月七日　渡良瀬川洪水ハ一丈ニ満タサルニ三国橋ニテ利根川ノ逆流水三尺余アリ。
九月十日　内務省起業渡良瀬改修諮問案カ本県臨時県会ニ附議セラルル旨田中翁ノ通知ニ接シ、本村同志ヲ代表シ竹沢勇吉氏其傍聴ニ行ク。
九月十二日　田中翁ヨリノ通知ニ依リ島田宗三、島田平次氏等出宮（宇都宮）、猪熊国三郎、石田仁太郎両氏方ニ寄食シ柴田（東京）安生（石田氏事務員）両氏ノ助力ヲ得、田中翁ノ起草ニ係ル渡良瀬改修案中遊水池設置反対ノ陳情書数通ヲ本県会ニ提出ス。
下都賀南部及茨城、埼玉ノ各関係町村反対運動ヲ起ス。
九月十八日　栃木県会議員等県吏ト共ニ渡良瀬川視察ニ来リ堤上ヨリ谷中ヲ一見セラル、其後渡良瀬改修案ハ碓井要作、石川玄三、和田大三郎、箭内源太郎、杉山新蔵、高田耘平六県議ノ反対アリシモ遂ニ容レラレス、県会ヲ通過ス。

十月十七日　本年四月八日ニ破レタル掻上土手仮修繕ニ着手ス。

明治四十三年（一九一〇年）

二月十五日　例年ノ通リ掻上土手修繕ニ着手ス。

二月二十八日　本村染宮与三郎氏外十七名ヨリ貴衆両院へ、足尾銅山鉱業停止関宿石堤取払憲法擁護元谷中村回復請願書ヲ提出ス。

三月十八日　島田宗三外一名ヨリ平田内務大臣ヘ群馬県海老瀬村字北ノ請願書写、谷中人民ノ請願書写等添付セル谷中回復陳情書ヲ提出ス。

五月十二日　渡良瀬川増水一丈一尺余、而モ利根川ノ逆流思川ニ上ル勢甚タシ。同日本村掻上土手破壊ス。

六月二十八日　強制破壊後満三周年辛クモ谷中ノ仮小屋ニ居住シ得ラレタルヲ幸トシ、青年一同近隣町村ノ恩恵者ヘ挨拶廻リヲ為シ七月一日ニ至ル。

七月三日　強制破壊記念日中ノ日曜ヲ択ミ佐山梅吉氏方ニ於テ各地恩人ヲ招待シ記念式ヲ挙行ス、田中翁及残留民等ハ勿論、東京ヨリ木下尚江氏其他数名出席セラル。

八月十一日　関宿石堤ノ妨害ニ加フルニ利根川上流岩鼻鉄橋ニ湛ヘシ洪水一時ニ溢レ古来未曾有ノ大洪水トナリ、諸県人畜ノ死亡、家屋ノ流亡甚シ、谷中残留民ノ仮小屋モ亦流失スルモノ多ク、為メニ一時各所ニ避難ス。

田中翁ハ谷中青年ヲ指揮シ連日被害地ノ視察ニ当ル。

明治四十四年（一九一一年）

六月二十八日　第九回口頭弁論開廷、原被双方代理人ヨリ原告本人ヲ呼出シ和解ヲ勧告セラレタシトノ申立ヲ為ス。

七月十二日　第十回口頭弁論開廷ノ筈ナリシ処、原被双方代理人ヨリ来ル七月二十四日迄延期セラレ度旨申立聴許セラル。

七月二十六日　第十一回口頭弁論開廷、原被双方代理人及ヒ田中正造翁出席。双方ヨリ来ル九月十八日迄延期セラレ度旨申立聴許セラル。

九月十八日　第十二回口頭弁論開廷、原被双方代理人及ヒ田中正造翁、島田宗三出席、来月中旬迄延期ヲ求メ次回期日ヲ来ル十月十六日午前九時ト指定セラル。

十月十六日　第十三回口頭弁論開廷、田中翁出席、谷中村民ノ希望ハ土地回復ニアルヲ以テ和解不応ノ申立ヲ為シタル処、裁判長ハ和解勧告ヲ止メ、且田中翁ノ訴訟ヲ分離シテ進行スルコトニ決シ、安部磯雄氏外廿八名ニ対シテハ欠席判決ヲ言渡サル。

十月三十日　第十四回口頭弁論開廷、田中翁欠席ノ為メ欠席判決ヲ言渡サル。後原告ハ故障ヲ申立ツ。

十一月二十九日　第十五、十六回口頭弁論開廷、原被双方代理人、田中翁出席、欠席判決ニ対スル故障申立ヲ受理セラレ、尚先ニ分離シタル田中翁ノ訴訟ト安部磯雄氏外二十八名ノ訴訟トヲ合併シ、物件移転料ニ付テハ先ニ栃木県ノ為シタル証拠保全ノ記録及ヒ同代執行（強制破壊）費ノ書類ヲ取寄セ、物件鑑定ノ申立証拠ノ認否等ヲ為ス。

十二月二十日　第十七回口頭弁論開廷、原被双方代理人出席、物件移転料ノ鑑定事項及其他ヲ明ニシ鑑定人熊倉幸太郎氏ヲ訊問シテ鑑定ヲ命セラル。同日裁判長ハ先ニ為シタル決定ヲ取消シ中山巳代蔵ヲ喚問セサルコトニ決ス。

其夜熊倉鑑定人ハ元谷中村ノ現場ニ出頭シ物件鑑定書ヲ提出ス。

明治四十五年（一九一二年）

一月十九日　第十八回口頭弁論開廷。先ニ提出シタル土地価格鑑定書ハ不当ナルヲ以テ更ニ谷中隣接町村農会長ヲ鑑定人トシテ申請スル準備中ナル旨申立ツ。

二月五日　第十九回口頭弁論開廷、原告代理人ヨリ証拠物件提出準備ノ為メ延期ヲ求メタルモ被告代理人不承諾ノタメ原告ハ欠席シ直ニ欠席判決ヲ言渡サル、其後原告ハ故障ヲ申立ツ。

三月十三日　第二十回口頭弁論開廷、故障申立テヲ受理セラレ新ニ参加シタル塚原、石沼、諸弁護士ヨリ延期ヲ申請シ、次回期日ヲ来ル二十八日ト決セラル。

四月八日　第二十一回口頭弁論開廷、原被双方代理人出席、原告代理人ハ谷中収穫調、鉱毒、関宿、堤防破壊ノ各収穫損害調ヲ提出シ、且本年二月中内務省ニ於テハ谷中堤外地ヲ県ノ補償金額ニ比シ約三、四倍ヲ以テ買収シタル事実ヲ引例シ検証並ニ鑑定ヲ申請シタルモ却下セラレタルヲ以テ原告代理人ハ退廷シ、裁判長ハ弁論ヲ閉チ来ル十五日午前八時判決言渡ヲ為スト告ケラル。

四月十五日　第二十二回口頭弁論開廷、裁判長ハ弁論再会ヲ命セラル、依テ原被双方代理人ハ各証拠、鑑定、其他ノ事実ニ基キ最後ノ弁論ヲ為シ結審ス。

四月二十日　僅少ナル勝訴ノ判決言渡ヲ受ク。

田中正造翁と父島田宗三

島田　早苗

わたしの父宗三は、栃木県下都賀郡谷中村大字内野（現在の藤岡町）で明治二十二年十月（戸籍上では明治二十三年一月一日）、祖父惣吉、祖母サクの次男として生まれた。病弱のため就学がおくれ、明治三十一年四月、満八歳で谷中村第三尋常小学校（四年制）に入学、卒業後、補習科へ通学したが、曾祖父が明治三十四年、祖父惣吉も同三十五年三月に死亡した事情もあって、同科を中退し、しばらく家業の農業に従事した。

父が鉱毒ということを知ったのは、明治二十九年九月（七歳）の大洪水の時であるが、田中正造翁の名を強く印象づけられたのは、明治三十一年（九歳）の秋、祖父から「田中さんは立派な人だ。瞳もふたつある」「北海道へ移住しなくても、田中さんがあれほど骨を折ってくれているのだから大丈夫だ。あれがほんとうの生き神様というのだ」という話をきかされてからである。この頃、谷中村は、足尾銅山の鉱毒によって、豊かな生活の道をふさがれ、窮乏のどん底におかれていた。

そして父が、はじめて翁に会ったのは、明治三十五年十月上旬、谷中の演説会場で、十三歳の時である。同三十七年十二月には、翁のために風呂をわかしていた十五歳の父に、翁は「日本は亡びてしまうから、若い人は農学を勉強しなさい」と親しく声をかけられた。以来、翁に随行して谷中村問題解決のため、請願書、訴願書、陳情書等の複写にたずさわり、明治四十年七月、県の強制破壊の直後から始まった民事訴訟事務を担当し、大正二年九月四日の翁の臨終に付添う光栄に浴することを得た。

大正三年二月、祖母も鉱毒に冒された身を歿し、同五年五月、強制立ち退きを承認、同六年三月、谷中村を立ち退く。同九年四月、訴訟が解決するのをまって、同月、藤岡町大字藤岡腰塚友吉五女ョシと結婚、ついで五月、足利に転居、中村法律事務所の事務を扱うかたわら、新井奥邃、島田三郎、津久居彦七、原田定助その他諸氏の推薦により、十月以降、足利の小沼仁兵衛、原田光次郎（定助氏の弟）両氏の応援を得、田中翁の資料収集に従事した。その後、谷中堤内地不当貸付（萱刈り）事件に協力して、これが大正十一年二月、解決したので、同年十二月より社団法人「足利友愛義団」の庶務に微力を注ぎ、昭和十年に至った。

木下尚江編集の『田中正造之生涯』、父の編集した『田中正造の歌と年譜』、大鹿卓著『渡良瀬川』および『谷中村事件』、城山三郎著『辛酸』は、この間に収集された資料に基づくものといっても過言ではない。

現在、父の齢八十一歳、少壮時の粗食と貧困、心身の酷使にわざわいされながらも、高血圧の症状に耐え、なお天命を保ち得ていることは、神と翁の加護によるものと信じ、祈念をおこたらないものである。

昭和四十六年五月十一日

田中正造翁余録 ㊤

1972年4月15日　第1版 第1刷発行
2013年9月26日　新装版 第1刷発行

著　者—— 島田　宗三
© 1972年
発行者—— 小番　伊佐夫
装　丁—— 野本　卓司
印刷製本— シナノ印刷株式会社
発行所—— 株式会社 三一書房
〒101-0051
東京都千代田区神田神保町3－1－6
☎03-6268-9714
振替 00190-3-708251
Mail: info@31shobo.com
URL: http://31shobo.com/

ISBN978-4-380-13000-7　Printed in Japan
乱丁・落丁本はおとりかえいたします。

デモ！オキュパイ！

未来のための直接行動

——路上、広場の自由を取り戻せ！

三一書房編集部編◎四六判　12008-4　1700円（税別）

3・11以降、日比谷公園や代々木公園にとどまらず、新宿アルタ前、霞が関経産省前、そして首相官邸前で繰り返される抗議行動！

　そして同時に吹き荒れる弾圧。私たちはこの弾圧とどう闘えばよいのか？　デモの自由、路上・広場の自由とは何か？　さらには、デモと民主主義の問題等について、さまざまな角度から論じると同時に、世界各地での直接行動を報告。私たちの「反／脱原発」や様々な社会運動に、より広く本質的な視点を提示することを企図して編集した。

■プロローグ——ドキュメント不当逮捕／◆第1部　日本と世界のデモ、オキュパイ◇PART1　3・11後の「未来」は直接行動が創り出す　園良太　◇PART2　進化を続ける「経産省前テントひろば」高橋幸子　◇PART3　オキュパイと反原発のあいだのどこかで（ニューヨーク）殿平有子　◇PART4　〈占拠〉と市民的不服従（パリ）稲葉奈々子　◇PART5　「希望のバス」が労働者と市民を結ぶ（釜山）川瀬俊治
◆第2部　デモ規制・不当逮捕をこえて　◇PART6　デモの自由を獲得するために　前田朗——道路の憲法的機能・序論　◇PART7　創意工夫でデモへの規制をはね返す　首藤久美子　◇PART8　逮捕されるほうが悪いのか!?　園良太——実体験をふまえて　◇PART9　弾圧と闘うための基礎知識　監修：大口昭彦　反弾圧基礎用語集　■エピローグ

震災 戒厳令 虐殺

——事件の真相糾明と被害者の名誉回復を求めて

関東大震災85周年朝鮮人犠牲者追悼シンポジウム実行委員会編◎A5判　08222-1　1200円（税別）

1923年9月1日、マグニチュード7・9の激震が関東地方を襲った。大火による未曾有の災害のなか、朝鮮人は捕らえられたうえ、数千人が虐殺された。戒厳令はなぜ布かれたのか。そして日本帝国主義を震撼させた「三・一独立運動」とは。

領土とナショナリズム

——民族派と非国民派の対話

木村三浩・前田朗 共著◎四六判　13005-2　1400円（税別）

考え方がまったく異なる者同士が、冷静に相手の立場を理解し、尊重しながら議論をすることは刺激的かつ生産的である。一水会代表・木村三浩と、東京造形大学教授・前田朗が展開する、北方領土・竹島・尖閣諸島、天皇、軍隊、憲法問題…についての討論。

団結こそ命、闘いこそ力

――港合同田中機械支部 大和田委員長追悼集

大和田委員長追悼集刊行委員会編◎A5判　12005-3　1700円（税別）

企業の塀を越えて労働者の地域的団結を築き上げた地域共闘、七〇年代前半の「西高東低型春闘」と呼ばれた大幅賃上げ獲得、倒産攻撃に対抗する「使用者概念拡大」の闘い。そして、労働者事業体の創出と展開…日本労働運動に残した幾多の教訓と貴重な財産を記録する。

屈せざりし者たち

――国労紋別闘争団、闘いの軌跡

新井田良子◎四六判　12003-9　1700円（税別）

人々は「JR」に慣れ親しみ、「国鉄」「国労」という言葉すら茫々たる過去の波間に消し去られようとしている。〈時〉に抗って、必死に踏ん張りつづけた、彼ら一〇四七名の闘いへのオマージュ。

鹿沼町
日光線
栃木
下野
葛生町
栃木市
陸羽街道
東北本線
鬼怒川
両毛線
犬伏町
越名沼
巴波川
思川
小山町
結城町
茨城
常陸
谷中村
古河町
栗橋町
境町
千葉
下総
関宿